진리의 교과서 1
진리란 무엇인가

진리의 교과서 1

진리란 무엇인가

최준권 엮음

자유문고

삶의 지침서

있는 것을 있는 그대로 본 깨달은 자가 사실대로 기술한 책은 최고의 교과서가 될 수 있다. 이를 중생의 눈높이에 맞춰 정리해 완벽하게 만들 수 있다면 책이 세상에 나오는 순간 세상은 달라질 것이다. 이 책을 지침서 삼아 읽고 깨닫는다면 자신의 업을 씻고 좋은 세상을 맞이할 수가 있을 것이다. 세상일에 눈을 뜨고 밝은 삶을 살아갈 수 있고 삶의 결과를 통해서 자기를 바꿀 수가 있다. 먼 훗날 그대들이 세상에 환생했을 때를 위해서 나는 내 삶을 여기에 바친다.

이 책은 진실을 밝히고 있으며 밝혀진 진리는 보약과 같아서 이 책을 읽으면 정신이 밝아지고 생활이 밝아질 것이다. 이 교과서는 진리이기 때문에 이 세상에 인간이 존재하는 한 영원히 남을 것이다. 의식의 근원은 무엇이며 생명의 모태는 무엇인지 체계적으로 만들면 교과서가 여러 권 만들어질 것이다. 이것이 진짜 경전이다. 종교나 대학에서 가르치는 것을 가지고는 인간의 욕망을 부추기고 사회문제를 만들어 낼 뿐 세상을 위해서 큰 도움이 되지 않는다. 높은 차원에 있는 신은 인간의 세계에 올 수 없으며 차원이 다른 세계끼리는 서로 통하지 않는다. 오직 특별한 자만이 인간의 몸을 받고 태어나서 사람들을 깨우치고 가는 자를 성인이라고 부른다. 이 책에서 신이라는 존재를 분명히 밝히는 증거를 제시할 것이다. 이 교과서가 널리 알려져서 나쁜 일들을 단절시키고 다음 세대에는 좋은 세상을 만들어야 한다. 이를 이끄는 주역이 되는 것이 그대들의 사명이다.

머리말

태초에 뜻이 있었고 뜻이 뜻을 낳고 또다시 뜻을 낳으니 혼돈이 있었고 기운이 부딪혀서 조물주가 생겼다. 조물주로 인하여 만물 萬物이 만들어졌으며 질서가 서게 되었다. 이 인류는 다음 주기의 인류를 위하여 적은 수의 씨앗을 남기고 사라질 것이다. 인류는 다음 주기에 또다시 번식하여 오늘과 같은 문명이 만들어질 것이다. 이 세상은 돌고 도는 물레방아처럼 반복되고 있다. 달걀이 병아리가 되고 병아리는 성장하여 닭이 되고 닭은 또 알을 낳는다. 이처럼 변화를 통하여 끝없이 윤회輪廻한다. 넓은 시각으로 보면 창조創造와 진화進化는 동시에 이루어지고 있다. 과거 석가모니께서 아무것도 없는 공空의 세계를 반야심경에서 설하셨다. 근본 세계에서 물질이 생기고 시간이 지나면 다시 사라졌다가 아무것도 없는 세계를 거쳐 원인이 나타나는 일을 반복하고 있다. 현대 과학의 양자역학에서 물질의 이치를 조금씩 증명하고 있는 것처럼 현상 세계에서 일어나는 일이다.

인간은 인간을 낳고 그들이 모여서 인류人類가 되었으며 이들이 모여 사회를 이루면서 질서가 필요해졌다. 질서를 유지하기 위해 사회의 약속이 필요했고 사회법社會法이 만들어진다. 국가를 유지하기 위해 법률法律도 만들어졌다. 예를 들어 교통질서를 유지하기 위한 교통법은 사람들의 안전과 편리를 위하여 만들어진 것이다. 진리는 사회법처럼 사람들이 인위적으로 만든 것이 아니다. 마치 수학 공식처럼 자연自然이 만들어 낸 법칙이다. 자연이란 말은 스스로 그러하다는 뜻이다. 자연의 가르침이 곧 진리이며 인위적으로 바꿀 수 없으니 뜻이 존재하는 한 변하지 않는다.

내가 몇 년간 곁에서 본 스승의 모습은 마치 자연과 같았다. 바람이 불고 천둥 번개가 치다가도 어느새 바다처럼 고요해지듯이 스승의 의식은 빈 거울이 되어 세상을 비추어 보고 계셨다. 의식이 약한 사람들이 스승의 곁에 오는 것이 무척이나 힘들었다. 이유는 태양의 불길이 위험한 것과 같다. 잘못 살아온 나쁜 자기가 모두 타서 죽을 것이 두렵기 때문이다. 스승의 모습은 시시각각으로 변하는 자연처럼 보통 사람들이 가까이하기에는 너무나 두렵고 위험한 존재처럼 보였다. 모습만 보지 말고 말씀의 뜻을 들어야만 자기 자신을 보고 깨달을 수 있다.

어촌에서의 스승의 모습은 어부와 같았으며 잘못된 세상을 보실 때면 건달처럼 행동하기도 했다. 집을 지을 때는 스승을 악덕 건축업자로 여기는 사람도 있었다. 제자에게 깨달음을 주실 때는 잔소리쟁이처럼 보일 때도 있었으나 명망가들 앞에서는 큰 산처럼 위대한 여래如來의 모습을 보이셨다. 스승의 의식은 상대방의 모습을 그대로 비추는 거울과 같았다. 그래서 거짓된 자들은 스승의 의식에 비친 자기의 모습을 보고 도망쳤다. 잘못된 의식과 자존심을 가지고는 스승 가까이에 올 수 없었고 그 모습은 사람마다 달리 보였다. 왜냐하면 보는 사람의 마음에 따라 스승이 가지고 있는 일부분의 모습만 보기 때문이다. 성인聖人의 가족은 그의 좋은 모습보다는 좋지 않은 모습을 보는 경우가 많았다.

　그 예가 소크라테스의 이야기이다. 젊은 사람들과 어울리며 명망 있는 사람들을 찾아 논쟁하려 하고 그들에게 욕이나 먹고 다니는 모습에 그의 아내는 화가 났을 것이다. 석가모니 부처님도 열반하셨을 때 의식이 나쁜 어리석은 제자들은 이제는 잔소리쟁이가 사라졌으니 얼마나 좋은가! 하고 말했다고 한다. 그 말을 듣고 큰 제자들이 충격받아서 이래서는 안 되겠다고 여겨 결집했고 회의를 거쳐 석가모니의 말씀을 편집했다. 예수 역시 마찬가지로 새파랗게 젊은 사람이 당시 명망 있는 종교 지도자들을 위선자이며 독사의 자식들이라고 욕하며 성전을 뒤집었다. 그랬으니 그들에게 미움받아 종교 재판에서 죽을 수밖에 없었다. 그 모습을 본 몇몇 제자들은 몸을 숨겼다고 하는데 지금 성자라고 부르는 사람들의 모습이다.

　스승은 가셨으니 이제 스승의 본 모습은 볼 수 없다. 스승께서는 이치理致를 깨우치시고 있는 것을 그대로 보셨고 중생들을 위하여 자연의 가르침을 설說하셨다. 26년 전 스승께서는 『자연의 가르침』이라는 잡지를 1년 동안 만들어서 사람들을 깨우쳤었다. 스승께서는 이 세상에 하나밖에 없는 대화록을 만들라고 말씀하셨다. 오랜 시간이 지난 오늘에서야 드디어 빛을 보게 되었다.

　스승의 말씀들을 구어체에서 문어체로 편집하고 뜻을 알기 쉽게 『진리의 교과서』라는 제목을 달아 단행본으로 세상에 내놓는다. 계속해서 시리즈로 출판하게 될 것이니 독자들은 이 글을 읽고 깨달음이 있기를 바란다.

2024년 1월

엮은이 최준권

차례

진리란 무엇인가

세상의 일은 정해져 있고 정해져 있는 일은 단 한 하나의 원칙 속에 모두 들어있다. 이 원칙을 보면 수학의 공식과 같아서 원칙 속에는 끝없는 문제들이 존재하고 문제의 결과에 따라서 답이 각각 다르게 정해진다. 이것이 세상을 운영하게 만들어 놓은 진리이다.

Q 수학을 알고 문제를 알아보게 되었을 때 문제를 풀 수 있고 답을 얻는 것도 진리입니까?

승: 나는 세상에서 일어나는 신비한 일들을 오랫동안 경험했다. 세상을 위해서 할 수 있는 일은 자기가 경험한 일을 사람들에게 가르치고 깨우칠 수 있는 게 가장 좋은 사례이다. 농부가 땅에 거름을 넣는 것이 땅을 위해서가 아니고 거름을 먹고 땅이 좋은 열매를 만들어 주기에 하는 것이다. 만 원의 거름을 집어넣었더니 2만 원의 열매를 수확하게 되었다면 이익을 가져다주기에 농부들은 일하는 것이다. 너희는 여기 만들어진 녹음테이프를 가져다가 듣고 말을 이해하고 거기에 대해 어느 정도 발전했는지 항상 관찰하고 확인해야 한다.

Q 세상이 한 가지 원칙에 의해서 존재한다면 그 원칙이 무엇인지요?

승: 한 가지 원칙이라는 것은 세상의 모든 일은 문제에 의해서 답이 정해져 있다는 것이다. 금방 이해하기는 어려울 것이지만 계속 듣고 관심을 가지면 일 년 정도 관찰하면 자기가 본 것을 깨닫게 된다.

Q 세상을 운영하는 주체는 무엇입니까?
승: 세상일을 존재하게 하는 원칙은 변화이다. 세상은 자체에 있는 일을 이용해서 끝없는 문제를 만들고 그 문제에 의해서 갖가지 현상들을 접하게 하는 것이다. 기구를 놓고 화학실험을 하여 활동 과정을 관찰하면 여러 각도에서 변화가 일어난다. 한번 변화를 통해서 결정된 것들은 다시 과거로 돌아오는 것이 어렵다. 그래서 시계의 바늘처럼 계속 돌고 변화하면서 이동하는데 정치나 경제도 원칙에서 벗어나지 않는다.

Q 과일도 열매를 맺는데 활동이 부족하면 좋은 열매를 맺을 수 없는 것처럼 사람의 영체도 활동이 부실하면 열매인 결정체가 부실하게 됩니까?
승: 이러한 법칙은 정해져 있는 일이고 절대 바뀌지 않는 일이다. 활동이 부족한 영혼은 신의 영혼이 접근해서 괴롭히게 되면 의식이 시달리게 되고 의식이 부실해질 수 있다. 의식 속에 활동을 통해서 모체를 튼튼하게 하는데 활동의 부족으로 자기가 만들게 되는 모체가 부실하게 되므로 앞날이 불투명하게 된다.

Q 원칙이라는 말이 진리와 같은 뜻입니까?

승: 원칙이라는 말은 진리나 약속이나 법칙이나 말은 비슷한 말인데 같은 뜻을 두고 말한다. 정해져 있는 일을 두고 원칙이라고 하고 정해놓고 지켜야 한다. 진리는 정해져 있던 일을 말하는 것인데 있던 일을 보면 그 속에 진리가 있다. 눈뜬장님이 세상을 못 보는 것도 진리이고 주먹을 가지고 벽을 쳤더니 소리가 나는 것도 진리이다. 나만 때린다고 소리 나는 게 아니고 누구나 때리면 반응에 따라 소리가 나게 되어 있다. 세상에는 이렇게 정해져 있는 일이 끝없는 문제를 만들어 낼 수 있다. 그런데 세상은 단순한 것 같지만 하나하나 추적해서 알려고 하면 의식이 눈뜬장님인 상태에서는 복잡한 원칙을 놓고 이해하는데 문제가 복잡하다.

Q 문제만 놓고 보면 어떤 결과가 일어나는지 알 수가 있겠습니까?

승: 결과가 어떻게 존재하는지 알기 위해서는 업業의 작용이나 생명의 부활이 자기의 생애에 삶이 정해져 있다. 일할 때 업이 방해해서 자기를 잘못되게 하기도 하고 업이 도와서 성공시키게 할 수도 있다. 문제와 답을 통해서 세상일을 볼 수가 있다.

Q 우리가 세상을 살아가는데 어떤 지혜가 필요한 것입니까?

승: 나는 항상 정해져 있는 일은 문제에 의해서 모든 결과가 만들어지고 있다고 말한다. 사람들이 세상의 일을 알아보려면 원칙에 대한 이해가 존재해야 한다. 이 원칙을 놓고 예부터 사람들 속에서는 진리나 이치라고 했다. 진리라는 말은 문제에 의해서 정해져

있는 일을 두고 진리라 말하는데 정해져 있는 일은 절대 바뀌지 않는다.

Q 진리나 이치나 원칙을 말하는 것은 같은 일을 두고 설명하는 것인 지요?

승: 우리가 같은 물건을 두고 어떤 측면에서 설명하는지에 따라서 용어 자체가 달라질 수가 있다. 쉽게 말해서 결혼해서 같이 살게 되는 부인을 두고도 어떤 사람들 앞에서는 부인이라거나 아내라고 한다. 친구들 앞에 소개할 내 마누라라고 하는데 대상은 똑같다. 이 원칙을 알고 어떻게 운영되고 있는지 문제를 보고 세상 일을 보면 어떤 일이 있는지 문제를 알아볼 수가 있다. 문제를 보면 세상에 어떤 일이 일어날 것인지 예측할 수가 있다.

Q 진리라는 말을 들을 때 듣기는 했는데 막상 사물을 보면 있는 것이 어떤 것을 두고 말하는지 무엇을 배웠는지도 모르겠는데요?

승: 진리 속에는 온갖 현상들이 존재한다. 있는 일에 대해서 이해가 안 되는 사람이 많다. 있는 일은 눈앞에서 보는 있는 일 자체는 항상 원인에 의해서 결과가 다르게 되어 있다. 좀 더 쉽게 이야기하면 수학에서 문제에 따라서 각기 다른 답을 가지고 있다. 1+2=3이지만 1+5=6이 되듯이 문제에 따라서 답을 각기 다르니 진리는 있는 일을 통해서 보는 그 자체이다.

Q 세상의 일을 바로 앎으로서 현실 속에 있는 일을 보면서 많이 배

워야겠네요?

僧: 내가 깨달음을 얻고 나서 가장 먼저 쓴 시가 축복이라는 시이다. 저마다 대하고 보니 모두가 스승이로다. 보는 것마다 나에게 가르침을 주었고 만나는 것마다 만나서 지내보면 전부 가르침이 있었다. 좋은 일 나쁜 일이 가르침 속에서 있었다는 것이다. 좋은 일을 해도 욕을 얻어먹는 수도 있고 나쁜 일을 하고도 칭찬받는 사람이 있다. 좋은 일을 했다고 꼭 좋은 대접을 받는 건 아니다. 세상에서 좋은 일 하다가 억울한 일을 당하기도 하는데 우리 역사 속에서도 보면 충신 노릇 하다가 역적으로 몰려 죽은 사람들이 많다.

Q 그런 경우는 책에 써 놓은 대로 하려다가 남의 마음에 미움을 받아서 일어난 일이겠지요?

僧: 역사 속에서 예수가 그냥 죽은 것이 아니라 죽을 이유를 위선자들에게 제공했기 때문이다. 무지한 자를 깨우치려고 찾아다녔기에 무지한 자들이 보면 젊은 사람이 어른을 깨우친다고 늙은 제사장 앞에 와서 방자한 짓을 했다. 그들은 그러한 일 때문에 예수를 개심하게 생각했고 밉게 보여서 죽임을 당한 것인데 있었던 일 자체를 모두 알고 나면 진리를 알게 된다.

Q 진리를 가르치면서도 남한테 밉게 보이지 않고 살아나는 방법이 있습니까?

僧: 무지한 자를 절대 이기려고 해서는 안 된다. 항상 어떤 시비에 휘말리게 되면 지혜롭게 행동하고 말해야 한다. 나는 이런 이유로 나의 조언이 당신에게 도움이 될 줄 알았는데 오히려 당신을 분노하게 했다면 나의 실수이니 잘못했다고 말하라! 옳은 일이라고 해서 대접을 받는 게 아니다. 상대가 안 좋게 생각하면 내가 상대를 깨우쳐주려고 했던 게 잘못이 된다. 상대를 모르고 말을 했으니까 지혜 없는 자기의 잘못이다.

Q 사람들이 진리의 산물이라고 말하는 것은 무엇을 뜻하는 것입니까?

승: 진리라는 것은 있는 일을 똑똑히 보면 알아볼 수 있다. 어떻게 해서 어떤 일이 생겼는지 우리가 볼 수 있는 모든 것이 진리의 산물이다. 배웠다고 해서 다른 사람들에게 전하려고 하면 어떤 경우에는 마찰이 생길 수도 있다. 그러니까 항상 상대가 묻거든 진리가 무엇이지 되물어서 진리는 세상의 있는 일 자체가 모두 진리라고 말해야 한다.

Q 있는 일은 눈으로 보는 모든 일이 있는 일입니까?

승: 모든 것이 있는 일에 의해서 나타나게 된다. 있는 일이 현상의 원인이 무엇이며 어떻게 원인은 현상을 만들어내고 있는지를 보게 되었을 때 진리를 알아본 것이다. 가치 없는 것으로 말장난하고 따지면 모르겠다고 하면 시비할 일이 없다.

Q 진리를 이해할 수 없으니까 나타나는 현상을 알기가 어려운데요?

승: 알고 보면 가장 쉬운 말이 진리라는 말이어서 세상에서 가는 곳마다 진리라는 말이 많이 통용된다. 하지만 진리에 대해서 정작 물으면 실체를 알아보는 사람이 없다. 그래서 항상 누가 무슨 말을 하면 모태의 법에 비추어서 확인하면 거짓을 말했는지를 알 수가 있다. 자기에 의해서 실수를 한 것인지 주변 사람에 의해서 실수를 한 것인지도 알게 된다. 항상 현상 자체가 진리니까 말을 할 때는 많은 것을 생각하고 말해야 한다.

Q 석가모니께서도 말한 모태母胎의 법은 어떤 겁니까?

승: 이 시간을 통해서 가장 많이 설명한 내용 중에 최근에 와서 원칙과 모태 법의 비밀이다. 원칙이라는 것은 정해져 있는 일을 원칙이라고 한다. 있는 문제에 의해서 정해지게 되는 것인데 쉽게 이해가 되지 않기에 항상 수학을 많이 비유로 내세웠다. 수학에서는 문제가 각각 다른 문제에 의해서 다른 답이 나오고 문제가 다르면 답도 다르다. 너희가 석가모니를 통해서 가장 좋은 모태 법을 이해하지 못하는데 가장 좋은 증거는 석가모니의 삶이다. 3천 년 전의 환경이 지금과 달랐고 언어로 표현하기 어려웠는데 부처의 일생을 통해서 들여다볼 수가 있다.

Q 부처님이 일생을 업業에 대하여 말한 것이 모태의 법입니까?

승: 너희가 진리를 계속 듣게 되고 건강한 몸을 유지하게 되면 자기가 아무것도 모른다는 상태에 도달하게 된다. 그 상태는 업의 활동이 줄었고 의식에 많이 들어간 빛이 어두운 업을 억제하고 있

기 때문이다. 그래서 아무것도 모른다는 사실을 알게 됐을 때 있는 일이 보이기 시작한다. 세상에 정해진 일은 천년이 가고 백만 년이 가도 절대 변하지 않기에 진리이다. 수학에서 1+2는 3인데 수학이 존재하는 한 만 년 후에도 문제와 답은 같다. 이것은 시간이 가도 말 자체가 바뀔 뿐이지 의지 자체는 바뀌지 않는다. 한번 눈을 떠서 알게 된 일은 살아서도 도움이 되고 죽어서도 큰 도움이 된다는 의미에서 모태에 관해 말한 것이다.

Q 의식이 윤회해서 새로 태어나면 전생에 했던 업은 의식 속에 들어 있는 겁니까?

스승: 영체는 의식의 활동으로 만들어진다. 자연에서 작물을 심어 놓고 어떻게 크는지를 보면 땅이 좋은 곳에서는 활동을 잘해서 땅의 기운을 뽑아서 먹고 성장해서 좋은 열매가 열린다. 영체는 활동을 통해서 자기를 존재하게 해 놓은 결정체를 만들고 자기를 버리므로 생명체를 부활하게 된다. 세상은 원칙이 존재하고 모든 것을 있게 하고 법칙이라고도 하는데 어떤 곳에도 적용한다. 똑같은 있던 일의 공식에 의해서 모든 것을 존재하게 하고 있다.

Q 진리라는 말이나 법칙을 굉장히 많이 사용하는데 구체적으로 설명해 주세요?

스승: 수학의 법칙 속에서는 1+2가 항상 3이 되는 것이 진리이다. 그런데 진리를 말하면 있는 일이 드러나게 되어 있는데 세상 사람들이 진리가 무엇인지 모르는 게 당연하다. 나쁜 사람들이나 세상

의 신神들이 모여서 만든 힘이 결국 세상을 움직여서 진리가 드러날 수 없으니까 사람들이 아무도 모른다.

Q 좋은 의식을 가진 사람의 강한 기운은 옆에 같이 있는 사람도 좋아지는 겁니까?

승: 강한 의식을 가진 사람을 따라가면 자기에게 피해가 없다. 예를 들어서 좋은 의식을 가지고 있는 사람에게 가면 신선함을 느낀다. 나는 힘든 일을 안 하고 여행할 때 조용한 곳에서 나의 옆에 오면 파장이 와서 어떤 사람들은 정신이 맑아지고 아주 상쾌해지는 것을 느끼게 된다고 말한다.

Q 사람을 평가할 때 참 순수한 사람이라는 말을 사용하는 것도 사람의 기운을 이야기하는 겁니까?

승: 기운은 모든 생명이나 물질의 근원이니까 기운이 순한 사람은 진실한 사람이고 진실하면 순수하다.

Q 사람의 기운이 순수하면 양심 있는 사람이라고 볼 수 있는지요?

승: 인간의 양심은 남을 해치지 않고 남을 속이지 않는 것을 기준으로 해서 봐야 한다. 양심이 있는 사람의 행동은 남의 불행을 외면하지 않고 축복하려 하는 마음이다. 남의 걸 훔치지 않고 해치지 않고 피해를 주지 않는 사람들의 행동을 말한다. 속이지 않고 자기가 해야 할 일들을 외면하지 않는 사람이 양심이 있는 사람이다. 수학의 법칙이 1+1가 2가 되듯이 있는 그대로 실천하고 행동

하는 게 양심이다.

Q 양심 없는 사람은 자기가 잘하려 해도 잘못하게 되는 것입니까?
승: 남을 돕고 싶었는데 항상 돕는다는 게 결과가 보면 자기를 골탕 먹이는 일이나 하고 있다. 그런 사람들은 항상 세상일을 모르기에 자기를 속게 한다. 아무리 고통을 받더라도 사랑이나 양심이 될 수 없고 짝사랑이 된다.

Q 양심은 남을 속이지 않고 해치지 않았을 때 내 마음이 떳떳하고 밝다는 것이죠?
승: 사람들이 정의를 중요하게 생각하는 건 세상의 일을 밝히는 일이기 때문이다. 정의는 인간 사회의 빛이고 양심은 마음을 밝히 빛이다. 인간 사회에서 정의나 양심이 널리 알려지지 못하고 있는 것은 사람들이 올바른 것을 가르치고 만들려 하는 사람들이 없다는 것이다. 눈을 뜬 자는 있는 것을 봤으니까 이치에 맞으면 진리이고 이치에 맞지 않는 말은 거짓이다.

Q 요즘 사람들은 원칙이 없이 자기들의 주장만 하는 것 같은데요?
승: 사람들은 나의 말과 자신들의 말이 왜 다르냐고 한다. 세상은 오랫동안 하나의 원칙에 의해서 존재해 왔고 앞으로도 계속 원칙에 의해서 존재해갈 것이다. 그런데 사람들의 말은 원칙에 놓고 보면 하나도 맞지를 않고 내 말은 원칙에 놓고 보면 모두 맞다.

Q 수학 공식은 몰라도 열심히 공부하면 외울 수 있는데 세상의 공식
은 알기도 힘들고 외울 수도 없는데요?

승: 수학에서 문제에 의해서 5라는 답이 맞을 수도 있고 50이라
는 답이 맞을 수도 있다. 그것은 문제 속에 답이 있는 것이지 문제
가 없이 답은 존재하지 않는다. 진리도 이같이 현상계의 문제에
의해서 나타나게 되는 모든 일이 진리다. 현상계에 있던 문제가
모든 인연이 되어서 온갖 일이 생겨나는 것이다.

Q 현상계에 있는 일이 문제가 되어서 상상하지 않았던 현상들이 나
타나는 것도 진리입니까?

승: 항상 진리를 말할 때 있는 일을 어느 정도 이해하는지에 따라
서 현상계에는 광범위한 세계를 통해서 나타나고 있다. 수학을 아
무리 잘하는 사람도 문제를 전부 설명할 수는 없고 1부터 1조 1경
까지 문제를 내고 해답을 맞추려면 평생을 노력해도 안 된다. 이
런 부분에 대해서는 자신이 하는 일에 어떤 일이 있었는지 설명하
고 상대에게 대답하면 틀리지 않는다.

Q 만물萬物이 태어나고 윤회하는 이치는 같습니까?

승: 하나의 식물의 씨앗이나 어떤 뜻 속에 있는 기체를 가지고 와
서 실험하여도 사실이 나타난다. 그래서 사람들에게 설명한 과거
의 부처의 유명한 말이 있다. 만법귀일萬法歸一은 만 가지 법은 하
나의 이치로 돌고 있다고 설명했다. 그래서 이 문제에 대해서 실
감이 안 갈 때는 언제든지 요청하면 실험을 통해서 눈으로 실제

확인할 수 있고 볼 수 있다. 병든 씨앗은 심으면 열매에도 대부분 좋은 환경으로 바꾸지 않으면 현상이 그대로 나타나는데 환경이 바뀔 때 치료될 수가 있다.

Q 수학의 공식처럼 뜻과 법칙은 같은 겁니까?

승: 뜻은 존재하고 있는데 인연을 만나면 다른 현상이 나타나는 것이 법칙이고 공식이 곧 법칙이다. 수학 문제라면 2와 3을 플러스 했을 때 5가 되는 것은 법칙이다. 존재한 것의 물체가 가지고 있는 성질을 뜻이라 한다. 이러한 물체와 물체가 혼합되었을 때 나타나는 같은 환경 속에서 접촉하면 같은 현상이 나타나는 것을 법칙이라 하는 것이다.

Q 흰색하고 빨간색을 섞으면 분홍색이 되는데 흰색이나 빨간색 분홍색 자체는 뜻이라는 말입니까?

승: 그 속에 있는 기운을 뜻이라고 한다. 거기에서 발생하고 있는 빨간색 자체도 하나의 원인에 의해서 만들어진 것이다. 뜻이 나타나게 되고 분홍색과 검은색을 섞어서 어떤 색이 나오는데 합쳐졌을 때 나타나는 법칙으로 뜻이 나타나고 있다.

Q 모든 현상 속에서 뜻이 있다면 희다는 현상 자체에도 뜻이 존재하고 붉다는 현상 자체에도 뜻이 존재하고 있고 흰색과 빨간색이 합쳐서 분홍색이 되는 자체에도 뜻이 존재하는 것입니까?

승: 똑같은 색을 만들려고 할 때 약간의 분량이 다르면 다른 색이

나온다. 법칙이라는 것은 똑같은 성분을 가진 물체를 똑같은 분량을 섞었을 때 똑같은 색이 나온다. 똑같은 공식을 통해서 나타나는 것은 똑같은 색이 나오는 걸 법칙이라고 말한다.

Q 공식이나 법칙은 같은데 이제까지 알아 온 뜻이나 도나 진리를 같이 해석했는데 차이가 있는 것 같은데요?

승: 내가 항상 말했듯이 차이는 없고 이해의 차이이다. 실제로 이런 토론을 통해서 많은 정신적인 발전을 하게 되고 이해를 갖게 된다. 여기에서 6개월 동안 토요일마다 나와서 들으면 대학을 졸업한 사람보다 정신적인 수준은 높게 된다. 하나의 공식에 의해서 나타난 것 자체도 법칙으로 나타났을 때 존재하는 것을 뜻이라 하고 뜻이 모인 관계가 법칙이다.

Q 뜻과 뜻이 합쳐서 뜻이 다르게 나오는 거죠?

승: 그때 뜻과 뜻이 합쳐졌을 때 나타난 뜻을 보면 법칙으로 나타난 결과이다. 그러한 뜻을 제공한 원인이 결합 될 때 나타나는 것은 뜻이지만 결합 자체는 법칙으로 나타난다. 인과법을 많이 들었으니 알 것인데 자신이 원인이면 정신의 깨달음을 바탕이라 하고 생활이 환경이다. 그러니까 자신이 변하는 원인 중에는 깨달음과 환경을 통해서 많이 변한다. 실제 아무리 지식이나 지혜가 있더라도 자기의 생활이 흔들리게 되면 지혜가 소용이 없다. 배운 것을 깨달아서 잘 지켜지지 않으면 생활에서 좋은 진리가 통하지 않는다.

Q 있는 일을 통해서 어떻게 자신을 축복할 수 있는 것입니까?

承: 진리를 알고 이해가 깊어 갈 때 자신을 축복할 수 있다. 스스로 재앙을 만들지 않고 자기 앞에 가로놓여 있는 재앙을 피해서 행복과 평화를 자기 속에 받아들인다. 자기와 함께 존재할 수 있는 길을 만들 수가 있는 현상이 진리 속에 존재하고 있다. 한 개인의 흥망성쇠는 개인의 무지와 편견과 판단으로 존재한다. 한 사회의 흥망성쇠는 사회에 존재하고 있는 모순에 의해서 존재하게 된다. 한 국가나 한 민족의 불행은 국가와 민족의 인간 속에 있던 일들에 의해서 존재하게 된다. 그러니까 진리에 대해서 눈을 뜨면 과거와 현재와 미래의 일을 볼 수가 있다.

Q 현재는 과거로부터 온 것이고 미래는 현재로부터 존재하게 된다는 것이죠?

承: 현실을 통해서 알 수 없었던 모든 해답을 얻어낼 수가 있다. 그래서 과거의 일들을 밝힐 수가 있고 미래의 일들을 뜻으로 만들어 갈 수가 있다.

Q 저희는 왜 진리를 소중하게 생각해야 합니까?

承: 그것은 자신의 앞날을 위해서이고 현실의 문제를 해결하기 위해서는 진리를 소중하게 생각하지 않을 수가 없기 때문이다. 진리 속에는 망하는 길도 있고 흥하는 길도 있고 행복해지는 길도 있고 불행하게 되는 길도 있다. 너희가 진리를 배우고 진리를 깨닫고자 하는 일은 자신의 앞날을 위해서이다. 이러한 노력은 끝없는 자신의 앞날에 밝은 삶을 가져다준다는 약속이 있기 때문이다. 세상에서는 이런 일들을 사람들이 많이 알고 있는 것 같지만 실제 이곳을 통하지 않고서는 듣고 보는 일은 매우 어렵다. 세상 사람들은 진리라는 말은 하지만 무엇이 진리인지 어떤 일을 하는지 모르고 있다.

Q 진리가 무엇인지 비유로 쉽게 설명해 주십시오?

☞승: 쉽게 설명해서 밭에다가 하나의 작물을 심었는데 기름을 부어버리면 작물은 타서 죽어버린다. 퇴비나 좋은 거름을 넣어주면 아주 푸르고 싱싱하게 자라는 왕성한 생명 활동을 할 수 있다. 식물에 받아들일 수 없는 다른 어떤 나쁜 물질이 들어오면 병들어버리듯이 우리 사회도 똑같다. 진리란 있는 일로 인하여 있게 되는 결과를 진리라고 말했다. 이 인과의 법칙은 만고불변의 진리이며 항상 수학에서 1+2가 3이라면 진리도 이같이 결정되어 있다. 앞의 수치에 따라서 뒤에 수치가 차이가 나는데 어떤 일이 어떻게 되었을 때 어떤 결과에 도달한다는 정해진 약속은 영원히 변하지 않는다.

Q 인간의 세계에 어떤 큰 문제가 있을 때 어떻게 풀 수 있는지요?

☞승: 너희가 풀리지 않는 문제가 있다면 내가 진리를 가지고 문제를 풀어 보이겠다. 진리에 대해서 이해가 부족한 너희에게 이러한 일들은 매우 중요한 가르침을 줄 수가 있을 것이다. 진리가 밝혀지면 무엇이 옳은지 그런지 진실이 드러나게 되어 있다.

Q 진실이 드러나면 어떤 게 좋은 것인지 나쁜 것인지 보이고 다 드러난다는 것입니까?

승: 우리가 밝은 곳에서 보니까 누가 무슨 옷을 입었는지 전부 기억할 수 있고 어떤 색깔의 옷을 입었는지 구분할 수가 있다. 나쁜 사람들은 사회를 어둡게 하려고 하고 좋은 사람들은 사회를 밝은 사회로 만들려고 한다.

Q 밝고 어두운 사회를 무엇으로 만들어내는 것입니까?

승: 있는 일 속에 진리가 있다. 진리를 밝히는 일이 세상을 밝히는 일이고 진리를 숨기는 일이 세상을 어둡게 하는 길이다. 사욕을 가진 사람이나 이웃을 사랑할 줄 모르는 사람은 진리를 밝히려 하지 않고 오히려 있는 일을 숨겨서 사람들의 정신을 어둡게 만들려고 한다.

Q 지금 사회에 일어나는 문제의 현상을 어떻게 풀 수 있는지요?

승: 어제저녁에 TV를 봤는데 원로들이 몇 분 나와서 노동법을 토론하고 있었다. 지금 우리나라는 노동법이 급한 게 아닌데 왜 노동법의 수정이 이 시기에 와서 그렇게 급박해졌는지 나는 이유를 모른다. 실제 정부가 관심 가져주지 않다면 우리나라의 대기업들이 며칠이나 공장을 돌릴 수 있는지 아무도 모른다. 인간은 가르치지 않아도 스스로 자기의 생존을 위해서 머리를 짜고 계획을 세우고 판단할 수 있는 사고가 있다. 그래서 많은 인간이 삶을 스스로 노력해서 얻도록 만들고 있다.

Q 우리 사회에는 창의력이나 창조적인 능력에 의해서 움직이는 것
  이 아닌 것 같은데요?

승: 정부의 힘으로 사회는 악순환을 계속하고 있다. 순리에 의해
서 돌아가고 있는 게 아니고 모든 일은 힘에 강요되고 있고 그 힘
으로 돌아가고 있다. 지금 가장 큰 문제는 바로 이 점이다. 어떤 특
정한 힘으로 움직여 왔기에 하부조직은 자생력을 갖지 않으니까
스스로 살아갈 힘이 없다. 그것이 전부 연결되어 있기에 우리 사
회를 매우 위험하고 힘들게 만들고 있다. 우리가 이 사실을 잘 인
식하면 진리는 모든 문제를 풀어낼 수 있다. 흥망성쇠의 원인이
진리 속에 있으며 진리는 있는 일로 인하여 생기고 있었던 일들이
결과를 만들어 주고 있다.

Q 진리를 모르고 살면 개인이나 사회가 어떻게 나빠지는 것입니까?

승: 내가 항상 사람들에게 말할 때마다 의문을 느끼고 있는 건 그
들이 무엇을 알고 있는지를 모르겠다. 내가 한국 사회에서 가장
많이 부딪치는 일 중에 항상 이러한 시간이 나에게 보람을 크게
가져다주지 못하고 있다는 사실이다. 그것은 이 사회에 지금까지
존재해 오고 있는 가르침이 근본 바탕을 무시하고 진실을 외면한
이야기 속에서 존재해왔기 때문이다. 어떤 존재하는 것에 대해 확
실하게 알고 있는 사실을 가지고 있지 않다. 내가 깨달음을 얻고
전생을 알고 나서 나는 사람들을 많이 찾아다녔다. 그런데 이 나
라에서 최고라고 하는 종교인, 교수, 철학자, 과학자들은 방송에서
는 유창하게 말하는데 내 앞에서는 한마디도 말을 하지 않았다.

Q 지식인들이 전부 침묵을 지키고 있었다면 결국 아무것도 진실에 대하여 아는 것이 없다는 것입니까?

승: 근본이 뒤떨어진 사람들은 암기를 잘해서 책에 있는 내용은 잘 아는데 내가 이 말을 하면 상대는 저 말을 하니까 마이동풍이었다. 상대는 내가 하는 말은 전부 아는 이야기라고 했고 나에게 근본도 바탕도 없는 질문을 해서 나는 처음에는 상당히 당황하기도 했다. 나는 남을 의심할 줄을 모르기 때문에 진실인 줄 알고 아무리 알아보려고 했지만 알 수가 없었다. 나중에 그 속에는 엄청난 함정이 존재하고 있었는데 잘못된 자들은 항상 잘못된 가르침으로 살아간다는 것을 알게 되었다.

Q 잘못된 가르침은 자신을 불행하게 만들지 않나요?

승: 이 세상은 뜻으로 인하여 현상이 존재하고 이 현상으로 인하여 세상에는 새로운 뜻이 생겨나는 것이다. 이 만고불변의 원칙이 바로 진리이고 모든 존재하는 것에 대한 원인이었다. 이러한 일들이 모든 존재하는 원인을 만들고 있었는데 이렇게 좋은 결과를 얻을 수 있는 인과因果의 가르침이 이 땅에서는 존재하지 않았다.

Q 세상의 공식도 수학 공식과 같은 것입니까?

승: 너희가 있는 일에 대해서 계속 확인하고 있는 일의 공식을 이해하고 문제를 풀 수 있는 능력이 갖추게 되면 지혜가 생기게 된다. 수학 자체는 모든 공식을 푸는 기초니까 진리도 하나의 공식이고 물리나 공학도 공식이다. 너희는 있는 일을 계속 들으므로

확인하고 세상에 대한 눈을 뜨고 이해하는 게 점점 쉬워진다. 초등학생들을 학교에 보내면 산수 시간에 더하기 빼기 하다 보면 5년 후에는 공식을 배웠으니까 조 단위나 그 이상도 능력에 따라서 계산해 낸다.

Q 깨달은 자와 만났다는 건 저희에게 좋은 경험이 되겠지요?

승: 진리를 받아들이는 건 조금 어렵겠지만 배우면 사람들에게 충분히 가르쳐 줄 수 있는 좋은 선생이 될 수 있다. 이러한 경험과 노력과 이해를 통해서 최상의 결과를 얻게 된다. 사실 아무라도 여기 와서 진리를 듣는 것은 불가능한 것이며 오직 인연이 있는 사람만이 들을 수 있다. 그래서 석가모니의 가르침도 세상의 일을 있게 하는 법이 인연을 따라서 전해졌다. 많은 사람을 모아놓고 설명해도 진실로 박수받고 환영받는 것이 아니다.

Q 의식의 눈이 먼 사람에게 장애물을 넘고 높은 산을 오르면서 경치와 배경을 설명해도 소용이 있겠습니까?

승: 눈먼 사람이 노력해서 산에 올라가 정상을 확인하고 내려오면 산에 올라갈 때의 장애를 느낄 수 없다. 눈을 뜬 자로서는 의식이 어두운 사람에게 앞에 있는 것을 이해하도록 함으로 그들의 마음속에 경험을 갖게 한다. 사람이 같은 일을 반복함으로써 1미터 위에서 줄도 못 타는데 어떤 사람은 10미터에서 20미터 공중에서 줄을 잘 타는 사람이 있는 것은 숙련이 되었기 때문이다. 사람들이 열심히 노력하면 가능하게 되고 나중에 줄타기의 달인이 된다.

Q 계속 같은 말이 반복되는 말속에서 듣는 사람들의 의식이 깨어날 수 있을까요?

승: 의식이 깨어나는 건 사실이고 이 일을 계속해야 하는 것은 나의 사명이다. 이 일은 당장 남으로부터 대접받는 것이 아니나 결국 내가 죽고 나서 먼 훗날에 대접받을 것이다. 실제 나로 인해서 큰 도움을 받는 사람은 지금까지 노력해도 100명 미만이다. 명성은 서서히 쌓이기 시작하겠지만 진정으로 나로 인하여 도움을 받는 사람은 극히 선택된 자들뿐이다.

Q 사람들이 깨닫게 되면 있는 것을 볼 수 있습니까?

승: 깨달음이라는 것은 하나의 진실성 회복이다. 인간이 완전한 진실성을 회복해서 마음에 아무것이 없는 거울처럼 변해야 그대로 비춰서 알게 되고 볼 수 있다.

Q 사람들은 깨달은 자와 신이 들린 사람을 어떻게 구분할 수 있습니까?

승: 신들의 시각으로는 운수가 어떤지 보아 달라고 해도 있는 사실을 보는 것은 불가능하다. 신들은 실제로 신계에서 한을 가지고 있는 신의 비밀이나 인류의 법칙을 하나도 모르고 있다. 과거에 살았다는 인간이었다는 것 때문에 자신이 윤회하지 못하고 세상에 있다는 두 가지 사실뿐이다. 귀신이라 해서 많이 아는 게 아니고 도는 생활에서 가장 밀접해 있고 가장 많이 존재한다. 너희가 실제 사회에 살아가면서 가지고 있는 신의 문제나 가정이나 사회

에서의 의문 중에서 풀리지 않는 것들을 질문하면 깨달은 자는 무엇이든 이 자리에서 풀어 줄 수 있다.

Q 거짓에서 벗어나기 위해서는 어떻게 해야 합니까?

승: 거짓에 속지 않고 잘못된 말로 남에게 거짓말을 하지 않는다면 너희에게 있게 될 재앙의 반은 줄어들 것이다. 너희는 초등학교만 가도 아는 게 힘이고 자기를 잘 살게 하고 편안하게 하고 복되게 하는 길이라고 배운다. 너희는 철학의 아버지인 철학보다도 더 위인 세상일을 있게 하는 근원을 알기 위해서 이곳에 오는 것이다. 시각이 다를 때 같은 자리에서 어떤 일정한 먼 거리에 있는 사물을 같이 볼 수 없다. 어떤 이론도 자기의 의식에 닿지 아니하면 이해가 안 된다. 아이를 데려다 놓고 1+1=2라고 가르치고 며칠 뒤에 물으면 기억하지 못하는데 마음에 닿아야 있는 일이 이해되고 말이 튀어나온다. 그런데 계속 1+1=2라고 계속 가르쳤더니 몇 주 후에는 외우고 스스로 써 놓고 남에게 전하기도 한다는 것이다.

Q 사람들 행동의 기준을 어디에다 두어야 합니까?

승: 있는 일을 알 때 옳고 그름을 판단할 수가 있다. 있는 일을 모른다면 어떻게 옳고 그름을 판단할 수 있겠는가! 있는 일을 모르면 두 사람이 길가에서 싸우는데 서로가 도둑놈이라 할 때 우리는 정확한 어떤 자가 증인으로 나타나서 사실을 본 대로 말하지 않는다면 누가 도둑놈인지 구분해 낼 수 없다.

Q 그것은 두 사람을 법을 집행하는 자가 잡아서 증거를 추적해서만 밝힐 수가 있겠죠?

승: 만일에 증거를 추적하지 않고 증거를 제시하지 않는다면 어떤 자가 옳은지 그른지를 모른다. 어떤 사실을 모르고 무엇을 심판하고 판단하고 편드는 것은 양심과 정의가 없는 사회에서는 감정에 의해서 좌우된다. 나는 오늘날 노동자들의 힘이 센 줄은 이번에 처음 봤다. 이게 공작인지 우리 사회의 진실인지 아무도 모른다. 나쁜 머리를 회전시키는 사람들은 얼마든지 많지만 나 같은 사람을 속일 수 없는 것뿐이다. 일반 사람들은 감정에 의지하기 때문에 속게 된다.

Q 요즘은 교육을 통해서 법과 정의가 옳은 것을 밝히는 일이라고 배운 사람이 없고 정의라는 말만 암기하는 것 같은데요?

승: 법과 정의가 없는 사회는 결국 멸망한다. 한국 사회의 가장 큰 불행은 이 나라에 정의가 존재하지 않았다. 정의는 칼자루 쥔 자들의 힘을 가진 자들의 소유물이 됐다. 그들은 정의라는 이름으로 불의를 마음껏 행세하고 그 불의는 인간의 양심을 죽이는 일을 행했다. 이건 공생 공존하는데 양심이 죽으면 정의는 사라지고 정의가 죽으면 양심은 사라진다. 우리 사회가 도덕을 가르치고 아무리 노력해도 인간의 양심과 정의가 인간 사회에서 살아나지 않는다면 죽은 사회이다.

Q 지금 우리 사회에는 법보다 무엇을 중요하게 생각해야 하겠습

니까?

승: 법보다 중요한 것이 양심과 정의이다. 어두운 사회에 양심과 정의가 없는 곳에는 얼마든지 많은 범죄가 일어날 수도 있고 억울한 자가 생길 수도 있다. 양심과 정의가 없는 법관은 재판 자체도 자기의 감정에 의지해서 심판하게 된다. 그래서 무서운 결과를 가져오고 재판 자체를 뒤집어 놓고 패자가 승자가 될 수 있고 승자가 되어야 할 자가 패자가 될 수 있는 일들이 얼마든지 일어날 수 있다. 이 시간을 통해서 진리를 강조하고 있는 것은 있는 일을 알지 못할 때는 말하지 않아야 한다.

Q 선생님께서 정의를 말하면 되지 않습니까?

승: 나는 자신이 감정에 의해서 어떤 문제에 대해서 심판을 하는 건 위험하다고 느끼고 있다. 그들이 어떤 일을 했는지 증거를 하나도 갖고 있지 않다. 그러기에 나는 이 일에 관심을 가지고 어떻게 이런 일들이 일어날 수 있는지를 알아보려고 노력하고 있다. 종교나 사람이 모이는 곳에서는 대부분 이상을 말하고 절대 있는 일을 밝히지 않는다. 그것은 그들이 악의 편에 섰기 때문인데 있는 일을 밝히는 일이 진리를 밝히는 일이다.

Q 세상의 역사 속에서 있는 일을 밝히고자 애썼던 사람이 누구입니까?

승: 있는 일을 밝히고자 노력했던 사람들이 오늘날 성인이라는 칭호를 듣고 있는 사람이다. 4대 성인인 석가모니와 예수이고 노

자와 소크라테스이다. 인간 사회에서 그들의 활동은 너무나 미비했으나 지금에 와서 위대한 사람들이었다고 빛과 같은 사람들이라고 말한다. 태양과 같은 사람들이라는 것을 알았지만 그들이 죽고 난 사후의 일이라는 사실이 인류사회 역사이다.

Q 선생님 말씀 가운데 가장 핵심이 사실을 보아야만 진리를 알 수가 있다고 받아들이는데 저는 사실을 사실대로 못 보고 있는 것이 너무 많습니다. 그중에 가장 근본적인 것이 인생은 어디서 와서 어디로 가는 것인지 의문에 대해서 확실한 대답을 주십시오?

승: 콩을 심었더니 그 속에 콩이 나왔듯이 너는 네 삶을 통해서 미래의 모습을 만들고 있다. 네가 죽음을 통하여 다시 나타나는 것을 영체라고 하고 신神이라 한다. 너는 그 신을 통해서 다시 세상으로 돌아오게 되고 네가 전생에 만들어 놓았던 자신의 길을 따라서 살게 된다. 그러나 너는 새로운 삶을 통해서 인연을 얻는다면 그 인연은 너에게 바탕이 되어 줄 것이다.

Q 교육이 정신의 바탕이 되는 것입니까?

승: 네가 세상에 와서 어떤 스승을 만나서 가르침을 얻고 깨닫고 받아들이는지에 따라서 네가 과거에 가지고 있던 네 운명을 바꿀 수도 있다. 네가 세상에 와서 어떠한 스승을 만나서 그릇됨을 배우고 짓는지에 따라서 네 운명을 망칠 수도 있다. 콩이 콩에서 나는 것처럼 너는 네 속에서 태어날 것이나 네가 태어나서 걸어야 할 운명적 앞길은 이 삶을 통해서 얻는 인연에 따라서 달라진다.

바탕과 환경에 의해서 좋은 결과를 얻는지 나쁜 결과를 얻는지는 삶 속에 있다. 정신적 바탕을 어디서 얻는지에 따라서 삶은 달라지는데 좋은 바탕을 얻으면 어디서든지 성공하게 된다. 자기 자신을 위해서 바른 생활하고 후세 사람들의 스승이 되면 오랜 명예를 얻게 된다. 일시적으로 떠 있다가 사라지는 거품과 같은 명예가 아니라 오랜 시간을 두고 지속할 수 있는 열매를 얻게 될 것이다.

Q 인간은 수명이 지상에서는 한정되어 있는데 영구히 사라지지 않는 인생이 우주 만상은 언제 누가 만들어서 존재하게 되었으며 언제까지 존재합니까?

승: 사실을 보려면 세상의 원인관계와 천체의 원인관계를 모두 봐야 한다. 질문이 어려운 것이 나도 사실 눈앞에 있는 것만 보지 시력이 닿지 않는 곳은 보지 못하는데 보는 것만 알 수 있다. 천체의 이야기라 하면 태양의 불이 언제 꺼질 것인지 태양의 옆에 가까이 가서 태양이 왜 불타고 있는지 불이 왜 계속 타고 있는지 원인을 알아야 언제 꺼질 것인지 알 수 있다. 내가 아직 태양이 수백억만 년을 밝혀오고 아직도 꺼지지 않고 밝혀갈 것인데 언제까지인지에 대해서 대답하기에는 어렵다.

Q 그러면 이 문제에 대해서 간단하게 세상의 뜻을 보면 선생님은 얼마 전까지를 볼 수 있습니까?

승: 나는 세상에 와서 깨달으면 5천 년의 역사의 지나간 일과 5천 년의 돌아오는 세상을 본다고 말했다. 본 것은 세상을 봤으니

까 한주기의 세상이다. 이번 세상의 주기는 5천에서 6천 년으로 되어 있다. 사람의 수명이 칠십에서 대부분 사람이 조금 더 늘어나기도 하고 줄어들기도 하는 것처럼 이 세상의 한주기는 보통 5~6천 년이다. 세상도 세상의 뜻에 따라서 조금 연장이 되기도 하고 줄어들기도 한다.

Q 사람이 좀 일찍 죽는 사람하고 늦게 죽는 사람하고는 원인관계가 다르기 때문입니까?

승: 내가 의식의 눈을 떠서 세상을 관조觀照했더니 사람이 계속 지구에 살아왔는데 세상도 한 번씩 변하더라는 것이다. 삼라만상에 있는 모든 물질이 변화 속에 영원함이 존재하고 있었다. 이런 말은 너희는 다른 사람 마음에다 구상해 만들어서 수정하니까 들으면 사실이 아니더라도 그럴듯해 보인다. 하지만 나는 말을 만들지 않고 이 질문을 받음과 동시에 설명하기 때문에 너희가 들으면 이해가 안 갈 것이다.

Q 그것은 보는 자와 보지 못하는 자의 차이입니까?

승: 그런데 이러한 변화는 계속되고 있었다. 지구에서 계속 집을 짓고 모래도 파고 땅에 금덩어리도 파서 써버린다. 그런데도 또 어디서 금덩어리가 나오고 다이아몬드가 나오고 석탄이 어디서 나오는지 의문점이 있을 것이다. 기름이 나오는 것도 석유는 한번 캐서 써버리면 인류에 석유가 없어야 하는데 석유가 계속 나온다. 온갖 물질 속에 하나의 뜻이 다하면 다른 현상으로 나타나는 원

인이 존재하고 있었다. 그 뜻 속에는 석유도 만들어지고 모든 것이 만들어지고 있었다. 결국 수천만 년 후에도 이 인류에는 석유가 존재할 것이며 다른 생명체가 존재한다. 그것은 이런 변화를 통해서 항상 존재하는 것이다. 한국이 바다에 가라앉을 수 있어도 한국이 가라앉으면 물은 고정되어 있으니까 어딘가 육지가 나타난다.

Q 아주 오랜 세월이 흐른 후에도 지구 자체는 없어져 버리지 않나요?

슫승: 세상의 법칙에 지구 자체가 없어지지 않게 되어 있다. 이 천체에 큰 변동이 없는 한 물 한 방울도 전부 제 자리로 돌아오고 있다. 만일에 대기권이 파괴되면 증기가 대기로 날아갈 수가 있는데 대기가 존재하는 한 절대 물 한 방울 먼지 하나가 외부로 날아가고 그대로 돌아와서 항상 지구의 무게가 똑같았다. 사람이 아무리 태어나고 변화가 와도 이 뜻은 변하지 않았다.

Q 지구에 영향을 줄 수 있는 큰 변화가 우주에 오지 않는다면요?

슫승: 우주에 변화가 오기 전에는 지구 자체가 그대로 존재하고 있다. 무게가 만일에 천 근짜리라 하면 사람이 천만 명 태어나도 천 근이고 백 명이 태어나도 천 근이다. 변화를 통해서 오는 것이고 있는 게 옮겨지고 바뀌는 것뿐이라는 것이다.

Q 학교에서 배운 것은 지구와 별과 우주에 천체들이 자전 공전하는

데 어느 별에서 일부분이 떨어져 나오는 걸 별똥이라고 합니다. 대기권 속들로 들어올 때 불에 탈 것은 타지만 타지 않는 운석이 지구 위에 어느 부분에 와서 떨어지면 가령 1톤짜리이면 1톤만큼 지구 무게가 무거워졌지 않겠습니까?

증: 그건 일리가 있는데 별똥이 떨어지는 것은 과학적 논리로 설명한다면 자력이 없는 별똥이 있다. 무게를 가지고 자력이 약한 자기를 유지하지 못하는 것이 천체의 중력에 있다가 어떤 각도에서 중력의 끈을 잡고 있다. 그런데 끈을 놓은 상태같이 될 때 유성이 생기는 현상이 일어날 것이고 지구의 무게가 불어나겠다. 하지만 별똥이 떨어져도 조그만 것인데 있는 사실을 있는 대로 말하면 지구에서 인공위성을 대기권 밖으로 띄웠을 때 지구의 무게는 줄어들 것이다.

Q 저는 영국에서 몇 년 살다가 한국에 와서 번화가에 가니까 밤에 파출소에 붙들려가는 사람들이 너무 많은 것이 왜 그런지요?

증: 파출소에 가는 죄인이 많아야 큰 죄인이 숨을 곳이 많다. 권력형 죄인은 국민이 죄인이 되기를 원한다. 깨끗한 자가 있으면 그들이 건방진 놈이라고 생각하니 내색하지 말라는 것이다. 진리를 아는 자가 오면 그를 따르는 일은 너무나 힘들고 외로운 일이다. 너희가 진정으로 옳고 그름을 알지 못한다면 세상에 대해서 눈을 뜬다는 것이 매우 힘든 일이다. 그러니까 항상 하는 일이 옳으면 그 일을 해야 옳은 것을 따라갈 수 있다.

Q 이제 세상이 매우 어려운 일들을 보게 될 것이고 하셨는데 언제 일어날 일입니까?

승: 법회에 빠지지 말고 오고 어려움이 닥치면 이곳에 나온 사람하고 안 나온 사람하고는 세상을 살아가는 데 엄청난 차이가 있다. 그들은 아무것도 모르기에 자신을 지키는 것이 어려울 갓이다. 이곳에 한 번이라도 와서 나의 말을 들은 사람들은 이치를 통해서 그러한 어려움을 참고 이길 수 있다. 또한 희망을 찾아서 자기를 깨우치고 이루는 데 큰 도움이 될 것을 내가 확신하고 있다.

Q 우리나라에 국가적 위기가 와서 IMF에 구제요청을 하려고 하는 때에 선생님의 역할이 없습니까?

승: 내가 이 땅에 살면서 가장 안타깝게 생각해 온 것이 곧 이 나라에 심각한 위기가 올 것을 수년 전부터 말해왔다. 왜 내가 내 나라와 내 민족에게 올바른 일을 할 수 없으며 사람들의 삶에 좋은 도움을 줄 수 없는지를 항상 생각했다. 너희는 잘 이해하지 못할 것이지만 세상의 일이라는 게 공식 속에 존재하고 있다. 만일 인생에 대해서 진정으로 이해하고 싶다면 나는 어떤 사례를 놓고 어떻게 좋아지며 인간 자체를 어떻게 변화시킬 수 있는지를 충분히 너희가 이해하도록 노력할 것이다.

Q 조금 더 적극적으로 관공서나 방송국에라도 찾아가면 가능하지 않을까요?

승: 진리는 억지로 가르칠 수는 없다. 여기 있는 사람이 열심히

벽보 붙여서 한 사람이라도 보고 초청해서 그들에게 희망 주어야 한다. 만일에 자신들이 세상에서 진실로 자신이 어디에서 존재하고 있는지 자신의 근본을 어떻게 지키고 구할 수 있는지를 알고자 관심을 가진 자가 있다면 그들을 만나서 이 길을 가르쳐 줘야 한다.

Q 그러나 진리가 필요 없는 사람에게 무슨 길이 필요하겠습니까?

승: 그들은 빵을 구할 수 있는 길만을 원하니까 오욕이 있는 곳만 가게 된다. 그날부터 인연이 끊어지니까 인연이 끊어지고 망하면 상대는 찾아오지도 다시 만나기도 어렵다. 사람들이 다시 일어선다는 일은 세상에서 불가능에 가깝다. 그래서 이런 일을 대비하기 위해서 어려운 문제를 가졌을 때 자주 찾아와야 하는데 그들은 어려운 문제를 가지면 자꾸 숨기고 멀어진다.

Q 사람들이 왜 진리와 멀어진다고 하는 것입니까?

승: 망할 사람은 망해야 하기 때문이다. 여기 오면 자기가 가지고 있는 성질을 막으니까 생기는 일이다. 그러나 근기가 높고 의식이 밝은 사람들은 일으켜 세워주면 깨닫는데 그렇지 못한 사람은 오히려 자기 성질에 받쳐서 성을 낸다. 너희에게 말하는 것이지만 성질이 다른 사람들끼리 이야기해 보아도 서로가 맞지 않는다.

Q 인연이 있는 자를 잘 찾을 수 있는 공식은 있습니까?

승: 공식은 너희가 깨달아서 보아야 한다. 이런 말을 계속 열심

히 들어서 깨달아서 사람들한테 가서 인간 세상에 존재했던 일들을 잘 설명하고 그들이 느끼도록 하는 것이다. 내가 하는 이 일을 완전하게 알아야 하고 행해야 한다. 너희는 깨달은 자를 만나지 않는다면 가지고 있는 문제는 풀 수가 없으니까 이치를 알아야 한다.

Q 저희가 무엇이 좋은 일이며 나쁜 일인지 알기가 어려운데요?
승: 그것을 대답하기 위해서는 먼저 결과를 보아야 하는데 우리가 어떻게 좋은 일을 할 것인지는 먼저 세상의 일을 알아야 한다. 자신이 문제를 모르고 자기 생각대로 문제를 만들고 푼다면 세상의 뜻과 맞지 않을 때가 많다. 항상 있는 뜻을 거역하면 그로 인해서 재앙을 얻게 되니 있는 뜻을 맞추면 복된 것들을 얻어낼 수가 있다.

Q 저는 내년에 대학에 가기 위해서 공부는 하는데 가끔은 왜 대학에 가야 하는지 생각하고 있거든요?
승: 실제 고등학교만 나와도 사회생활 할 때 지장이 없다. 기술이 필요하면 기술을 가진 사람에게 배우면 되고 법률은 어떤 판례를 놓고 판례가 어떻게 하면 억울한 자가 발생하지 않고 재판이 현명하게 이루어질 수 있는지를 연구하면 된다. 지금 대한민국 법학대학에서는 이치를 가르치는 일이 매우 미숙하다. 암기 잘하는 사람이 판사가 되고 검사되었으니까 그들이 상상을 가지고 재판하려다 보니 거꾸로 재판하는 경우가 많다.

Q 요즘 많은 문제를 만들고 있는 아파트 사건의 판결이 현실의 인식
부족에서 나오는 것입니까?

승: 나도 1년 동안에 재판소에 몇 번 다니면서 너무나 기막힌 일
들이 많았다. 당한 사람들은 억울하겠지만 재판장에 오는 것이 너
무 힘들어 자기는 아무 잘못도 없는데도 벌금 물고 포기한 사람들
이 많았다. 형을 받아야 할 사람이 거꾸로 선량한 사람들에게 정
당한 절차를 요구한 사람들을 명예훼손이라고 고발하는 일도 보
았다. 정당한 요구를 한 사람을 벌금을 물었으나 부정이나 부패의
범죄자로 오해받게 된 범죄사실을 은폐한 사람들은 아무 형도 받
지 않고 재판에서 승소하는 일을 목격했다. 그래서 사회의 신뢰를
주는 일에 대학 출신들이 엄청난 문제를 만들고 있다.

Q 요즘에 여래님은 집에 머물면서 길가에 나가서 사람을 깨우치지
않는 이유가 무엇입니까?

승: 길가에 나가면 10분도 되지 않아서 순경이 달려오고 구청에
서 나와서 신분증 보자고 한다. 돈 들여서 제작한 광고 전단을 빼
앗고 온갖 모욕을 주어서 안 가는 것이다. 그런데 사회에 도움이
되지 않는 일은 이곳저곳에서 자행되고 있다. 살아가는데 어려움
을 당한 사람들은 문제를 어떻게 해결했는지 신경 써서 항상 자신
에게 손해를 끼치지 말고 살아가야 한다.

Q 삶을 중요하게 생각하는 사람들은 죽어서도 애착이나 한이 없습
니까?

스승: 편안하게 영생 계에 머물렀다가 다시 윤회해서 태어나면 된다. 그러면 좋은 근본으로 태어나기에 공부도 잘하게 되고 직장에서도 신뢰받는 사람이 되는 것이다. 자기 속에 있는 근본 바탕을 모두 가지고 태어나니까 나중에 사업을 해도 성공적으로 할 수 있다.

Q 한번 자기 농사를 잘 지어놓으면 대대로 잘 된다는 것입니까?
스승: 이러한 예는 자연을 통해서도 많이 확인할 수 있다. 종묘를 한번 잘 개량하면 쉽게 나빠지지 않는다. 계속 토양에 따라서 조금씩 나빠지고 토양이나 환경에 따라서 조금씩 좋아지겠지만 갑자기 나빠지지 않는다. 그러니까 한번 자기 농사를 잘 짓는 것이 끝없이 자기의 앞날에 큰 축복을 가져다준다. 그래서 너희가 배우고 깨닫는 일은 매우 중요하다.

Q 선생님은 집에 계실 때는 무엇하십니까?
스승: 내가 방바닥에 누워서 꿍꿍 앓고 얼굴 내밀 데가 없어 한국에 들어오면 어디서 말 붙일 데가 없다. 나의 지식과 현대사회의 지식에 대해서 어느 정도 차이가 있는 줄 아느냐! 사회에서 천 명 정도의 최고의 인재를 데리고 와서 나와 토론하면 아무도 십분 이상 토론이 안 된다. 왜냐하면 좋은 지식인지 나쁜 지식인지는 문제를 가지고 봐야 하는데 그들은 문제의 원인을 알지 못한다. 눈을 뜬 사람의 항상 최고의 대화는 문제를 가지고 어떻게 보고 어떻게 푸느냐 하는 것이다.

Q 세상의 문제를 어떻게 알고 답을 얻을 수 있습니까?

승: 철학이란 현실의 일을 알아보고 밝히고 있는 일을 통해서 사람들을 알아볼 수 있도록 깨우치는 것이다. 철학은 문제를 통해서 배워야 하고 과학은 어떤 일에 변화를 일으키는 일을 있게 한다거나 문제의 응용을 통해서 어떤 일을 창조해 내는 것이다. 비행기를 만들고 로켓을 만드는 것만 과학이 아니다. 대학에서는 경제과학도 있고 정치도 생활 속에 있는 것을 전부 과학적으로 풀어낼 수가 있다.

Q 선생님은 그렇게 뛰어난 지혜를 가지고 있는데 곁에는 사람이 오지 않습니까?

승: 내가 세상의 일을 가장 많이 안다고 자부하는 사람이지만 아직 하나를 알아보지 못하고 있다. 빛과 어둠의 공존이 불가능하다는 것이다. 강한 빛이 들어가면 어두움이 사라지는데 빛이 힘이 없을 때는 어둠이 포위해서 빛이 크게 영향을 끼치지 못한다. 그러니까 나는 깨달음을 얻고 나서 깨달은 자는 어떻게 살아야 한다는 것을 20년이 지난 지금에서야 알게 되었다. 내가 깨달음을 얻을 당시에 진리를 알면 외롭고 진리를 말하면 저주받는다는 말을 하늘로부터 전언을 받은 적이 있다.

Q 진리를 말하면 저주받는다는 말은 무슨 뜻입니까?

승: 나는 그 말이 무슨 뜻인지 처음에는 몰랐지만 이제 그 비밀을 알았다. 빛이 있는 곳에는 어둠이 찾아오지 않으니까 말할 곳이

없는 것이다. 말을 하면 빛이 어둠에 들어가기에 어둠이 피하거나 대항하고 밀어낸다. 그러니 결국은 설 곳이 없는 것이고 진리를 말하게 되면 온갖 위험이 따른다. 모든 거짓이 드러나니까 거짓된 자들이 자기들이 생존하기 위해서는 빛을 해치려 한다. 빛을 밀어내고 빛을 죽이려 하기에 나는 이것을 해결하지 못한다면 인간의 세계에 살아서 크게 도움을 줄 수 없을 것이다. 그러나 어둠이 빛을 받아들이게 되면 있는 일을 스스로 알아보게 된다. 이건 세상에서 가장 고귀한 축복이지만 누구도 그런 축복을 받아들일 준비가 되어 있는 사람들이 없는 것이 문제이다.

Q 인간의 무지가 어둠의 의식이 만들어내는 것입니까?

승: 자기 속에 있던 과거에 의해서 자기가 근본 바탕에 묻어있는 업業 때문이다. 그래서 깨달은 자가 세상에 태어나도 사람들한테 짐작처럼 살다가 간다. 크게 대접받지 못하고 축복을 두고도 빛을 받아들이지 못하는 것은 자신 속에 있는 어둠 때문이다.

Q 근본 바탕에 묻어있는 업은 어떻게 생기는데요?

승: 자기 속에 있는 일에 의해서 생기는 것인데 하루아침에 업이 물러가지 않으니 빛을 받아들일 수 없다. 이 업은 어둠의 근원인데 업을 깰 수가 없으니 내가 아무리 큰 지혜를 가지고 있다고 해도 세상에 크게 도움이 되지 못하고 있다. 사람의 행동이나 말이나 성격은 업에 의해서 지어지고 현실을 통해서 변화한다. 현실에 있는 가르침들이 자기 속에 들어오므로 좋게도 변하고 나쁘게도

변한다.

Q 여래님은 가족에게 와서 배우라고 말하지 않습니까?

승: 그동안 내가 아주 장황하게 설명한 것은 사람들이 과학의 세계에 있는 일을 제대로 알아보지 못하기 때문이다. 사실 지금까지는 이런 일을 이해하고 알아보는 시간이었으나 이제 내가 할 역할은 가지고 있는 지혜를 사람들에게 전하는 것이다. 내가 가족에게도 와서 배우라고 말하지 않는 건 그들의 문제이고 자식이라고 해서 영생하고 극락세계에 가는 보장은 없다. 극락의 세계는 자신 속에서 길이 있는데 아무도 원하지 않고 길을 가지 않는데 어떻게 찾아줄 수 없다. 그리고 부모가 자식 가르치는 일은 누구라도 힘든 일이어서 어떤 때는 불쌍한 것들 좀 잘되게 해 주고 싶은데 내 마음뿐이다. 잘되는 쪽으로 말하면 절대 안 듣는데 길이 다르기 때문이다.

Q 이 시대가 말세라서 일어나는 현상입니까?

승: 그것은 좋은 가르침이 사라져버렸기에 인간의 의식이 망해서 말세라고 규정해도 틀린 말이 아니다. 결론적으로 말해서 우리가 사는 것은 자기를 위해서 산다.

Q 자기를 위한 삶이라는 것이 어떻게 사는 것입니까?

승: 삶이 자기의 앞길을 갖고 있기에 좋은 앞날을 원한다면 스스로 깨닫고 자기 문제를 자기가 풀고 해결할 수 있는 능력이 있어

야 한다. 그래야 사후세계를 위해서도 도움이 되고 미래에 존재할 자기에게도 도움이 된다. 식물의 영체인 열매는 씨앗으로 되어 있기에 씨앗에 의해 미래는 똑같은 자기가 존재한다. 사람의 영체는 기운으로 되어 있으나 번식하는 과정에서 기운을 받아들이고 정화해서 자기 몸속에 있는 정精을 주어서 새 생명을 만들어낸다. 그 기운에 자기가 가지고 있던 모체에 있던 것이 이동해 간다.

Q 물질이 창조創造되는 과정의 일을 확인하는 것은 가능합니까?
승: 입자들이 변화를 일으키므로 어떤 물질을 다른 물질로 만들어낼 수 있다. 과학을 통해서 우리는 많은 것을 알아낼 수가 있는데 하나는 윤회로서 자기가 태어나는 것이다. 또 하나는 법칙으로 기운이 정화되면서 자신 속에 있는 걸 받아 잉태하는 수가 있다.

Q 식물도 한번 태어난 것들은 자기 속에 있는 업의 지배를 받게 됩니까?
승: 어떤 것도 업의 지배를 받지 않는 것은 없다. 우리가 간단한 예로 과수원에서 사과의 씨를 땅에 심었더니 국광에서 나온 사과는 또 국광을 열리게 하고 후지 사과는 또 후지 사과를 열게 한다. 거기서 나온 씨앗은 열매를 열리게 해서 모체에 있는 걸 가지고 와서 새로운 자기를 생산해 낸다. 사람도 모든 근본과 바탕이 과거에 있었던 일에 의해서 자기를 존재하게 하고 영향을 받는다. 그래서 이러한 시간을 통해서 있는 일을 항상 보고 문제를 들어서 빨리 이해하는 것이다. 나는 돌감 씨를 심어서 큰 단감이 나오

는 건 보지 못했다. 항상 자기의 모체로부터 이동해 온 걸 씨 안에 전부 입력한다. 씨앗은 모체가 가지고 있는 그대로를 가지고 와서 기체를 통해서 자신을 존재하게 한다.

Q 세상에서 사람이 성공하는 좋은 방법이 무엇입니까?

승: 하나는 배우고 문제를 알아보고 자신의 훈련으로 훌륭한 지도자나 능력 있는 경영자가 되게 하는 길이 있다. 또 하나는 과거의 세계로부터 전해져 온 근본 바탕으로 뛰어난 능력 가진 자가 태어난다. 나는 과거의 세계로부터 존재했던 근본 바탕을 이어받아 왔기에 능력이 있고 아무 어려움도 부족함이 없이 살아간다. 그러나 너희는 아직 나처럼 과거에 오랜 삶이 없었기에 실제로 현실에서 이루어야 한다.

Q 현실에서 이루기 위해서는 어떻게 해야 하는데요?

승: 살아가면서 사실을 보는 시각을 스스로 높여야 한다. 그러기 위해서는 배우고 자기가 하고자 하는 일에 대해서 잘 훈련이 되어야 한다. 그렇지 아니하면 경쟁 시대에서 성공하는 일은 매우 어렵다. 이런 시간을 통해서 한주에 한 시간 여기 와서 50번 정도 들으면 너희의 지식은 대학에서 배운 것보다도 총체적인 면에서는 앞서게 된다.

Q 대학은 많은 자료를 가지고 가르치고 있는데 왜 그렇게 보시는 지요?

승: 대학에서 배운 걸 설명하라면 아주 유창하게 하는데 배운 부분에 대해서도 사실 속에 있는 문제를 놓고 찾으라고 하면 더듬거린다. 문제를 알아보지 않고 배워서 자기 머리에서 암기한 생각으로 그럴 것이라는 짐작만 한다. 문제를 모르는 상태에서는 배워도 상대의 말을 듣게 되면 그 말이 진실인지 거짓인지를 절대 알아보지 못한다. 그리고 문제를 모르는 사람의 말을 계속 듣게 되면 결국은 더 큰 눈뜬장님이 되어서 있지도 않은 일에 기대하고 안 되는 일을 될 것이라고 믿고 속게 된다. 이런 일을 예방하기 위해서는 사실을 배워야 하고 나는 이 시간에 사실을 주지시키고자 하는 것이다.

Q 진리를 알려면 현실에서 세상을 배우는 것입니까?
승: 나의 가르침은 절대로 세상에 베풀지 아니하면 자기에게도 은혜는 오지 않는다. 내가 18년 동안 이런 법회를 하고 사람들을 찾아다니고 만나면서 얻은 것 중에서 가장 큰 가르침은 현실을 통해서 본 것들이다. 내가 깨달음을 얻고서 제일 두려워했던 것은 가까운 사람들의 분란이다. 나쁜 사람들이 들어와서 좋은 사람들을 밀어내어서 나의 삶이 다른 사람들에게 큰 도움이 되지 못하고 돌아가게 되는 일이 생길까 걱정했다.

Q 이제 현실 속에 있는 사실들을 다 보았습니까?
승: 이제는 예방에 대해서 어느 정도 자신이 생기고 두려움이 없어지게 된 것이다. 사람들에게 은혜를 베푼다 해서 그 일이 꼭 좋

은 일이 되어서 돌아오는 것은 아니었다. 과거 석가모니가 죽으면 서 세상에서 어떤 공덕이 사람들에게 큰 공덕이 되는지 물었을 때 법 보시法布施라고 한 말을 18년 전에 이해했지만 이제야 확실히 그가 무엇을 보고 그랬는지 알게 되었다.

Q 복이 없는 사람을 도와주면 결국 해를 입는다는 것입니까?
승: 복이 없는 사람도 스스로 깨우쳐서 복을 짓게 해서 잘사는 사 람은 세상의 은혜를 알고 남에게 베풀 줄도 알아서 세상을 더 잘 되게 만든다. 그러나 복이 없는 사람을 도와주어서 잘살게 만들면 남에게 과시나 하고 무시하고 세상을 더 잘못되게 만든다. 그래서 내가 얻은 결론은 백만 명의 거지는 한 사람을 먹여 살리는 것도 힘들다. 하지만 한 사람의 천재는 천만 명을 배불리 먹여 살릴 수 있다. 그런데 복이 없는 사람은 천재는 도우려고 하지 않고 쓸모 없는 거지나 돕겠다는 것이니 너희는 큰 교훈이 되어야 한다.

Q 복이 없는 사람이 모든 거지나 돕겠다면 거지 세상을 만드는 것이 아닙니까?
승: 거지를 정말 도우려 하면 거지에게 일을 가르치고 일하도록 하는 것이 진짜 세상을 좋게 만드는 일이고 거지를 도와주는 일이 다. 한국은 불쌍한 사람 도우려 하는 사람은 있어도 똑똑한 사람 은 절대 안 돕는다. 아무리 힘든 일을 해도 당연한 일이라고 생각 한다. 좋은 일은 너 잘났으니까 혼자 하라고 하고 업 때문에 천재 옆에는 절대 오려고 하지 않는다.

Q 삶을 통해서 세상에 봉사하는 길을 일러주십시오?

승: 너희가 삶을 위해서 자기에게 봉사하는 길은 자신이 노력하지 않으면 절대 안 된다. 이런 자리를 통해서 자신을 깨우치고 배울 수 있는 기회가 있지만 더 큰 가르침은 현실과 부딪히면서도 얼마든지 자신을 깨우칠 수 있다.

Q 어떻게 훌륭한 법 보시를 하는 것입니까?

승: 문제가 없는 가르침은 사람들에게 답을 줄 수 없고 아무 도움이 되지 않는다. 평소에 너희에게 따뜻하게 밥 한 그릇 사준 사람이 있다면 데리고 와서 진리를 듣게 하고 세상의 일이 어떻게 진행되고 존재하게 되는지 문제를 가르쳐 주어서 깨닫게 하는 것이다.

Q 법은 자연법이 있고 사회의 법률이 있는데 왜 법은 지켜야 합니까?

승: 네가 어떤 법을 물었는지 알아야 정확하게 대답할 수 있다. 사회의 법을 지켜야 하는 것은 법은 나라마다 있고 인간이 사는 곳이면 사회가 존재하고 조직력을 가진 사회에서는 어느 곳이든지 법이 존재한다. 그런데 너는 과연 어떤 법을 지켜야 하며 어떤 법을 지키지 말아야 하는지에 정확한 질문이 만들어져 있지 않다. 그러므로 사람들이 과연 어떤 법을 지키기 싫어하고 어떤 법을 지키기를 좋아하는지 내용을 상세하게 질문해 준다면 내용에 맞는 대답을 하겠다.

Q 세상에 법이라는 것은 엄청나게 많지 않습니까?

승: 세상에는 악법도 있고 좋은 법도 있는데 법의 조문이나 법의 집행이나 법이 시행되는 것은 너무 많다. 우리는 악법을 옹호할 수도 없고 좋은 법을 매도할 수도 없다. 그러니까 어떠한 법이 우리의 사회에서 우리 생활에 부담을 주는지 네가 지키기가 어렵거나 옳지 않다고 생각하는 부분을 물어보면 대답하겠다.

Q 만약에 우리가 법을 어겨도 처벌받을 위험이 없을 경우는 법을 안 지켜도 됩니까?

승: 법은 우리가 사회를 유지하는 약속이다. 그러나 그 법 자체가 형평성에 문제가 있다면 사람들에 의해서 재검토되어야 한다. 여기에서 참고로서 말하고 싶은 것은 세상에는 민주주의라는 용어를 쓰는 나라들이 많다. 그러나 나라마다 법의 집행이나 혜택이 각각 달랐다. 우리가 법을 먼저 이해하기 전에 법의 바탕이 어디에 있는지를 확인하고 나서 그 법이 좋은지 나쁜지 설명할 수도 있다. 법이 시행되는 사이에 어떤 일들이 일어나고 있는지를 확인한 이후에 그 법이 좋은 의미가 있고 좋은 사회를 만들고 있는지 평가할 수 있다. 모든 정치가 그렇듯이 민주주의도 근본이나 바탕이 정확하지 않을 때 공산주의나 전제주의보다도 더 무서운 사회를 만들어 낼 수도 있다.

Q 이 세상에 살려면 잔혹한 법도 따라야 합니까?

승: 중요한 문제는 잔혹한 법이 무엇인지 어떤 것을 잔혹한 법이

라고 하는지 설명되었을 때 그 법에 대해서 다시 말 할 수 있을 것이다.

Q 예를 들어 민사사건 수사 불개입 원칙 같은 것은 어떤지요?

승: 민사사건 수사 불개입의 원칙이라는 것은 사회를 혼란에 빠뜨리기 위해서 만들어진 대통령령이다. 사기 사건을 수사기관에서 개입하지 않는 원칙은 사회의 기강을 하루아침에 무너뜨릴 수 있고 사회정의를 말살시켜버릴 수 있기에 옳지 않은 법이다.

Q 진실하고 공평한 사람이 볼 때 법은 어떻게 집행되어야 하는지요?

승: 중요한 문제는 그러한 행위가 얼마만큼의 다른 사람에게 피해를 주었는지는 경중에 따라서 법은 평가되어야 하고 집행되어야 한다. 어떤 법조문을 만들어 놓으면 억울한 사람을 낼 수도 있고 피해가 있다면 안된다. 남편을 가진 아내가 한 남자를 유혹해서 가정을 불행하게 만들었다면 그런 일이 있어서는 안 되겠다.

Q 좋은 법과 나쁜 법에는 어떤 차이가 있습니까?

승: 좋은 법은 사회를 밝게 하고 나쁜 법은 사회를 어둡게 만든다. 좋은 법은 좋은 일을 있게 하고 나쁜 법은 나쁜 일을 있게 하니까 간단한 것 아니냐!

Q 인간 세상에서 법의 용도나 목적은 무엇입니까?

승: 법의 목적은 사회를 유지하는 방법이다. 국가 사회를 유지하

는 방법으로 법의 존립이 필요한 것이다. 법이 없고 제 맘대로 하면 사회에 혼란이 올 것이다. 악을 따르는 자는 악의 세계에 빠질 것이며 선을 따른 자는 선의 세계에서 살게 될 것이다. 그릇된 일을 하는 자는 그릇된 결과를 볼 것이고 좋은 일을 한 자는 좋은 일의 결과를 보는 것이 진리이다.

Q 진리가 있는 것에 있고 변하지 않는데 진리 자체를 믿으면 속지 않겠네요?

승: 콩을 심었는데 좋은 콩이 나는 것도 진리이고 나쁜 콩이 나는 것도 진리다. 자신을 위하여 배워야 하는 것은 어떻게 해서 나쁜 것이 났으며 좋은 것이 났는지 눈을 뜨게 되면 속지 않는다.

Q 선생님이 진리는 영원하다는 말을 많이 하시는데 시대와 상황에 따라서 다르다고 생각하는데요?

승: 항상 사람들은 무엇을 보면서 들어야만 이해가 빠르다. 이 화초가 싱싱하게 살아있는 것도 진리고 또 여기에 환경이 맞지 않은 곳에 났을 때 죽어버리는 것도 진리이다. 진리라는 것은 사실 속에 존재하는 법을 진리라고 한다. 뜻을 법이라 하고 법계라 하고 법계 속에 있는 뜻을 진리라고 말한다. 이것이 다른 곳에 가면 죽어버릴 수 있는 것도 환경 때문이다. 환경이 가지고 있는 성질에서 삶과 죽음이 일어날 수 있다. 네가 공해가 심한 곳에 갔을 때 환경 때문에 병을 얻을 수도 있고 공기가 좋고 환경이 좋은 곳에서 네 몸에 있는 병이 나을 수도 있다. 모든 현상이 일어나고 사라지

고 변한다.

Q 제가 생각하기에 관점의 차이가 있는지 몰라도 모두 아는 이야기
  입니다.

승: 진리가 영원히 변하지 않는다는 것은 원인이 같은 환경 속에
서 똑같이 작용하는 것이다. 영원히 변하지 않는 것이니까 누구나
아는 말이다.

Q 오래전에 진리라고 말했던 것이 지금은 과학 때문에 진리가 아닌
  것들이 있지 않습니까?

승: 곤충이나 나비도 오늘날에도 와서 시대에서 적응했을 때 그
대로 나타나기 때문에 진리는 불변한다. 예를 들어 3천 년 전에 석
가여래가 이 세상에서 인과의 법을 보았다. 그런데 내가 이 시대
에 왔을 때 보았더니 그가 거짓을 절대 말하지 않았다. 그건 나의
진실이 그가 본 세계가 똑같았기에 법이 3천 년 전에 본 것과 지금
본 것이 조금도 차이가 없다.

Q 윤회의 사실이나 환경의 변화는 똑같습니까?

승: 물체가 환경에 의해서 새로운 원인 때문에 다른 형태로 변할
수 있다. 생활의 법문을 통해서 너희 수준에서 1년 정도 듣고 배
우면 네 마음에는 점점 번뇌 망상이 적어지는 것은 자신의 마음에
진실이 살아나는 것이다. 이곳은 너희의 마음을 구하는 곳이고 밝
히는 곳이다. 그러기 때문에 실제로 생활과 환경을 통해서 분명히

나타나게 되어 있고 나타나지 않는다면 이곳이나 다른 곳이 무엇이 다르겠는가? 하나의 생명이 살아 있는 것도 진리이지만 죽을 때 죽는 이유가 있으며 살았을 때는 사는 이유가 있다.

Q 사실은 하나의 사실로써 나타나야만 진실이 존재하는 것입니까?

승: 진리가 사라지고 일어나는 것이 아니라 현상이 사라지고 일어난다. 이러한 현상이 일어나는 것도 진리이고 이 현상이 없어지는 것도 진리다. 뜻이란 영원한 것이지 뜻이 죽고 사는 것은 아니다.

Q 같은 성질을 가진 문제가 같은 환경에 들어가면 똑같은 작용을 하게 되는 것이 진리입니까?

승: 만 년 전에 있었던 진리가 지금에 와서 이 시대에서 적용했을 때 그대로 나타나기에 진리는 불변하는 것이다. 윤회의 사실이나 어떤 환경의 변화나 이런 것이 조금도 차이가 없다. 어떠한 물체가 환경에 의한 원인 때문에 이 물체는 다른 형태로 변할 수 있다.

Q 선善의 진리라는 것은 법이라는 것과 똑같습니까?

승: 이치는 만법귀일萬法歸一인데 하나를 알면 만 가지를 깨달을 수 있는 것이 부처의 가르침이다. 만 가지가 하나의 뜻으로 일어나고 사라지고 있는 것이니 만물이 존재하는 이치가 똑같다. 선의 진리라는 것은 너희가 말하는 사실을 알고 그 사실에서 올바름을 얻는 길이다. 석가모니께서는 선의 진리를 공덕을 통해서 깨달음

을 얻으라고 했으며 밝은 마음을 얻으라 했다. 최고의 도에 이른 사람의 실제 가르침은 내 마음이 참됨으로 충만해야만 비로소 옳고 그른 분별심이 생기는 것이다. 내 마음이 밝아져야 밝은 것도 어두운 것도 보이지만 눈뜬장님은 어두운 것도 못 보고 밝은 것도 못 보는 이치와 같다.

Q 진리는 체계가 안 되어 있기에 어떤 논리로써 가르칠 수가 없는 것이 아닙니까?

스님: 진리라는 말을 할 때는 하나에 고정해서 가르칠 수가 없다. 있는 사실을 있게 하는 것이 진리이다. 이 세상은 눈앞에 많은 것이 있으며 존재하는 것은 세상이 법계이다. 수많은 법에서 나타나는 현상이 전부 진리이다. 법으로 인해서 나타나고 있기에 논리를 만들어서 가르칠 수 없다. 세상의 이치는 수학의 공식과 같고 법은 수학의 문제와 같다고 생각하라! 이런 것을 연결할 때 어떤 문제를 보고 해답을 내고 문제를 풀 수 있는 것이다. 사람도 세상을 보고 그 속에 있는 이치를 가지고 모든 결과를 계산해 낼 수 있다. 일어날 일들을 미리 계산해 낼 수 있지만 논리적으로는 설명이 안 된다.

Q 수많은 법은 언제 무엇이 어떠한 원인을 나게 할 것인지 분명히 모르기 때문입니까?

스님: 예를 들면 많은 사람이 사는 곳에 하수도가 있는데 어떤 사람이 깨끗한 물이 내려가는 곳에 강한 세제를 풀었다면 오염물질이

섞여 들어가게 된다. 중금속의 쇳가루가 들어가면 오염이 되게 되니까 어떤 일이 언제 일어날 것인지는 작은 원인이 큰 문제를 만들 수도 있다. 그러기에 이러한 상황에서는 이러한 일이 일어날 수 있고 이러한 상황에서는 이러한 일이 일어났다고 설명할 수가 있다. 우리가 숫자 개념을 알고자 할 때 수학을 자꾸 듣고 현실에서 자꾸 적용하다 보면 머리에 입력되고 이해하고 풀 수 있는 능력이 생기게 된다. 하지만 초등학교에 한 번도 다니지 않고 누구에게 수학을 배우지 않으면 수학의 공식을 모르고 문제를 풀지 못한다.

Q 결국 공식은 깨달아서 알아야 한다는 것이죠?

승: 학교에 들어가서 1학년에서 6학년까지 졸업하면 더하기와 빼기와 곱하기와 나누기는 대부분 할 수 있다. 세상이 어떻게 존재하고 변하는지를 자꾸 들으면 인과에 대해서 알게 된다. 그러면 모든 좋고 나쁜 일들이 누구에 의해서 세상에 존재하는 게 아니고 인연에 의해서 생긴다는 것을 알게 되는 것이 참교육이다. 물이 나빠지는 것은 누군가 물속에 오염물질을 집어넣어서 흐르는 물이 나빠졌으니까 인연에 의해서 좋은 게 나고 나쁜 게 난다.

Q 저희는 공부를 통해서 어떠한 결과를 얻게 되는 것입니까?

승: 너희는 이러한 공부를 통해서 거짓말을 할 수 없으니 내 대답을 들으면 너무 싱겁고 재미없지만 이러한 공부를 통해 진실에 눈을 뜨게 된다. 진실에 대해서 눈을 뜨면 자기를 세상에서 소중하

게 지켜나갈 수가 있기에 그 축복은 이루 말할 수 없다.

Q 진리를 알면 좋은 자기를 이루고 세상에서 좋은 영혼을 얻어서 좋은 내세를 얻는 것입니까?

승: 있는 것이 진리이고 있는 것이 진실이니 있는 것을 보고 있는 것을 말하는 자가 진실한 자이다. 진실한 자를 따르면 복이 있고 진실한 자를 섬기면 복이 있으니 복이 있는 자는 행동이 밝아진다. 행동이 밝은 자는 마음이 밝아지니 마음이 밝은 자는 근본이 밝은 자이다. 근본이 밝고 깨끗한 자는 몸이 건강하고 정신이 건강하고 생활이 건강하니 행복한 자이다.

Q 이 질문은 MIT 공대 교수가 보내온 것인데 진리와 사실이 어떤 차이가 있습니까?

승: 사실과 진리의 차이는 사실 속에 진리가 있고 진리 속에 사실이 있으니까 아내와 마누라가 같은 말인 것처럼 동질성을 가지고 있는 말이다. 이 말은 아내와 부인은 어떤 차이가 있는지 묻는 것과 같다. 질문을 그대로 보면 사실관계를 통해서 진리는 볼 수 있고 진리를 통해서 사실관계를 볼 수 있기에 매우 깊은 관계가 있다. 이렇게 설명하면 녹음되고 있으니까 설명해서 보내라! 진리는 모든 현상의 아버지라고 말할 수가 있으며 법은 뜻의 결합으로 나타나게 되는 것이다. 천지의 약속이라고도 하니까 진리는 현상의 모체이고 모든 것을 창조하고 있다.

Q 무엇과 무엇을 합쳤더니 어떤 현상이 나타났다는 것은 과학의 기초인데 진리를 어디에서 볼 수 있습니까?

승: 모든 진리도 이러한 현대 과학이 이치 속에 있는 일로 인하여 존재하게 된다. 무엇과 무엇을 합금하니까 어떤 성질의 금속이 나왔고 금속이 갖는 진리이다. 물질이 존재하게 된 진리가 그러한 물질이 존재하는 데는 합금 기술 배합이 필요한 것이다. 진리는 항상 어떠한 방법으로 보기를 말할 때 입증할 수 있도록 해야 하고 누구나 보고 듣고 확인할 수 있어야 한다. 그것을 아는 자에게 물어서 여러 사람이 관찰했을 때 풀려야 진리인데 풀리지 않고 증거가 나타나지 않으면 진리가 아니다. 눈뜬장님이 진리를 보는 것은 어렵지만 눈을 뜬 자가 진리를 보는 것은 있는 자체가 진리이다.

Q 누구나 깨달으면 공식이 보이는 것입니까?

승: 깨달음은 의식의 눈을 뜨는 것인데 눈을 뜨고 세상을 보면 공식이 보인다. 이 공식만 알고 숫자만 정확하게 알면 어떤 문제나 풀어낼 수 있고 정확하게 이 세상에 있는 어떤 일이라도 실제 밝힐 수가 있다. 내가 말하는 법은 자연의 법을 말하는 것이다.

Q 자연의 법이 진리입니까?

승: 진리는 자연의 법칙이다. 인간이 사는 조직 사회에서는 인간이 만든 법이 있다. 한국법과 일본법이 내용이 같다고 해서 사람들이 똑같이 살아가지는 않으나 자연의 법은 변하지 않는다.

Q 법이 똑같은 일을 하는 게 아니라면 인위적으로 만든 사회법을 말하는 것입니까?

승: 여기서 간추려 설명하면 어떤 사람이 가졌는지에 따라서 법이 사람들에게 도움을 줄 수도 있고 괴로움을 줄 수도 있다. 인위적으로 만든 법은 어떤 사회나 사람들의 손에서 움직여지는지에 따라서 도움을 줄 수도 있고 도움을 주지 못할 때도 있다. 항상 법과 함께 살아야 하는 사람들은 행정을 집행해야 할 사람들이다. 관리들이 법의 이해나 인성교육이 되어 있지 않을 때 무서운 법으로 변한다. 이 법을 적용하게 해야 하는 사람들이 인성교육이 되어 있을 때 사회를 발전시키고 인간의 생활을 윤택하게 만드는 원동력이 된다.

Q 법을 관리하는 사람들의 의식이 중요하겠는데 세상에 진리가 통하지 않으면 어떻게 되는 것입니까?

승: 사람의 혈관에 피가 통하지 아니하면 영양소 공급이 안 되고 몸에 있는 어떤 부위 세포가 죽는다. 사람들이 사는 사회에서 진리가 통하지 않으면 그 사회는 어두운 사회로 변하고 부패를 만들어내고 썩은 세상이 되는 것이다. 세상에서 명성 있는 사람조차도 진리가 무엇인지를 나에게 설명하는 사람이 없었다. 나의 대답이 마음에 들지 않더라도 이해하려고 노력하고 절대적으로 불신하지 말라! 나의 대답은 이치에 존재하는 것이기에 절대 틀리지 않는다.

Q 진리의 마지막 포인트와 마지막 단계는 무엇입니까?

승: 진리의 마지막 포인트와 마지막 단계라는 것은 없으며 진리는 무한하다. 세상에서 많은 사람이 진리라는 말을 사용하고 있지만 뜻을 모른다. 나는 지금까지 수없이 너희 앞에 진리 자체를 소개해 왔다. 너희는 일반사람보다도 세상일에 눈을 떴으며 다른 사람이 모르고 있는 사실들을 조금은 이해하게 되었다는 것이다.

Q 진리를 모르는 사람이 무엇이 진리냐고 물었을 때 어떻게 진리를 설명해야 할까요?

승: 너희는 나름대로 계속 진리에 대해서 들어 왔기 때문에 조금만 생각한다면 질문에 대해서 충분히 대답할 수 있다고 믿는다. 사람들이 진리에 대한 의미와 이해를 구하고자 했을 때 어떻게 설명할 수 있는지 아는 사람은 한번 표현해 보아라! 자기가 한 말이 틀렸던 틀리지 않았건 해답에 대해서 빨리 받아들일 수 있으니까 과연 어떻게 사람들에게 소개할 수 있겠느냐?

Q 있는 것을 있게 하는 뜻이라고 말씀하셨잖습니까?

승: 네가 말했을 때 있는 것을 있게 하는 뜻이라고 설명하면 사람들이 이해하기가 상당히 어렵고 혼동이 온다. 있는 것을 있게 하는 뜻이라는 말이 맞는데 우리가 진리에 대해서 다른 사람 앞에 소개할 때 간단하게 상대가 이해하기 쉬운 대답은 있는 일로 인하여 나타나게 되는 결과라고 말하라!

Q 석가모니가 말하는 불법佛法은 무엇입니까?

승: 부처가 와서 말한 불법은 진리를 말하는 것이다. 세상에 있는 것에는 수많은 결과를 있게 하는 일을 보게 된다. 1+2=3이 되는 수학의 법칙에서는 영원히 변하지 않는 숫자이다. 어떤 일에서는 어떤 문제가 어떤 과정을 통하게 되었을 때 현상이 나타나는 일을 두고 만고불변의 진리라고 말하고 부처는 법이라고 말했다.

Q 있는 일을 제대로 하지 못하면 어떻게 되는데요?

승: 자기가 있는 일을 제대로 하지 못하면 항상 손해를 입게 된다. 있는 일을 알고 제대로 하게 되면 자기가 한 만큼의 대가를 항상 받게 된다. 똑같은 씨앗을 땅에 심었는데 어떤 집 밭에는 큰 열매가 열렸고 어떤 집 밭에서는 그만한 수확이 안 났다면 그 속에 어떤 일이 있는가를 살펴보아야 할 것이다.

Q 선생님이 세상에 모든 희망이 있다고 말하는 이유는 세상에는 어떤 길이라도 있다는 것입니까?

승: 영생도 해탈과 깨달음도 있고 부자가 되는 길도 있고 대통령이 되는 길도 있다. 세상에는 길이 있기에 세상은 깨달으면 밝은 세상이고 못 깨달으면 어두운 세상이다. 알면 복을 받게 되고 모르면 있는 일이 자신을 괴롭힌다.

Q 누구나 깨달아야 진리를 볼 수 있다는 것이죠?

승: 너희가 알아야 할 법칙은 어디서든지 볼 수 있다. 존재하는

것 속에 있던 뜻을 진리라고 한다. 빨간 물감과 흰색 물감을 배합했을 때 나타난 색상인 분홍색 자체의 뜻이 진리이다. 빨간색을 조금 더하고 흰색을 조금 더 적게 배합해서 보면 진분홍이 나타나고 흰색을 조금 많이 배합하고 빨간색을 조금 적게 배합해서 연분홍이 나온 게 진리이다. 왜 연분홍이 나오고 왜 진분홍이 나왔는지의 관계를 설명하라면 실험을 해봐서 자기가 원하는 색은 배합의 비율에 따라서 만들어 낼 수가 있다. 우리가 알든 모르든 원인이 가지고 있는 뜻으로 결과가 만들어지는 과정에 있었던 일을 진리라고 말하는 것이다.

Q 입증되지 않는 일 속에 있는 일이 진리라고 말하지 않아야 하는 거죠?

승: 사람들은 이상적인 말에다 자기의 생각을 끼워서 말하기에 내가 사실적인 말을 드러내 놓으면 다 아는 소리라고 한다. 그렇게 잘 알 것 같으면 내가 하나 당신에게 물어보겠다 하면 다 도망가버린다.

Q 진리를 생각할 때 있는 일로 인하여 나타나게 되는 결과를 어떻게 설명할 수 있겠습니까?

승: 이러한 일을 이해하는 것은 삶에 매우 중요한 전환기를 가지고 온다. 의식에 큰 변화를 일으킬 수 있고 진리를 이해하기 위해서는 먼저 수학을 이해해야 한다. 수학은 숫자의 약속이니 진리는 인과의 약속이다. 있는 일로 인하여 있는 일의 약속은 영원히 불

변한다. 이 세상이 망하고 새로운 세상이 와도 이 약속은 그대로 존재하게 된다.

Q 어떻게 진리를 이해하고 받아들여서 남에게 전할 수 있습니까?

승: 진리는 하나의 수학과 같은 것이니 진리는 있는 문제에 의해서 해답이 존재하고 있다. 세상은 원칙에 의해서 모든 것이 이루어지는데 너희는 원칙이 무엇인지에 대해서 궁금하게 여길 수도 있다. 정해져 있고 우리가 일하면서 정하게 되는 일을 원칙이라 한다.

Q 하루아침에 무지한 자를 깨우치려 하는 게 힘 드는 것도 원칙입니까?

승: 사고思考가 다른 사람을 하루아침에 깨우치는 것은 불가능하다고 보아야 한다. 독 있는 뱀을 보고 독을 빼버리라고 말해도 불가능한 것이고 토끼를 보고 사슴이 되라고 해도 안 되는 일이다. 그러니까 유전공학상으로 보면 모태를 바꾸지 않고는 절대적으로 변하지 않는다는 게 자연과학에서는 또 하나의 원칙이다. 정해져 있는 일이니까 원칙을 만들어 놓고 상대를 깨우쳐야 한다.

Q 국가를 경영하게 되면 세계 최고의 국가를 만들어 낼 수 있는 것도 원칙일 텐데 어떻게 사회가 부흥될 수 있습니까?

승: 국가를 어떻게 하면 최고로 만드는지 이미 답이 나와 있다. 세계 역사를 보면 어떻게 좋은 사람을 만들어 낼 수 있는지도 있

는 일을 보면 모든 것은 있는데 사람들이 알아보지 못하기 때문에 실수하는 것이다. 요새 같이 어려울 때 누가 동정해 주지 않으니 남의 빚지지 않고 당당하게 아직도 일할 수 있다는 걸 자랑으로 생각하고 살면 된다. 우리 사회는 다 어려운데 어렵다고 자꾸 집착하면 불안해지는 것이다. 나는 지금 돈 일억이 있으면 평생을 먹고 죽을 때 일억을 그대로 남겨 놓고 죽을 수 있을 것이다.

Q 만약에 가족 중에 한 사람은 오십만 원을 쓰고 한 사람은 십만 원을 쓴다면 어떻게 하는 것이 현명할까요?

승: 불공평하다면 원칙을 만들어서 원칙에 의존해서 살면 된다. 이것은 지켜야 할 일과 지키지 말아야 할 일이 정해지면 가능한 것이다. 나는 평생을 살아오면서 돈을 많이 쓰는 일을 안 해봤다. 너희는 농사를 짓고 있으니 IMF를 버틸 수 있다. 그래서 내가 이렇게 살 수 있다면 너희도 나처럼 살 수 있는 희망이 있다. 지금은 내가 하는 일들이 발전을 많이 했고 이제 모든 의문과 수수께끼가 풀리기 시작한다.

Q 이치理致와 공식이 무엇인지 다시 설명해 주세요?

승: 이치는 수학의 공식과 같이 이해하면 되니까 더하기나 곱하기나 나누기나 빼기나 공식과 같이 이야기하면 된다. 법칙은 이러한 공식에 2와 2를 더하면 4가 되는 것이 진리이다. 어떠한 원인에 어떠한 것이 추가되는지에 따라서 수치는 다르게 된다. 이 법칙으로 모든 것은 존재하고 있고 변화를 계속하고 있으니까 이곳에서

말을 듣고 이해하지 못하면 너희의 마음이 아직 이치에 닿지 못하니 이해할 수가 없다.

Q 선생님의 말씀을 듣고 마음이 이치에 닿지 않는데 어떻게 마음을 볼 수 있습니까?

승: 어떤 문제에서 하나하나 발전하다 보면 마음이 이치에 닿게 되고 이치를 통해서 모든 것이 보인다. 의식이 눈뜬장님은 사실과 사실 아닌 걸 보지 못해서 두 사람의 이야기를 들을 때 자기의 마음에 매우 근사한 이야기가 사실이기를 바랄 뿐이다. 세상에는 너무나 많은 약속이 존재하기 때문에 그 약속을 일일이 설명할 수는 없으니까 공식을 이 자리에서는 말하고 있다. 수학의 공식은 나누고 곱하고 더하고 빼기의 셈할 수 있는 공식을 가르쳐 주는 이 공식이 바로 법칙이다. 이러한 법칙을 통해서 우리는 세상의 모든 걸 얻을 수 있고 변할 수 있기에 없어지게 할 수가 있다.

Q 세상에 진리나 법은 하나라고 했는데 자꾸 바뀝니까?

승: 법은 수학의 공식과 같다고 했는데 수학의 공식이 자꾸 바뀌겠느냐? 법은 바뀌는 게 아니고 모든 세상에 있는 그 뜻은 법과 법의 연결로 모든 현상이 존재한다. 인간이 사는 세상의 법은 너무나 많은 법으로 이루어졌기 때문에 숫자가 있는 대로 다 해서 조까지 세려고 하면 늙어 죽도록 해도 못 한다. 이 법도 하나의 뜻에서 뜻이 나고 뜻에서 뜻이 나니까 법을 분해하는 건 많은 숫자이기 때문에 모두 말할 수 없다. 다만 공식을 가르쳐 주는데 이치라

고 한다. 세상은 이런 이치에 의해서 존재하고 이치에는 이러한 법이 항상 연결되어 있다. 이치로 법을 연결하면 모든 답이 나오듯이 공식을 놓고 숫자를 넣으면 모든 문제는 풀리게 되어 있다.

Q 공식을 기억해서 다른 사람에게 알려 주려면 어떻게 설명해야 하는지요?

승: 법칙으로 이런 일이 존재하므로 계속 존재하는 것들은 자기를 지키기 위해서 활동으로 모든 일이 일어난다고 해야 한다. 우리가 진리를 배우기 전에 먼저 수학에 대해서 폭넓은 이해가 필요하다. 지금 일어나는 현상은 문제와 문제가 서로 섞이면서 나타나게 되는 현상의 결과이다.

Q 이렇게 해도 못 알아듣는다면 어떻게 알게 해요?

승: 그럴 때 수학을 배우지 않은 사람에게 숫자를 알아보게 하고 문제를 알아보게 하는 일은 힘들다. 먼저 수학을 이해하기 위해서는 숫자를 배워야 하고 숫자가 어떻게 문제를 만들 수 있는지를 이해해야 한다. 다음에 문제를 똑똑하게 보아야 답을 알아볼 수가 있게 된다. 그러기 전에는 절대로 이같이 있는 일을 보지 못하면 진리 속에 어떤 해답이 있는지 아무도 알아볼 수도 없다.

Q 세상의 일이 정해져 있다면 그대로 따르면 되잖아요?

승: 세상의 이치가 그렇다는 것이고 너희의 운명은 정해진 것이 아니다. 세상의 일을 알게 되면 원칙과 자기가 원하는 일이 있다

는 것을 알게 되는 정해져 있는 일을 원칙이라고 말한다. 이 원칙을 통해서 보면 모든 것에 대한 진실을 알아낼 수가 있다. 내가 세상의 일을 밝히기 위해서 의식의 눈으로 보았다. 모든 모태의 비밀 속에 세상의 일이 존재하고 있는 일을 통해서 현상들이 나타나게 되어 있다.

Q 정해져 있는 일은 누구도 바꿀 수 없기에 진리라고 말하는 것이죠?

승: 정해져 있는 일을 두고 여기서는 원칙이라 하고 이런 일을 어떤 사람들은 진리라고도 말하고 이치라고도 말한다. 원칙이 정해져 있는 일을 두고 우리는 수학처럼 1+1=2이다. 이것은 수학에서 정해져 있는 일이니까 천년 후에도 이 수학이 존재하는 한 같은 것처럼 세상의 일은 이렇게 정해져 있다. 절대로 원인이 결과를 만들고 문제 속에 있는 일이 답을 만든다.

Q 만고불변萬古不變이라는 건 무슨 말입니까?

승: 세상은 하나의 원칙에 의해서 의존해서 존재하고 있고 이런 원칙은 세상이 생긴 이후로 한 번도 원칙 속에 있는 일이 바뀐 적이 없다. 이 원칙 속에 있는 일은 다시 세상이 존재하는 한 절대 바뀌지 않는다는 것을 만고불변의 진리라고 말한다. 이 원칙 속에 있는 일들이 진리며 변하지 않는 것이다. 그래서 이 원칙 속에 있는 일을 가지고 세상을 보면 두 가지 현상이 있다. 하나는 자기 속에 있는 일을 위해서 끝없이 그 일을 반복하고 있다. 또 하나는 자

기와 연결되고 있는 인연을 통해서 좋아지고 나빠지는 일을 하고 있다.

Q 자기를 존재하게 하는 일이 윤회輪廻입니까?

승: 윤회를 통해서 계속 자기를 존재하는 일을 하게 되고 자기 속에 있는 일을 존재하게 하는 일을 한다.

Q 자기 속에 있는 일들이 좋아지고 나빠지는 것은 인연 속에 있던 일에 의해서 결정이 된다는 것이죠?

승: 이런 일은 지금까지 세상이 존재하면서 한 번도 바뀐 적이 없다. 그래서 우리는 이 원칙 속에 있는 일을 통해서 모든 것을 얻을 수 있다. 이 원칙 속에 있는 일을 벗어난 일은 아무리 받아들이고 싶어도 하나의 희망 사항일 뿐이지 절대 이루어지지 않는다는 사실이다.

Q 마음을 다스리라는 말을 하는데 어떻게 자기 마음을 다스릴 수 있습니까?

승: 마음이라는 것은 의식의 활동을 시작할 때 나타난다. 예를 들어 자동차는 움직이려면 먼저 시동을 걸어야 한다. 시동을 걸면 전류가 흐르게 되고 전류의 힘이 모터를 돌리게 되고 모터가 돌아가면서 힘이 다른 기관을 움직이게 된다. 모터에 걸린 벨트가 다른 걸 돌리게 되고 거기서 동력을 생산하면 움직이고 그 기능을 사용할 수가 있다.

Q 사람의 몸도 그렇게 정해진 세상의 일을 존재하게 하는 원칙처럼 되어 있는지요?

승: 사람의 몸도 해부해서 보면 심장 기능이 있고 숨 쉬는 폐 기능이 있고 청각 기능이 있고 소화기관이 있고 기관이 많다. 자동차도 보면 내연기관과 전기기관도 있고 연료의 기관이나 장치가 많은데 원리는 똑같다. 이 정해져 있는 원칙도 같으나 구조에 따라서 약간의 설계나 부품의 모양이 크고 작고 다를 뿐이지 똑같다. 세상에 있는 모든 움직이는 것은 원칙에 의해서 움직이게 되어 있다.

Q 어디에서 생산되었는지에 따라서 차이가 있지 않겠습니까?

승: 자동차도 현대차와 영국에서 나오는 차나 독일에서 나오는 차나 일본에서 나오는 차가 기능들이 다르다. 그것은 기관을 설계한 사람이 그 과정에 만드는 사람에 따라서 기계의 성질이 약간 차이가 있고 기능이 좋고 나쁜 차이가 있다. 모체를 어떤 사람들이 만드는지에 따라서 값이 비싼 것도 싼 것도 있다. 세상의 일은 정해져 있는 이치를 알기 위해서 끊임없이 배우면 된다.

Q 우리가 삶을 통해서 알아보아야 할 가장 중요한 문제는 무엇입니까?

승: 사람들의 말을 듣다 보면 쉽게 속을 수 있는 말들이 너무나 많다. 나는 이 시간을 통해서 항상 이런 일들을 어떻게 속지 않고 세상을 살아갈 수 있는지를 계속 설명했다. 과거에는 어떤 정해진

원칙을 진리라고 말했고 여기서는 쉽게 원칙이라도 말하고 있다. 원칙이라는 말을 확실히 이해하고 넘어가야 다음 말을 들어가면서 자기가 무엇을 들었는지 어떤 사례를 통했고 무엇을 알게 되었는지 알아볼 수가 있다. 원칙이라는 말을 사용할 때 정해져 있는 일들을 말한다.

Q 세상을 살아갈 때 통용되는 사회가 정한 법을 인위적으로 만들 때도 원칙이 필요하겠지요?

승: 정해놓은 약속을 법률이라고 하고 인간이 만든 약속이다. 사회가 정한 약속은 책에 있는 조문이 그대로 나와 있는 것을 많이 외우면 판사도 되고 검사도 되는 원칙은 인간들의 법이다.

Q 원칙의 모태의 법이 자연법이면 세상의 일이 어떻게 정해져 있는 것입니까?

승: 모든 법의 모태이니까 세상의 일이 어떻게 정해져 있는지 이해하지 못한다면 실제로 우리 생활 속에 있는 법률 같은 걸 봐도 이해가 잘 안 간다. 이 시간을 통해서 너희 앞에 나설 때마다 항상 인간의 사회에서 우리가 대하게 되는 많은 일이 있다. 현실 속에는 길이 있지만 이상 속에는 길이 존재하지 않는다는 것을 항상 안타깝게 생각한다.

Q 사람들이 원칙을 알고 살면 세상에서 유토피아를 만들 수 있을까요?

승: 산 자들이 천국을 만들지 않기 때문에 실제로 세상에 천국이 존재하지 않는 것이다. 그런데 우리가 알아야 할 일은 삶과 죽음과 내세는 연결되어 있다. 자연의 법 속에 살아서 천국을 찾지 못한 사람들은 죽어서도 천국을 찾지 못하는 법이 진리이고 세상이 정한 원칙이다.

Q 문제에 의해서 모든 답이 정해지고 있다는 말씀은 무슨 뜻입니까?
승: 세상은 하나의 원칙을 통해서 모든 현상계의 일들을 있게 했고 모든 일이 가능할 수 있도록 길을 열어두고 있다. 너희는 결과가 어떻게 만들어지는지를 잘 모르지만 확인하는 것은 간단하다. 우리가 세상을 사는데 중요한 일은 이러한 원칙을 이해하는 일이다. 세상일을 너무나 잘 정해져 있는데 나는 세상이 어떻게 돌아가는지 보았다. 아주 간단한 원리에 의해서 돌아가고 있었는데 이 원리는 같은 일을 계속하면서 자체를 존재하고 있었다. 태양이 수억 년 동안 공간에 떠 있을 수 있는 건 같은 작용을 하기에 똑같은 일이 일어나고 있다. 모든 것이 죽을 수 있기에 다시 태어날 수도 있는 것이 윤회이다.

Q 사람들은 죽으면 끝이지 무슨 내세가 있겠냐고 하는데 그런 사람들은 죄가 많은 사람입니까?
승: 업보業報가 큰 사람은 그렇게 말해야 한다. 자기 속에 있는 일이 내세의 근본이 되고 근본이 부활해서 세상에 끝없이 존재한다는 것을 안다면 누구도 잘못된 생각을 가지고 살아갈 수가 없다.

순간의 실수가 자기의 인생을 힘들게 할 수도 있고 편하게 할 수 있다. 잘 알아야 하고 실수 없이 살아가려면 깨달음이 필요하다. 자기가 할 일은 하고 해서는 안 될 일을 하지 않아야 인간의 사회가 계속 발전할 수 있다.

Q 좋은 마음은 어떻게 해야 지을 수 있겠습니까?

승: 좋은 열매를 얻고자 하는 사람은 먼저 좋은 씨앗을 얻어라! 농사짓는 것도 세상의 이치를 따라서 지으면 좋은 농사를 지을 수 있다. 좋은 열매를 얻고자 하는 자는 먼저 좋은 자기 씨앗을 찾아라! 좋은 씨앗을 만들고자 하는 자는 먼저 좋은 바탕을 찾아라! 이 것이 현실 세계에 존재하는 유일한 대답이다. 누구도 이 대답을 부인할 수 없고 거부할 수 없고 이러한 결과를 통하지 않고서는 원하는 결실을 얻을 수가 없는 것이 인과의 법칙이다.

Q 세상의 이치가 이러한 공식처럼 되어 있는 것입니까?

승: 전기를 볼 때 플러스인지 마이너스인지를 말한다. 어떤 색을 얻고자 할 때 물감을 배합할 때 얼마를 더 보태느냐 빼느냐에 따라서 색상이 달라진다. 알 수 있는 식으로 이렇게 세상의 이치를 들을 수 있으니 너희는 수학을 알고 있듯이 세상의 이치는 이러한 법칙으로 모든 것을 존재한다는 진리를 들을 수 있다. 진리를 분명하게 설명할 수 있는 곳은 세상에서 오직 이곳밖에 없다. 삶이란 있는 일을 깨달으면 보람과 기쁨이 있지만 있는 일을 모를 때는 삶이 고해苦海로 가득 차게 되어 있다.

Q 사람들은 누구나 행복하게 살고 싶어 하지만 그러지를 못하고 있
는 것은 무엇 때문입니까?

승: 세상의 일을 있게 하는 일들을 제대로 이해하지 못한 데서 비
롯된다. 원칙의 모태의 법은 자연법이라는 사실을 이 시간을 통해
서 있는 일에 대해서 밝히고 있는 일을 제대로 알려고 하는 것이
다. 세상에 있는 일들이 어떤 특정한 대상에 의해서 결정되는 것
이 아니라 우리의 눈앞에 있는 일에 의해서 온갖 현상이 만들어지
기 때문이다. 우리는 있는 일을 바로 알게 되므로 행복한 삶과 원
하는 걸 그 속에서 얻으려고 공부하는 것이다.

Q 있는 일을 말하는 그 있는 일은 어떤 것입니까?

승: 실제 여기에서 있는 일이라는 말은 들으면 생소한 말이라고
느끼는 사람도 있다. 만일에 들어서 심중에 들어올 정도 같으면
내가 오늘날 이렇게 힘들게 서 있지 않을 것이다. 있는 일이라는
것은 우리 눈앞에 나타나고 있는 모든 현상계의 비밀을 말하는 것
이다. 있는 일이라는 것은 오늘 아침에 누구와 앉아서 밥을 같이
먹은 것도 있는 일이다. 복권을 샀다가 당첨이 될 수 있는 것도 있
는 일이니까 모든 길을 있게 하는 모두를 통틀어서 있는 일이라고
말한다.

Q 그렇다면 있는 일을 어떻게 알아볼 수가 있습니까?

승: 자신을 움직이고 있는 업業이 없어지면 있는 일이 있는 그대
로 보이기 시작한다. 다른 사람들보다도 뛰어난 사람이 되는 것

은 2년이면 가능하다. 왜냐하면 1년 정도 배우면 잘못된 게 아닌가 싶을 정도로 느껴질 것이고 자신이 아무것도 모른다는 사실을 그때부터 발견하게 된다. 그 정도 됐을 때 사회에 나가서 사람들과 대화하면 너희의 의식을 못 따라온다. 이곳에서 아무것도 배우지 않은 것 같은 데도 그 속에는 이미 들은 것이 의식 속에 쌓여있기에 어떤 현상에 부딪히면 튀어나오게 되어 있다. 아직도 너희는 나에게 들은 진실보다 다른 사람에게 들은 거짓이 더 많이 의식 속에 쌓여있기 때문에 여기서 듣는 일이 실감이 나지 않을 뿐이다. 편견을 버리고 사실을 듣게 되면 있는 일을 볼 수 있다.

Q 왜 깨달은 자가 사람들에게 필요한 것입니까?

승: 그것은 있는 일을 보고 있는 일에 대해서 눈을 떴기 때문이고 있는 일을 제대로 가르쳐주기 때문에 실제로 한 사회에 깨달은 자가 필요한 것이다. 그 깨달은 자는 한 시대의 환경에 의해서 활동을 많이 할 수도 있고 적게 할 수도 있다.

Q 우리가 세상을 살아가면서 중요하게 생각해야 할 일들은 무엇입니까?

승: 삶을 어떻게 받아들이고 소화하고 자신들에게 주어진 일을 어떻게 해내는지가 가장 큰 과제이다. 결국 이런 일을 해결하기 위해서 인간 사회에서는 배우고 가르치는 일이 계속 이루어지고 있다. 인간의 운명이 사주쟁이나 이상한 사람들은 한번 정해진 건 바꿀 수 없다고 하지만 모르고 하는 말이다. 세상은 항상 있는 것

들의 결합으로 좋아지고 나빠지는 일이 끊임없이 현상계에서 계속되고 있는데 인간의 운명만이 고정되어 있다는 건 맞지 않는 말이다.

Q 있는 일을 보게 되면 의식이 깨어나는 것인지 아니면 진리의 세계를 본다는 것입니까?

승: 진리는 있는 일을 통해서 봐야 하는데 공식을 조금은 알아야 한다. 공식을 모르고 수학을 풀 수가 없고 문제를 모르고 답을 알 수는 없다. 문제를 알아봤을 때 답은 항상 공식 속에 있다.

Q 우리가 태어날 때 어떤 과정을 통해서 인간의 생명은 계속 부활하고 있는지요?

승: 이 점에 대해서 알기 위해서는 인간의 의식구조를 설명해야 한다. 의식구조는 죽어서 자기의식 속에 쌓였던 과거가 생명 활동을 통해서 존재하는 일들이 의식 속에 그대로 있다가 다시 태어난다. 시계의 바늘이 12시를 넘어가서 1시로 갈 수 있는 건 반복 현상의 원리이다. 윤회가 안 되고 인간의 세상에 떨어지면 인간의 몸에 와서 붙고 애착이 생긴다. 한으로 인해서 윤회가 안 되면 인간의 몸을 빌려서 살다가 가는 영혼들이 많다. 영체가 의식을 손상하고 의식이 사라져버렸을 때는 아무것도 볼 수도 없고 들을 수도 없고 느낄 수가 없다. 아무것도 느끼지 못하는 순수한 기운의 상태로 돌아갔을 때 부활한다.

Q 부활한다는 것은 윤회와 같은 뜻입니까?

승: 과거에 있었던 일이 기운 속에 잠재해서 같은 일이 계속 반복되면서 새로운 일들을 받아들여서 자기 속에 쌓이게 된다. 그래서 생각하고 판단하고 활동하는 과정에서 전부 나타나게 돼서 움직이는 근본으로 존재하게 되는 것이다. 너희의 활동의 근본이 되어서 생각을 좌지우지하고 있다. 마음을 움직이고 행동을 일으키게 하고 성질이나 성격을 형성하는 근원이 된다. 이런 업을 가지고 있으면 업에 의해서 움직이고 이끌리게 되니까 있는 일을 봐도 있는 일을 정확하게 볼 수가 없다.

Q 이곳에서 몇 년 동안 법회에서 배우고 난 후에는 사람들을 지도할 수 있을 정도의 시각을 갖게 됩니까?

승: 그것은 노력한 결과에 의해서만 일어나는 것이다. 여기에 온다고만 되는 것이 아니라 항상 말을 소중하게 받아들일 때 너희 마음속에서 일어나게 된다.

Q 세상의 이치를 알면 무엇을 볼 수 있습니까?

승: 세상은 이치에 의해서 시계처럼 원을 돌고 있으며 계속 반복되고 있다. 어느 곳에서 보면 일면만 보이고 전체가 보이지 않으니까 자기 시각을 넘어선 현상을 설명할 때는 안 보인다. 그것은 관심을 가졌을 때 자기가 본 것을 가지고 묻는다면 자기 시각 속에서 나타나고 있는 현상이 이치에 꼭 연결되어 있다. 이러한 현상의 바탕에는 이런 게 있고 이런 바탕에는 결정이 지어져서 이러

한 결과와 근본이 존재하게 된 것이다.

Q 세상의 이치는 현상과 연결되어 나타나고 뜻을 볼 수 있고 알게
　된다는 했는데요?

승: 너희가 질문하면 내가 보고 말을 하는데 질문이 정확해야 보고 대답하는 것이다. 지난번에 했던 말을 이 자리에 와서 깜박 잊어버린다. 내가 지난번 말했지만 흘러가 버렸기에 다시 보아야 하는데 누가 깨워주지 아니하면 절대 모른다. 나는 의식만 존재하고 생각을 일으키지 않기에 흐르는 물처럼 흘러가 버리면 다시 돌리기가 힘들다.

Q 근본은 새로운 생명체에 일어날 자신 속에 존재하는 일에 대해서
　영향을 끼치게 됩니까?

승: 모든 생명은 법칙으로 같은 활동을 하고 있다. 세상에 의해서 만들어진 것은 하나의 법칙으로 움직이게 되어 있다. 계속 태어나면 늙고 죽고 다시 태어나는 일을 반복했다. 절대로 세상에 의해서 만들어진 생명체의 현상은 항상 같은 방향으로 돌고 있다는 것이 상식이다.

Q 오직 완전한 깨달은 자만이 현상 세계에서 역류해서 거꾸로 근본
　세계로 갈 수 있습니까?

승: 하나의 길로 법이 역류하는 일은 극히 드물다. 3천 년 만에 나타나는 완전한 깨달은 자만이 역류할 수 있다. 역사 속에도 늙

은 자가 젊어지고 어린애가 되는 거꾸로 도는 일은 절대 없었다. 소설 속에만 있는 이야기책 속에 있었지 실제 상황에서 늙은 자가 태어나는 상태로 돌아간 적이 한 번도 없었다.

Q 과학의 발달로 인간의 의식을 개조할 수 없을까요?
승: 과학이란 한마디로 문제를 보고 문제를 어떻게 응용하는지에 따라서 기구를 만들고 생활 속에 있는 문제들을 개선해 나가는 것이다. 과학의 세계에는 하나의 원칙이 있으며 원칙 속에는 끝없는 문제가 있다. 이 문제와 문제를 놓고 보면 거기에서 모든 답이 존재한다.

Q 사람의 의식은 보이지 않으니까 에너지일 텐데 기운이 어떻게 만들어지는 것입니까?
승: 나는 이번에 미국을 여행할 당시 과학자들과 서로 주고받았던 대화가 전부 CD로 녹음이 되어 있다. 분량이 33시간 분량이었는데 정리해서 빼버리고 하니까 16시간이 되어 있다. 여기 녹음된 내용에 했던 말 전부 여기 나와 있다. 어떤 과학자가 사람의 몸속에 있는 에너지는 어디에서 생기는 것인지 물어서 비유를 들어서 설명했다. 나는 자동차의 동력은 에너지에서 나오는 것이고 대답은 이미 네가 알고 있다. 사람의 몸에서 나오는 힘의 원천은 에너지에서 얻어지는 것이고 에너지는 음식물을 통해서 섭취하는 것이다. 똑같은 음식물을 먹는데도 적게 먹은 사람보다 힘이 없다면 결함이 있기 때문이다. 자동차는 기름을 사용해도 힘이 세게 나오

는 엔진이 있고 약한 엔진이 있다. 이같이 엔진구조에 따라서 힘이 생기듯이 사람의 생체구조에 따라서 힘이 다르게 나오는 것이라고 했다.

Q 인간이 인식구조에 대해서 생활 속에 있는 일들을 어떻게 인식합니까?

승: 대학에서 연구하는 과학자들도 있었는데 뇌만 연구하는 학자가 있었다. 우리가 어떤 사례를 자동차를 놓고 보면 자동차에는 여러 가지 기관을 통해서 구조를 움직이고 그 구조의 활동으로 굴러간다. 그렇다면 배터리만 연구해서 자동차가 어떻게 굴러가는지를 자동차의 모든 움직임을 아는 건 힘들다. 똑같은 구조를 만들어 놓고 관찰했을 때 배터리는 어떤 역할을 하고 변속기는 무슨 역할을 하는 것들이 각각 분담이 되어 있다. 이 부분을 소개하면서 생명을 연구할 때는 두 개의 모델을 놓고 봐야 한다. 하나는 신체 구조이고 하나는 의식구조이다. 자동차를 통해서 볼 수 있는 것은 간단하다. 하나는 운전사의 기술에 의해서 기구 사용의 능력에 의해서 볼 수 있고 하나는 자동차 자체의 성능에 의해서 볼 수 있다.

Q 인간의 뇌는 우리 육체에 어떤 역할을 합니까?

승: 뇌는 자동차에 비유하면 배터리의 역할을 할 뿐이다. 우리가 정신적 결함을 가진 사람을 연구할 때 뇌를 현대의학에서는 많이 연구하는데 뇌에 문제가 있을 때도 정신적 결함이 생기는 것은 사

실이다. 하지만 정신적 결함을 가진 90% 이상이 의식구조에 문제가 있었다는 사실을 말해줬다. 그들이 새로운 이야기라고 하면서 흥미가 간다고 말했다. 알고 말하는 사람의 말과 모르는 사람의 말의 차이는 어떤 사례가 분명하거나 사례가 분명하지 않다는 것뿐이다. 너희가 가진 각종 문제나 의문점들에 대해서 질문을 통해서 계속 가이드를 해나가겠다. 관심을 가져야만 각종 사례를 내놓았을 때 계속 머리에 들어온다. 관심이 없는 상태에서 세상의 일을 보는 것은 누구에게나 쉽지 않은 일이다. 그래서 문제의 해답을 통해서 과학의 세계에 대한 새로운 세상을 소개하겠다.

Q 있는 일을 어떻게 제대로 바르게 볼 수 있습니까?

승: 있는 일을 보는 건 간단하게 눈먼 사람이 눈을 뜨는 것이다. 눈을 뜨면 있는 일이 보이는데 중생은 눈뜬장님이라 눈을 떠서 있는 일은 보지만 있는 일이 어떻게 해서 있는지 이치를 보지 못한다. 대학에서 아무리 공부를 많이 해도 있는 일이 어떻게 해서 있는지를 알면 전문인이다. 대학에 가서 공부하다 보면 세부적으로 많이 분리되어 있다. 그 분야에 가서 공부를 아무리 해도 자기가 공부한 분야만 조금 알지만 더 이상 전체적인 구조를 모르는 것은 인간은 의식이 눈뜬장님이기 때문이다.

Q 우리가 있는 일을 보고 있는 일을 제대로 받아들이기 위해서는 먼저 거짓이 없어져야 합니까?

승: 거짓이 없어지기 위해서는 자기 속에 있는 업의 영향이 없어

야 한다. 업 자체가 인간의 의식을 눈멀게 하고 있다. 우리가 눈을 뜨고 보지만 의식의 눈을 뜨지 못했으니까 있는 일은 제대로 보지는 못한다. 너희는 여기 앞에 장미꽃이나 있는 건 다 보고 에어컨은 다 본다. 그러나 에어컨 속에 어떻게 찬바람을 만들어내는 이치는 전기를 공부하지 않은 사람은 빨리 못 알아본다. 그래서 내가 하는 말하는 있는 일을 제대로 보기 위해서는 의식 속에 있는 활동하는 나쁜 악업이 적어져야 한다.

Q 선생님은 있는 것을 있었던 일에 맞추어서 판단하고 행동하고 결정하면 전혀 생각이 포함이 안 돼야 하는 것입니까?

승: 있었던 일에 맞추어 살아야 한다면 자기의 생각이 거기에 포함되어야 하는지 포함되지 않아야 하는지를 알고 싶은 것이냐? 그 질문에 대해서는 있는 일이 한 사람이 일할 수 있는 분량이면 한 사람만 일꾼을 데리고 가서 일을 시키는 게 자기에게 가장 이익이 되겠다. 두 사람의 일이 필요할 때는 두 사람을 데리고 일을 하는 것이다. 그리고 어떤 색깔을 낼 때 색소를 얼마만큼 섞었을 때 어떤 색이 나오는지는 우리가 원하는 기준을 두고 기준에 적합한 양을 타서 배합함으로 원하는 색깔을 얻어낼 수가 있다. 그러니까 우리의 생활 속에서 존재하는 모든 것을 통틀어 하나하나 세분화시켜서 일들을 다 설명할 수가 없으니 있는 일은 어떤 일이 있었는지 어디서 있었던 일인지 밖에 설명하지 못한다.

Q 있는 일이라는 용어를 이해하는 데는 어떻게 준비가 되어 있어야

합니까?

僧: 있는 일은 우리가 밖에 나갈 때 문을 열고 나가는 것도 있는 일이다. 이 문을 쾅 닫으면 이 문이 부서질 수도 있는 것도 있는 일이다. 이 세상은 있는 일에 의해서 좋고 나쁜 일들이 끝없이 전개되게 되어 있다. 그러니 각각의 일 속에서 어떤 일들이 어떤 원인에 의해서 어떻게 전개되고 있는지를 관찰하는 것이 진리를 배우는 사람들의 입장이다.

Q 보약을 너무 많이 먹으면 토한다는 말이 있는데 오늘 저는 진리를 너무 과하게 먹은 것 같은데 이 시간을 통해서 들어야 할 가장 중요한 일이 무엇입니까?

僧: 내가 이곳에서 너희에게 항상 말하는 중에 가르쳤던 것은 있는 일이다. 어떤 일을 하는 것이 중요한 게 아니고 인간이 살아가는 데 있어서 일이야말로 자기가 가진 문제를 해결하고 자기 삶을 편하게 하는 길이다. 그러니까 있는 일이야말로 만복의 근원이 일 속에 있다. 어떤 일이라도 잘 알아보고 잘 처리하면 결과가 복을 지어 줄 것이고 있는 일을 잘 알아보지 못하고 실수하면 화가 생긴다.

Q 최근에 와서 사람들에게 독사한테는 물을 주면 독이 되고 사슴이 먹으면 그 물이 녹용이 된다는 말씀을 많이 하시는데 뜻이 무엇입니까?

僧: 업을 가진 자가 깨닫지를 못하고 업이 큰 자가 공부하면 독으로 변한다는 것이다. 물이 독으로 변하는 것은 독사가 먹으니까 독사의 몸의 기관을 통해서 물 자체가 독으로 변질이 되기 때문이다. 물이 녹용이 되는 것은 사슴이 먹으니까 사슴의 몸속에서 물이 변해서 녹용이 되는 것이다. 그러니까 똑같은 것이 누가 가졌는지에 따라서 보물이 될 수도 있고 흉기가 될 수도 있다.

Q 우리 인간 사회에 자연계의 법칙을 어떻게 적용할 수 있습니까?

승: 인간은 색감을 만들어내고 하나의 물질이 가지고 있는 성질을 만들어낸다. 우리는 자연계를 통해서 우리 의식을 만드는 법을 배울 수 있지만 우리 자신 속에 있는 업이 자꾸 활동한다. 그래서 깨닫기 전에는 진실을 받아들이기가 어렵고 깨닫게 되면 거짓을 받아들이기가 어렵다. 이곳에 우리가 활동하는 것에 비해서 사람들이 오는 숫자가 매우 적은 것은 사람들이 진실을 받아들이기가 어렵다는 의미이다.

Q 오늘날 우리 인간 세계에는 진리의 가르침이 잘 전해지지 않는 이유가 무엇입니까?

승: 사람은 자기 속에 있는 것에 의해서 있던 일에 의해서 조종받고 그 충동으로 움직이게 된다. 자기 속에 없는 게 나타나면 받아들이려 하지 않는다. 실제 이런 현상을 과학에서 응용해서 물질의 변화를 실험해도 당장 쉽게 볼 수가 있다. 진리가 이 시대에 전해지지 않는 건 사람들이 업을 가지고 있으니까 진리를 받아들이려 하지 않았기에 우리 인간 세계에는 진리의 가르침이 잘 전해지고

있지 않다.

Q 세상의 이치에 비추어볼 때 틀리지 않다고 말을 하는데 사람들이
　사용하는 이치라는 용어가 맞는 것입니까?

승: 이 세상의 모든 현상은 뜻으로 이루어지고 있다. 사람들은 이
러한 뜻을 푸는 공식을 말하는데 나는 세상의 이치를 이해하게 된
사람으로서 너희에게 이렇게 항상 말해왔다. 세상의 이치란 수학
의 공식과 같은 것이고 모든 해답은 공식을 통해서 문제가 가지고
있었으니까 우리가 문제를 알면 모든 결과를 알 수 있다.

Q 세상에는 너무나 많은 문제가 존재해 있는데 어떻게 문제를 다 풀
　수 있습니까?

승: 수학을 배우고 수학의 공식을 이해하게 되면 1부터 조 단위
까지 마음대로 풀어낼 수 있고 계산을 할 수 있다고 말했다. 숫자
만 정확하게 알면 정확하게 계산해 낼 수가 있다. 깨달음을 얻어
서 세상 이치를 보고 이해하기 시작하면 어떤 문제도 공식으로 해
답을 아는 것이 가능하다는 것이다.

Q 수학에서 볼 때 이치는 세상일을 있게 하는 뜻을 말하는 것입
　니까?

승: 이것을 진리라고도 말하고 이치라고도 설명할 때가 있다. 우
리가 손뼉을 쳐서 소리가 나면 있는 일이며 진리이다. 물과 기름
을 섞었을 때 나타나는 반응도 진리이다. 어떤 물질과 어떤 물질

을 섞었을 때 나타나는 반응 자체도 진리이다. 있는 일이 있게 하는 뜻이 이치이니까 있는 일을 있게 하는 뜻을 벗어나서 말할 때는 이치에 맞지 않는다.

Q 저희가 살아가면서 이러한 진리가 왜 소중합니까?

승: 나의 행동을 보고 말을 나의 말을 통해서 세상을 보고 세상에 존재하는 이치와 맞으면 진리이다. 이러한 진리를 보고 배워서 진리를 믿고 살면 절대로 헛되게 살지 않고 자신을 버리는 일을 하지 않고 살게 된다. 자기는 자신에 의해서 훌륭한 사람이 될 수 있고 매우 부지런한 사람이 될 수 있고 지혜로운 자가 될 수 있다. 내가 방법을 제시했으니 이제부터는 무엇을 해야 할 것인지는 너희의 노력 여하에 달려 있다.

Q 인간은 기쁘게 살고 싶고 기쁜 일이 계속 있기를 원하는데 누가 갖다주지 않으니 어떻게 해야 합니까?

승: 있는 일이 세상의 일을 있게 하는 길이고 우리는 그 길을 두고 도道라고 말한다. 인간이 세상을 살아가는 데는 세상의 법도와 인간이 지켜야 할 법도가 있다. 세상도 중요하고 자기도 중요한 것이다. 자기에 의해서 자신에게 있던 일이 존재하는 것만 알게 되더라도 자신이 해야 할 일들에 게으름을 피우지 않게 된다. 기쁜 일을 바라거든 자신이 기쁜 일을 만드는 것이 제일 빨리 기쁜 일과 만나는 길이다. 있는 일을 알지 못하는 한 스스로 기쁜 일을 만든다는 것은 불가능한 일이다. 자기가 하는 일이 좋은 결과

를 계속 가져오면 기쁜 일이니까 자신이 어떤 일을 할 때 결과를 알아야 한다. 그래서 있는 내용들은 인간의 삶에 매우 중요하다.

Q 있는 일을 바로 알고 죽는 것이 세상에 태어난 가장 큰 축복이 된다고 설명할 수가 있습니까?.

승: 너희는 삶을 알므로 다른 사람들을 일깨워 줄 수도 있고 자신이 다른 사람들에게 도움이 되는 말과 행동을 할 수 있다. 세상의 일을 바로 받아들일 수도 있고 바로 전달할 수도 있다. 실제 이 시대나 과거에 많은 시간 속에서 무수한 사람들이 도道라는 말 자체를 바로 이해하지 못하고 알지 못했기 때문에 많은 오류를 남긴 적이 있다. 그래서 도 자체가 이상 속에 있는 일로 변하고 있다. 사람들이 말의 의미나 정의에 대해서 이해하지 못한 채 말을 듣고 자기 나름대로 생각해서 해석하게 된다. 사람들이 있는 말을 바로 이해하지 못한다는 사실을 우리가 매우 심각하게 받아들여야 한다.

Q 옛날 고사에도 보면 선각자들이 도를 알려고 노력했다는 기록이 있는데요?

승: 아침에 도를 알면 저녁에 죽어도 여한이 없다는 말이 있다. 사람이 태어나서 세상에 있는 일을 알고 죽는 것은 매우 중요하다. 의식은 자기 속에 있는 것을 가지고 죽어서 있는 것을 가지고 태어난다. 교과서적인 세계의 공통적인 언어로서 진리라고 표현해야 하는데 동양에는 의미나 이치를 도라고 말하고 있다.

Q 중생의 능력으로 눈으로 보이지 않고 진리도 모르고 모르는 상태
   에서 진리와 도를 같은 것이라고 이해할 수 있습니까?

승: 세상에 있는 일이 바로 도인데 사람들은 도인이 되면 하늘을
날고 물 위를 걷는다고 이상한 소리를 한다. 진리와 도가 다른 점
은 그 용어이다. 한국 사람이 도라고 말할 때 길 도道자를 쓴다. 세
상에 도의 이치가 있고 사람에게도 살아가는 길이 있다. 과연 세
상의 도가 무엇인지 스스로가 한번 생각해 보고 정의를 내릴 때가
온 것이다.

Q 사람들은 그렇게 말하면 나도 안다는 식으로 말하고 도를 물어보
   면 모릅니다.

승: 지금까지 도道를 말하면서 도가 무엇인지를 정확하게 아는
사람들이 없었다. 도가 어디에 있는지 그 부분에 대해서도 더욱
모르고 살아온 것이 상식이다. 세상의 도가 도대체 어디에 있는지
알고 있으면 말해보라고 하면 된다.

Q 도道는 세상 속에 있는 것이 아닙니까?

승: 도가 세상 속에 있는데 도가 세상의 일을 있게 하는 게 무엇
인지가 중요하다. 알고 보면 사용할 때 용도가 다르니 도에 대해
이해를 조금 해야 한다. 세상의 일들이 이러한 이치로 인하여 존
재한다고 설명했다. 이치 속에 존재하고 있는 모든 법계의 일은
내가 죽도록 보고 죽을 때까지 70년 동안 살면서 보고 설명했어도
일부분에 지나지 않을 것이다.

Q 세상에 존재하는 길은 너무나 많은데 모든 길을 외울 수가 없다는 것입니까?

슭: 세상의 이치에 의하여 존재하고 있는 현실을 알게 되면 이치만으로 어떤 현상 속에다가 놓고 살펴보면 어떠한 문제가 있고 원인이 존재하고 있다. 그래서 원인이 문제를 만들어내고 있고 문제에 의해서 죽고 나게 된다는 걸 알 수가 있다. 그러니까 세상과 광활한 우주에 있는 모든 것을 볼수록 문제를 이치 하나만 통달하면 세상에 존재하는 모든 문제를 풀 수가 있다. 세상의 이치에 대해서 통달하고 이치로써 세상의 모든 것을 볼 수 있는 자는 신과 인간의 세계에서 나 혼자이다. 만일에 이 세상에서 내 말이 거짓이라면 언젠가 누구에겐가 거짓이 탄로 나게 된다. 그러나 내 말이 사실이라면 살아 있는 동안 아무도 내가 거짓말했다는 사실을 발견하지 못할 것이니 진실이다.

Q 만법귀일을 통해서 모든 것을 보는 것입니까?

슭: 만 가지 법이 하나의 이치 속에 있다. 하나를 보면 그 속에 만 가지 법이 존재하고 이치를 통해서도 만 가지 일을 알아볼 수가 있다. 그래서 이러한 계산법을 통해서 우리는 미래와 과거와 현재와 인간이 추구하는 어떤 세상을 만드는 것이 공식 속에 존재하고 있다.

Q 반복 현상으로 그 속에서 법이 생깁니까?

슭: 법은 이치로 인해서 나타난다. 그 이치는 환경적인 요인과 바

탕의 요인이 있고 근본의 요인과 과거에 있었던 결과로 다시 흩어지고 다시 나타나는 것이다.

Q 어떤 원인이 결과로 나타나는 게 전부 법입니까?

승: 이치가 길이며 바탕에 있는 존재가 환경의 성질이 조화해서 결과를 만든다. 예를 들어 수학 같으면 바탕이 5라는 숫자이고 근본이 1이라는 숫자이고 환경이 3이라는 숫자를 더하면 9가 된다. 이 바탕이 3일 때 근본이 9이고 환경이 6일 때 계산해서 더하면 18이 나온다. 바탕은 어떠한 이 환경에 3이라는 이익을 줬다는 것이다. 좋은 환경을 보태 주니까 새로운 결과가 나오게 되는 것이 법이다. 어떠한 인연이 어떠한 근원에 들어오게 되고 나가게 되면 그런 것은 거기에 따라서 보태지고 빠지는 것만치 숫자가 변화한다.

Q 인연으로 좋게 변하면 운명이 좋아지는 것입니까?

승: 진리의 눈을 뜨면 생명의 빛을 얻는 것이다. 사람들은 어둠 속에서 헤매고 있는데 생명의 빛이 나타났다면 말로는 빛을 받아들여서 광명천지에서 살고 싶다고 말한다. 어둠도 막상 빛이 오면 피하고 숨는 게 본능이다. 인간이 자기 자신에 의해서 만들어진 의식적인 본능을 가지고 있는데 어떻게 자기 속에 없는 것을 받아들이고 있는 걸 거부할 수 있겠느냐?

Q 어떻게 살아야 할 것인지는 앞으로 있게 되는 일들을 보고 결과를

만들면 되겠네요?

承: 세상의 일을 하기 위해서 너희는 있는 일을 깨우치는 일이 매우 중요하다. 학교에 가면 제일 처음 가르치는 게 문자를 알아볼 수 있도록 깨우쳐준다. 이곳에 오는 일은 세상의 일을 알아볼 수 있도록 깨우쳐주는 일을 하고 있다. 뒤떨어진 사람들은 여기에 오면 서너 번 나오고 안 나오는 현상은 자신 속에 있는 업으로부터 영향이 크기 때문이다.

Q 글을 알아보려고 노력해야 글자를 알아볼 수 있는 것이겠지요?

承: 글자를 한번 알아보게 된다면 글을 매우 편리하게 쓸 수가 있다. 글자를 알아보지 못한다면 아무리 힘을 써도 글자를 쓸 수가 없다. 세상의 일이 어떻게 존재하는지를 알아보기 전에는 세상의 뜻을 이용할 수가 없다.

Q 만일에 구정물 속에서 놀면 항상 그 속에서 벗어날 수 없을 것인데 지금까지 어리석게 살았던 사람들이 깨달음이 필요하겠습니까?

承: 나에게는 세 가지 별명이 있는데 하나는 개천에 빠져 있는 용이고 하나는 천덕꾸러기고 하나는 달걀로 바위를 치는 사람이다. 아무리 내가 잘났다고 하지만 물이 없으니 날 수가 없고 개천에서 천덕꾸러기 노릇이나 하는 것이다. 그러니까 못난 사람들 속에서 천덕꾸러기 짓이나 하고 있다. 그래도 날마다 세상을 깨우치려 하니까 사람들한테 가서 진리가 어떻고 세상을 존재하고 있는 일을 설명한다. 그러나 날마다 사람을 깨우치러 갔더니 내 말에 자기들의 어리석음을 깨려는 사람은 하나도 없고 도리어 나를 깨버리고 말았다. 그래서 나는 세 개의 별명을 나 스스로 만들어서 사람들에게 말하고 있다. 만일의 경우 너희도 계속 지금과 같은 일을 한다면 수 없이 만나는 사람들에게 다 깨질 것이다. 결국은 지금까지 알던 사람 모두를 잃어버리게 될 것이지만 의식이 잠들어 있는 그들을 깨우려고 하는 것이 세상에서 가장 고귀한 일이다.

Q 잘못된 자들은 업이 자기를 버려주어야만 잘못된 삶에서 빠져나올 수 있겠네요?

승: 맑은 물속에서 놀면 항상 그 맑은 물이 너를 감싸고 있을 것이다. 잘못한 사람들이 너희를 꽉 붙잡고 있으면 안 되니까 정말로 근본 속에 양심이 있고 용기가 있다면 세상의 일을 할 수 있다. 그러면 부딪침으로 인해서 네 속에 있는 업이 타게 되면 너희도 점점 세상일이 보이기 시작할 것이고 자신이나 세상을 위해서 좋은 일을 할 수 있다.

Q 사람들이 글을 배울 때 업이 작용하지 않는데 진리를 배울 때 업이 엄청나게 많이 작용하는 겁니까?

승: 빛을 받아들이는 것은 어둠이 죽는다는 것이니 어리석은 자기를 버리지 아니하면 깨달을 길은 없다. 이것은 자기의 잘못으로 인해서 존재하게 된 업을 버릴 수가 없기에 사람들은 여기에 올 수가 없다. 여기에 오지 않는 한 자신을 지배하고 있는 어리석은

행동을 깰 수 있는 기회를 잃어버리게 될 것이다.

Q 순리順理를 역행하면 재앙이 온다는데 순리가 무엇인지요?
승: 우리가 여기 수학에서 한번 보겠다. 이 공식에 맞게 답을 내는 게 순리이고 맞지 않게 하는 게 역행이다. 우리가 어떤 일을 제대로 하게 될 때는 순리를 따르는 것이고 일을 잘못하게 될 때는 순리를 역행하는 것이다. 예를 들어 기도만 열심히 해서 농사 잘되라고 하고 정작 논에는 멸구가 기승을 부리고 가뭄이 져서 땅이 갈라지고 있는데 물을 대고 멸구를 잡아 줄 생각을 하지 않으면 농사는 망해버릴 것이다. 맞지 않는 일을 순리에 역행하는 일이다. 배가 고픈데 밥을 먹는 것은 살기 위한 순리적인 행위인데 배가 고픈데도 오기만 부리고 밥을 안 먹다가 굶어 죽으면 순리를 역행함으로써 죽는 것이다.

Q 순리와 역행이라는 대답은 너무 광범위한 일 속에 있는데요?
승: 세상일을 잘못하면 순리를 역행하게 되는 것이고 잘 알고 제대로 하게 되면 순리에 순응하게 되는 것이다. 이 범위가 모든 일에 존재하기 때문에 대답을 딱 잘라서 말할 수는 없다. 만일의 경우 폭탄을 집안에 숨겨놓고 말하지 않으면 가족들을 위험에 빠뜨리는 것이다. 그러니까 항상 위험한 물질은 있을 때 사실을 모든 사람에게 알리는 것도 순리이다. 어떤 일을 숨겨주는 것도 순리가 될 수도 있고 역행이 될 수도 있다.

Q 순리에 역행하는 일인지 그 일이 얼마나 정당성이 있는지 여러 가
지 측면에서 보아야 하는 것 아닙니까?

승: 그 대답은 너무나 범위가 넓어서 말하기 어려운데 종교가 인
간 세계를 구원한다는 말은 실제로 순리에 역행하는 것이다. 인
간 세계를 구원할 수 있는 것은 가르침이다. 가르침이 인간 세계
를 구할 수 있지만 신이 인간 세계를 구한다는 말은 사실 어불성
설이라 보아도 과언이 아니다. 신이 인간의 몸에 붙어서 떠돌아다
니는 것을 귀신이라고 말한다. 인간의 몸에 붙어서 사람들을 괴롭
히는 일은 많이 있지만 잘되게 하는 일은 극히 예외적인 일이라고
볼 수가 있겠다.

Q 이치를 모르면 순리대로 살기가 힘들겠는데 진리라는 말 자체가
이치를 따르는 것이 아닙니까?

승: 있는 일을 알아보지 못하면 순리를 따르는 일이 힘들다. 어떤
있는 일을 가지고 우리는 이치에 놓고 있는 일을 봐야 한다. 그러
면 거기서 옳고 그름이 나타난다. 이치라는 말은 어떤 것이 현상
으로 나타나서 문제와 문제가 어떤 공식에 의해서 답이 만들어지
는 걸 말한다. 공식을 벗어나서 행하는 일은 이치를 거슬리는 일
이라고 말할 수 있고 이치를 거슬린다는 말은 순리를 벗어난 일
이다.

Q 순리를 따르면 만사가 형통하고 걸리는 게 없고 순리를 역행하게
되면 재앙을 불러들인다는 말은 진실이죠?

스승: 우리가 사는 사회가 재앙을 만들고 있는 사회로 변해가고 있다. 사회의 중심에서는 순리를 역행하면 우리 삶에 엄청난 파장을 일으킬 재앙을 잉태하고 있다. 법칙이라는 것은 세상의 일을 존재하게 하는 원칙을 두고 하는 말인데 세상은 우주의 많은 별 중에서도 가장 활발한 법이 존재하고 있는 곳이다. 이 법은 알고 보면 문제로 만들어진 인과법이다. 어떤 것이 어떤 것에 의하여 변화하며 어떻게 존재하게 되는지를 설명한다.

Q 불교 종정이 취임사에서 법어를 내리는데 저는 알아들을 수가 없었는데 진리는 오묘한 것이기 때문에 느끼기만 하고 알아볼 수 없으며 말할 수 없다고 했습니다. 부처님께서는 있는 사실을 있는 그대로 보신다고 했는데 반대로 말한 것이 되는데요?

스승: 수학의 법칙에서는 5+5가 10이다. 진리의 법칙에서는 빨간색과 흰색을 섞으면 분홍색이 나온다. 그러면 있는 일을 있게 하는 법칙 자체가 진리인데 인간의 세계에서는 진리를 가르치지 않는다. 신을 가진 사람들이 이곳에 오게 되면 졸음이 오고 의지가 약하든가 골치가 아파지기 시작하는 것은 자기 속에서 진리를 거부하는 업이 있기 때문이다. 내가 하는 말은 평범한 말이 아니기에 평범한 사람이 들으면 바로 달아난다. 그래서 실제로 이곳에 와서는 삶을 배우고 있는 일을 배우는 것이다. 어떤 것이 길흉화복을 만들어내고 어떤 것이 자기가 원하는 결과를 만들어 줄 것인지 좋은 결과가 나타나게 되는 것이 진리의 가르침이다.

Q 사람들은 있는 일을 잊어버리고 왜 귀신에게 의지해서만 살아가
려고 하는 것입니까?

승: 귀신에게 붙잡히면 자기 인생이 끝이라는 걸 모른다. 자기 몸
을 귀신이 원하는 대로 끌고 다니는 비참한 일인데도 그 일을 위
해서 노력하고 귀신을 섬기던 자가 죽으면 수십만 인파가 길거리
를 메운다. 그러나 부처가 길거리에 죽었을 때는 몇 사람이 오지
않았다. 나는 신을 섬기지 않았으니 애통해할 사람도 없고 잘 갔
다고 역사 속에 이런 사람이 생존했다고 기록할 것이다.

Q 선생님 말씀을 듣고 깨우치게 된다면 누구나 세상에서 중요한 자
기의 삶을 얻을 수 있을 텐데 선생님의 능력을 보여줄 수 없나요?

승: 나는 있는 것을 있는 그대로 보는 자이다. 만일 내가 깨달은
자가 되지 않았다면 지금쯤 대통령 후보는 됐을 것이고 도전의 세
력이 됐을 것이다. 깨달음을 얻기 전에 실제로 한국에 있는 몇 명
의 인재가 국가지도자로 양성하겠다고 나의 뒤를 따라다녔고 계
획했고 추진하고 있었기 때문이다. 그리고 가까이 있는 동안에 내
가 어떻게 하고 사람을 끄는 힘이 있는지 없는지 너희는 보았을
것이다. 내가 만일의 경우 1980년도에 이 나라에서 사람들이 힘을
모아 주었다면 지금쯤 이 나라는 세계의 최고의 국가가 됐을 것
이다.

Q 정부에서 지도층에 있는 사람들이 요즘 어떤 일을 할 수 있습
니까?

승: 사람들이 나에게 어떤 일을 맡겼을 때 보통 사람들과 다르게 일한다. 지금 시간이 지나면 너희도 다 알게 되겠는데 지금 최고의 경우와 최악의 경우는 극과 극의 차이다. 사람들은 깨우치지를 못하니 자꾸 임시방편으로 아랫돌을 빼서 위에 고이고 한다. 기반이 자꾸 허약해지는 매우 위험한 일을 하는데 어려움이 곧 올 것이다.

Q 깨달은 자가 진리를 말하는 곳에 사람들이 오지 않는 이유는 있습니까?

승: 나그네 시에 썼는데 내가 깨달음을 얻었을 때 저 먼 공간으로부터 심중을 통해서 메시지가 왔다. 그것은 진리를 알면 외롭고 진리를 말하면 저주를 받을 것이라 말했다. 그런데 나는 매일 사람들 앞에서 진리를 말하려고 한다. 그 진리 속에 진리에 대해서 눈을 뜨고 이해가 높아질수록 사람의 의식이 건강해지고 사람의 능력과 지혜가 높아진다. 지혜가 생김으로 해서 자기의 삶을 구원할 수가 있는데 사람들은 자신이 지은 업 때문에 진리를 받아들이기 어렵다.

Q 삶 속에 미래가 존재하는데 진리를 모르고 운명이 나쁜 사람의 삶은 구하지 못하는 것입니까?

승: 진리를 처음 듣는 사람에게 함부로 말하면 사람들은 욕을 하고 가버린다. 사람들에게 어울리기 위해서 상대가 죽게 되어 있어도 살릴 수가 없고 살리려고 하면 자기의 운명이 있으니 나를 해

치려 하기 때문이다. 세상이 하나의 법칙 속에 있으며 있는 일 속에 모든 길흉화복이 존재한다. 그러나 세상이 하나의 법칙 속에 있는 일을 잘못하면 잘못된 결과가 나타나게 되는 것이라고 말한다.

Q 우리가 살면서 가장 중요하게 생각해야 할 게 진리의 세계를 이해하는 것이라고 보면 됩니까?

승: 진리의 세상에서 어떤 인연이 없이는 항상 고정되어 있다. 하지만 우리가 사는 법계에서 진리가 가장 활발하게 활동하고 알아보기 쉬운 곳이 세상이다. 자연계의 활동을 보면 금방 무슨 일이 어떻게 해서 존재하고 생기는 걸 이해하게 된다.

Q 진리의 이해가 부족한 것은 아직 이치를 충분히 배우지 못했다는 사실입니까?

승: 나는 여행하면서 사람들을 만날 때마다 가장 많이 말하는 것이 진리라는 말이다. 세상에서 지금까지 진리라는 용어에 대해서 제대로 이해하지 못하고 있다. 진리란 있는 일 속에 있다고 말하면 있는 일이 무엇인지 묻는다. 비행기가 하늘을 나는 것이 있는 일이고 정치인이 거짓말을 하는 것도 있는 일이다. 인간 세상에서 있는 일이라는 것은 일일이 나열할 수가 없다. 너희가 진리에 대해서 이해하지 못하고 있는 것은 지금까지 세상에서 가르치는 자가 없었고 진리에 관심이 없었다는 것이다.

Q 불교 경전에 있는 말인데 석가모니께서 깨달은 자가 되지 않았다
면 전륜성왕이 되었을 것이라고 했는데 무슨 뜻입니까?

승: 내가 1983년경에 깨달음을 얻었다. 사람들을 깨우칠 수 있
다면 한국 사회가 한 사람의 지혜로운 자로 인해서 세계를 지배
할 수 있는 엄청난 힘을 갖게 되고 모든 사람이 행복하고 자유로
운 삶을 살 수가 있었다. 그래서 나는 이러한 사실을 세상에 알리
려고 날마다 잠을 자고 나면 길거리에 사람들을 찾아다녔다. 몇
년 후에 나는 비로소 그 일을 이해하게 되었다. 사람들은 아무도
진리 속에 이는 일을 배우지도 않고 스스로 깨달아서 알아보는 사
람이 없었다. 눈뜬장님에게 세상에서 가장 큰 진주를 주면서 말을
해본들 아무런 가치성을 느낄 수 없다. 내가 있는 일을 통해서 법
칙이 존재하게 되고 세상의 일들을 설명했지만 생소했기 때문에
받아들일 수 없었다. 만일에 내가 깨닫지 않고 정치를 했다면 세
계 최고로 지혜로운 지도자의 능력을 갖추었다고 말할 수 있다.

Q 세상에서 진리를 가르치는 일은 쉽지 않을 일이라고 하지만 항상
외국으로 여행을 떠날 때는 큰 기대로 출발했잖아요?

승: 이번 여행을 출발은 했으나 막상 갔을 때 현지에서는 큰 고생
만 하고 왔다. 마음에 담고 갔던 목적은 달성할 수가 있었지만 우
리가 하는 일과 그 일을 하겠다는 사람들과 인연이 보이지 않기에
그냥 돌아온 것이다. 세상에 사람들은 쉽게 깨달은 자가 필요하
다고 말한다. 그러나 깨달은 자를 아무도 알아보지 못하고 서로가
가지고 있는 의식이 다르기에 실제로 있는 일을 들어도 사람들은

매우 힘든 모양인 것 같았다.

Q 지금 여래님이 저희를 가르쳐주셔서 가르침을 받고 바꿀 수 있는
  기회가 있는데 다음 생에 뵙지 못해도 자신을 바꿀 수 있을까요?
승: 현세에서 가르침을 열심히 받아들이고 많이 깨우치게 되면
내가 없더라도 너희 의식 속에 길이 있어서 가게 되어 있다. 자기
속에 있는 의식이 자기를 움직이게 한다. 석가모니는 수천 년 동
안 공덕을 쌓았는데 왕자로 태어났으나 수행 길로 떠나고 깨달음
을 이루었다. 사람들이 모두 실패했는데 혼자만이 해탈까지 했다
면 과거의 자기 속에 길이 입력되어 있기 때문이다.

Q 그분도 인간으로 왔을 때 세상을 이해하기 위해서 스승을 찾아다
  녔잖아요?
승: 스승을 찾아다녔으나 못 만났고 가보면 가설이나 이야기해
서 천축산이라는 데 들어가서 스스로 자기를 불태웠다. 그러니까
우리가 현재에 이해하기 어려운 일들은 과거 속에서 찾아도 된다.
모든 진실이 평범한 사람들이 생각할 수 있는 모든 해답이 역사
속에 존재한다.

Q 진리는 상식이라는 말씀을 조금만 더 구체적으로 말씀해 주세요?
승: 진리는 손뼉이 부딪쳐서 소리가 났다면 상식이다. 곡식을 심
어서 비료를 줬더니 좋은 열매가 나왔다는 것도 상식이다. 땅에
거름을 줬더니 산성화된 토질이 알칼리성으로 변하는 것도 상식

이고 진리이다. 그리고 감나무를 심었더니 감이 열리는 것도 상식이다. 콩 심은 데 콩 나고 팥 심은 데는 팥 나는 게 진리다. 실수했더니 재앙이 일어난 것도 상식 속에 있는 일인데 대가가 자기 속에 나타나게 되었다.

Q 상식이 맞지 않는 말은 잘못된 경우가 입니까?

승: 상식이 잘못되는 것도 곡식을 심어놓고 살충제를 뿌리면 식물이 죽는 것도 농사짓는 사람에게 상식이다. 물에다 비상을 섞어서 물을 마셨더니 죽는 것도 상식이라고 보는 것이 진리이다. 거짓말을 들었을 때 속게 되는 것도 진리고 있는 일을 들었을 때 바로 이해하게 되는 것도 진리이다. 그러니까 진리는 상식과 함께 있으니 상식을 넘어선 이야기나 상식에 맞지 않는 말은 거짓에 연결되어 있다.

Q 복이 없는 사람은 진리를 듣기가 힘들다는데 복이 없는 사람은 어떤 사람을 말씀하십니까?

승: 업이 커서 진실을 받아들일 수 없는 사람은 복이 없는 사람이다. 나쁜 것은 금방 받아들이면서 좋은 건 받아들이지 못하니까 복이 없는 사람이다.

Q 업을 벗어나려고 하면 깨달음이 있어야 하는데 깨달음이 업을 억누른다는 겁니까?

승: 있는 일을 알면 자기 생각에 의존하지 않고 있는 일을 기준으

로 해서 일한다. 항상 있는 일을 알 때는 있는 일에 어떤 행동의 범위를 정하지만 있는 일을 모를 때는 자기 생각을 만들어서 행동한다. 있는 일을 바로 아는 것이 있는 일에 대해서는 눈을 뜬다는 말이며 깨달음이다.

Q 자기 업의 활동이 줄어들어 양심적으로 변하게 되면 어떻게 됩니까?

승: 사람이 떳떳해지고 용기가 생기고 충분한 이론가가 되면 그러한 일을 가르치기 위해서 대중 앞에 서게 된다. 그때 대중들을 보고 그들이 가지고 있는 사고가 자기의 가슴을 태워주는 일이 많으며 있는 일에 대해서 눈을 조금이라도 뜨면 업이 억제되어 소멸시킨다. 공덕이라는 말은 남을 깨우치는 일에서만 일어나게 된다.

Q 좋은 마음을 가지려면 어떻게 해야 합니까?

승: 인간이 자기 마음대로 일어났던 생각이 문제를 만든다. 중요한 문제는 일반 사람들이 진리의 세계에 드는 것은 힘이 드니까 무엇이 어려운 일인지를 깨달아야 한다. 만일에 마음에 좋은 근본이 없고 무지한 자기의 마음을 깨워서 축복하겠다는 뜻이 없다면 결코 이곳에는 올 수 없고 배울 수가 없다.

Q 어떤 인연이 있어야 법을 배울 수가 있습니까?

승: 가르침을 전해서 인연이 있는 사람들에게 전달되면 되는데 어떤 일도 배우지 않고는 알기가 힘들다. 그래서 누구나 자신을

깨우치기 위해서는 많은 것을 배우고 배운 것을 세상을 알아보게 해야 한다. 깨달음을 얻고 활동하는 과정에서 알게 된 일은 문제를 알아보지 못하는 사람들에게 세상의 일을 설명해 보아도 소용이 없었다.

Q 선생님이 이 나라에 태어나서 사람들에게 크게 도움이 되지 못한 이유가 있는지요?

승: 진리를 보는 시각 때문에 오히려 부작용을 더 많이 가지고 왔다. 사람의 시각은 자신의 욕망에 끌려다니는데 애착이나 한을 가진 사람이 보는 세상은 다르다. 그래서 내가 그동안 아무것도 얻은 게 별로 없고 오히려 여기 오는 사람들은 10년 전보다도 지금 숫자가 더 줄었다. 사람 욕심내지 말고 제대로 된 사람을 깨우쳐서 보게 하면 다음 세대에 끝없이 존재하는 인연이 된다.

Q 세상에 살아 있는 깨달은 자를 만나고 싶은 사람이 왜 없을까요?

승: 과거에 석가여래가 세상에서 한 행적을 훑어보면 알 것이지만 살아있는 부처를 좋다고 따라다니면서 섬긴 사람은 극히 드물었다. 10대 제자가 있었다고 말하고 있으나 그들도 날마다 따라다니는 건 아니고 그냥 제자라는 적만 두고 있었다. 그들은 조금 정신적으로 깨어있었기 때문에 그의 가까이 있었다는 것뿐이다. 실제 석가모니가 가는 곳에는 많은 사람이 모인 것이 아니고 제자들이 따라다닌 것도 아니다. 제자들의 얼굴을 봐서 실제로 수백 명이 모일 수 있었다. 이런 사실들을 관심을 가지고 한 사람이라도

있는 일을 알아볼 때까지 찾아보고 노력해서 의식을 새로운 방향으로 바꾸어 놓았을 때 진정으로 큰 공덕이 주어진다. 이것을 항상 명심하고 삶이 자기를 불행하게 만들거나 자기를 망치는 삶이 되지 않기를 바란다.

Q 진리가 모든 현상의 아버지라면 진리가 창조주라고 말할 수가 있습니까?

승: 뜻과 법과 진리와 이치에 대해서 모든 현상은 뜻의 결합으로 나타나니까 진리는 모든 현상의 모체이고 모든 것을 창조하고 있다. 창조주는 이러한 약속이 세상에 존재할 수 있는 근원을 만들었고 모든 현상이 나타날 수 있게 했다. 진실은 인간이 가지고 있는 최고의 가르침이다. 자신의 정신은 삶에 따라서 모여진 기체에 의하여 진기가 진실의 근원이 된다. 진기가 밝아지면 진실이 밝아지고 진기가 어두울 때는 진실이 어두워진다.

Q 저희가 어떻게 이러한 자신의 진기나 자신의 시각을 밝힐 수 있는 것입니까?

승: 나는 이치를 통해서 문제를 놓고 나타나는 세상의 일을 보았다. 사실을 가까이하고 사실을 들으면 시각이 깨어나고 사실을 멀리하면 시각이 어두워져서 잠들어 버린다. 사실을 아는 자로부터 사실에 대한 설명을 듣는지 다른 사람의 생각을 듣는지 차이에 따라서 너희의 정신 속에 있는 시각의 변화의 차이는 엄청나게 다르다. 같은 말도 아는 자에게서 사실을 통해서 들으면 정신은 밝아

지고 사실을 모르는 자한테서 들으면 정신이 자꾸 어두워지고 이해 능력이 자꾸 죽어간다. 최고의 지혜는 실상 속에 전부 존재하니까 실상을 보고 배우면 깨닫게 된다.

Q 저희가 학교에서 학문으로 책을 보고 듣고 배운 것은 좋은 것인지요?

승: 학문 속에도 진리가 많고 공학 같은 건 어떤 원인에 인연으로 어떤 현상이 나타나는 건 진리적인 말이다. 진리는 있는 일이고 있는 일이 있는 것들을 통해서 나타난다. 컴퓨터 속에서 나타나는 프로그램도 만들어지니까 계산이 나타나는 것이다. 공학을 배우는 것은 가치가 있는 일이지만 아무리 많이 배운다 해도 깨닫지 못한다면 생각과 행동과 판단이 변하지 않는다. 결국 깨달음이 없는 공부는 아무리 많이 배워도 정작 자신을 위해서는 중요하게 사용되지 않는다.

Q 잘살기 위해서 돈 버는 것이지만 사는 동안 돈만 벌다가 죽으면 잘사는 것이 아니겠지요?

승: 일만 죽도록 하고 돈 버는 일만 하고 업이 커서 온갖 애착이 존재한다. 그러면 윤회도 되지 않은 상태에서 세상을 떠돌아다니면서 온갖 고통을 느끼다가 자기의 정업이 상실된다. 그래서 인간 세계로 돌아오지 못한 상태에서 다른 생명의 세계를 윤회한다면 불행한 일이다.

Q 자신이 무엇을 알게 되었는지 문제가 없으면 좋은 것이 아닙니까?

승: 마음이 어두우면 문제가 보이지 않는다. 세상에는 많은 문제에 의해서 온갖 현상계가 존재하고 있다. 어떤 현상이 존재하는지를 내가 일일이 설명할 수는 없다. 하지만 눈을 뜨고 있으니까 보면 산도 있고 물도 있고 꽃도 피고 온갖 현상이 존재한다는 걸 볼수가 있다. 진정한 가르침은 바로 문제를 아는 것이고 문제만 알면 원하는 모든 것을 성취할 수가 있다. 내가 항상 다른 사람 앞에 당당한 것은 사람들이 나에게 문제를 물을 때 문제에 대한 정확한 해답을 해 줄 수 있기 때문이다.

Q 선생님은 어떻게 있는 사실을 볼 수 있습니까?

승: 내 마음은 거울과 같기에 있는 것을 비추어 보이면 있는 것을 그대로 본다. 있는 것이 가지고 있는 것을 관찰하면서 있는 것의 문제를 알아서 사람들에게 가르쳐 주는 것이 깨달은 자가 하는 일이다.

Q 선생님의 말씀 중에는 돈으로 환산할 수 없는 가치 있는 세상의 보물은 법칙 속에 있는 진리라고 하셨는데 진리가 보물입니까?

승: 있는 일 하나만 제대로 깨달아서 알게 되면 굶지 않고 평생을 삶을 살아도 재물을 모아놓고 죽는다. 그런데 10억짜리 보물을 금고에 넣어 놓았다가 먼 산 한번 쳐다보다 도둑맞아 버리면 가슴만 찢어지게 아프다. 진정한 보물은 깨달음 속에 있고 노력하고 살아가면 지혜가 생긴다. 지혜는 있는 것을 들으면 생기는데 하루아침

에 깨달아지는 건 절대 아니다. 산속에 있는 나무꾼이나 생전 사람을 접촉하지 않고 혼자 산속에서 밭이나 갈아먹던 사람에게 수학을 가르치면 받아들이기가 힘들다. 하지만 어려운 것을 극복하고 수학을 깨우치게 되면 능히 문제를 풀고 만들 수 있다. 너희는 절대 깨닫는 걸 어렵게 생각하지 말고 진리를 배워서 세상일을 할 수가 있다.

Q 처음 이곳에 오는 사람 중에는 깨달음을 질문한 사람이 많은데 선생님은 의식적으로 인연을 느낍니까?

승: 인연이 있으면 만나고 인연이 없으면 억지로 복을 줄 수 없으니 보약은 억지로 먹는 게 아니다. 아편은 한 번만 억지로라도 놓고 두 번만 찔러 주면 중독되어서 아편 주사를 달라고 사정한다. 보약은 열 번을 줘도 억지로 먹일 수 없고 아무리 주어도 토해 버린다. 그러니 진리는 억지로 전해지는 게 아니라서 성인이 세상에 오면 평생을 외롭게 살다가 간다. 나는 이 시대에 와서 만일에 내가 집이라도 한 칸 마련하지 않았으면 아무 일도 못 했을 것이니까 태어나면서부터 하늘이 철저히 이 시련 속에서 훈련을 시켰다는 것이다.

Q 사람들이 살아가는 문제로 있는 일을 몰라서 오는 것일까요?

승: 모든 가르침은 세상에 존재하고 있고 삶을 통해 누구든지 현명한 자는 가르침을 받아들일 수 있다. 그러나 사람들 대부분이 업이 많아서 눈뜬장님이 눈을 뜨고도 있는 일을 보지 못한다. 이

곳은 자기를 깨우쳐서 있는 일을 보고 삶의 함정에서 벗어나서 행복하게 살고 떳떳하고 미래지향적인 삶을 가져다주고 있다. 어떻게 자기 가정이나 이웃이나 세상에 도움이 될 수 있을지 생각 있는 사람만 오고 있다.

Q 제가 궁금한 것은 전단을 뿌리고 이렇게 외고 패고 하는데도 왜 소문이 안 날까요?

승: 좋은 가르침은 소문이 나지 않고 좋은 책은 당대에 절대 팔리지 않는 법이고 좋은 가르침을 전하는 것은 소문이 나지 않는다. 만일에 좋은 가르침이 있는데 사람이 많이 오고 좋은 책이 잘 팔리면 세상이 금방 좋아지지만 그런 일은 절대 일어나지 않는다.

Q 인간에게 깨달음이라는 큰 변화를 얻기 전에 인연이 없이는 좋아지는 일이 불가능한 것입니까?

승: 세상은 인과에 의해서 지어져 있고 자신 속에 있는 모든 결과는 자기를 움직인다. 그 결과로 자기가 가지고 있는 것에서 움직이기 때문에 하루아침에 콩이 팥이 될 수는 없다. 콩에서는 콩이 나지만 콩이 없어져야 콩의 근본은 다시 팥이 되든지 녹두가 되든가 될 수 있는데 콩을 가지고는 콩으로 밖에 날 수가 없다. 자기를 가장 좋아지게 하는 길이 가르침을 통해서 배워서 깨달음을 이루는 것뿐이다. 깨달음이 있어야 자기를 좋게 하고 좋은 가르침이 있어야 좋은 세상이 있을 수 있는데 좋은 가르침은 세상에 그만큼 전해지기가 어렵다. 그래서 모든 성인은 세상에 왔다가 매우 힘든

고생을 하다가 가지만 너희는 이 땅에서 자부심으로 살아가야 할 것이다.

Q 저는 정말 궁금함을 넘어서 좋은 가르침을 듣는데 돈을 받지도 않고 음식까지 제공하면서 아는 사람을 초대해도 오지 않는 것이 신기한데요?

승: 우리는 앞으로 하나의 좋은 선례를 남기고 가게 될 것이다. 깨달은 자의 옆에는 사람이 오지 않아서 석가모니 부처께서도 일생을 통한 경험으로 이런 말을 남겼다. 인연 없는 중생은 부처도 구할 수가 없다고 했는데 부처라는 말은 세상일에 눈을 뜨고 실상을 보는 자를 말하는 것이다. 깨달은 스승을 부처라고 하는데 부처의 정의를 알아야 한다. 한국 사람들은 부처를 좋아한 사람이 많은데 부처라는 말에 대한 정의를 아는 사람은 드물다.

Q 최고의 스승을 붓다라고 하면 어떤 사람이 최고의 스승이 될 수 있습니까?

승: 그것은 바로 깨달은 여래를 최고의 스승이라고 말한다. 진실한 사람이 깨달아서 해탈하면 최고의 스승이 될 수 있다.

Q 여래님이 사람을 만나기 위해서 수없이 여행했고 대부분 사람은 만나러 가겠다면 왜 전부 피할까요?

승: 과학자 클럽에 가서 당신들이 추구하는 세계에 필요한 토론과 질문을 받겠다고 했다. 그들은 밑져야 본전이고 잘하면 엄청난

연구를 발전시킬 수 있는 단 한 번의 기회인데도 그들이 하는 말이 일정이 꽉 찼다고 한다. 대학교수나 과학자라는 사람들의 토론 내용을 보면 사실의 확인이 제대로 되지 않고 알지 못하는 자기 생각을 발표하는 것이다. 소 뒷걸음치다가 쥐 잡은 이야기처럼 무엇이 나타났다면 원인을 알아야 하는데도 생각과 가설만을 말한다. 그 정도뿐이고 계속 어떤 일을 관찰하다가 어떤 것이 있었다는 말만 하는 것은 세상의 역사를 바꾸는 데는 큰 도움이 되지 않는다. 그 이야기하는 게 일정이 짜져 있다는 것인데 그들끼리는 잘 통한다.

Q 선생님은 왜 사람들 속에서 소외되어야 했는지가 궁금한데요?

승: 깨달음은 생명의 빛이며 의식이 세상을 본다는 뜻이다. 의식이 빛을 갖게 됐다는 것이니까 어둠 속에 있는 모든 숨겨진 것을 볼 수 있는 것이 깨달음이다. 깨달은 자는 정치 경제 모든 분야에 대해서 뛰어나야 한다. 실제로 여기에도 전문교육을 받은 사람들이 많지만 전문 분야도 토론하면 별 게 아니다. 결과에서는 전문인이 알아내지 못하는 것을 전부 다 알아낼 수가 있으니까 있는 일을 통해서 본다는 것이다. 있는 일 속에는 모든 것이 존재하고 있다.

Q 깨달은 자가 인간의 세계에서 인기가 없는 것도 업이 없기 때문이겠지요?

승: 의식구조에는 자기 속에 있었던 일에 대해서 존재하게 되는

업이라는 게 있다. 업業이 자신을 움직이게 되는데 업 속에는 어두움이 있다. 그래서 인간 세계에서는 지금까지 어두운 일에 대해서는 잘 이해했는데 밝은 일에 대해서는 사람들이 들어도 이해하지 못했다. 정말 내가 놀란 것은 나는 세상에 가서 있는 일을 설명하면 사람들이 그래도 쉽게 알아들을 줄 알았다. 그런데 그들끼리는 없는 일을 말하면서 참 재미있다고 맞장구를 치고 자기 생각도 같다고 한다. 있는 일을 말하면 자기하고는 맞지 않는다고 고개를 돌린다.

Q 있는 일을 말하면 고개를 돌린 이유가 무엇입니까?

승: 인간의 내면에 존재하는 어둠 때문이다. 그 어둠을 가진 자가 깨달은 자의 앞에 오기 위해서는 깨달은 자를 만난다는 것은 어둠이 빛을 청하는 것과 같다. 그런데 세상의 이치 속에서 애착이 있는데 어둠이 세상 사람을 위해서 세상의 평화와 번영을 위해서 내가 죽을 것이니 이 자리에 들어오라고 하겠는가!

Q 어둠은 큰 애착이 있으니까 절대 빛을 받아들이지 않으려는 성질이 있는 것입니까?

승: 그래서 내가 찾아가면 피하는 것이고 그렇지 않고 나와 부딪친 사람들은 속은 것이다. 나중에 내 이야기를 듣고도 속았다고 기분 나빠하는데 처음에는 자기들은 빛을 원하는 게 아니라 자기들이 가진 생각은 동조자를 불러들인 것이다.

Q 선생님이 모든 걸 밝히려 하면 자기들이 죽게 생겼으니까 성을 내고 반발하기 시작하는 것이네요?

숭: 세상에서 많이 수양이 된 사람들은 대부분 어쩔 수 없어서 부정하지 않고 참는다. 그리고 얼른 저기 잘못 보였다가는 자기 밑천 들통날까 싶어 그냥 음식이나 적당히 먹여서 보낸다. 사람들이 상대를 안 하려 하는 것은 이런 것이었다.

Q 의식이 어두우면 빛을 스스로 청하지 않는다는 거죠?

숭: 내가 찾아가더라도 그들은 나의 존재를 알기에 만나는 것을 매우 곤욕스러워하고 빨리 피하려고만 한다. 이게 빛과 어둠의 차이이고 내가 이 시대에 와서 말을 해서 궤변이라고 생각할 필요는 없다. 지금까지 세상에는 네 사람의 성인이 태어났는데 모든 성인의 삶을 관찰해보면 똑같은 현상이 나타나고 있다. 세상의 빛이 되고자 했던 사람은 인간의 손에 의해서 죽임을 당하지 않았으면 따돌림을 받아왔다.

Q 세상을 밝히려고 했던 과거의 석가모니 부처님도 역시 같았습니까?

숭: 인도의 천축산에 가보면 나무도 별로 없는 바위산이다. 나는 몇 번 갔는데 여름에 내리쪼이는 뜨거운 산에서 모기 파리한테 뜯기면서 깨달음을 얻겠다고 천축산에 쪼그리고 앉아 있을 때는 사람들이 대단하다고 칭송이 대단했다. 그리고 부왕은 그가 굶지 않을까 걱정되어 병사시켜서 옷을 갖다주고 음식을 갖다주었다. 그

115

런데 깨달음을 얻자 자기 몸가짐이나 어떤 데도 신경 쓰지 않는 자유인이 되었다.

Q 당시는 자동차도 없고 특별난 옷도 없으니까 허름한 옷 입고 편안하게 쉬었겠네요?

승: 재물도 없고 고요한 마음이니 아무런 걸림이 없이 어린아이처럼 쉬고 있었을 때 백성들이 수행을 떠난 왕자가 포기했다고 수군거렸을 것이다. 그가 깨달음을 얻고 돌아오자 걱정한 아버지는 아들을 배척했고 모든 그리움을 끊어버렸다. 그를 낳았던 부모도 빛을 받아들일 수가 없었으니까 인연을 끊어져 버렸다. 모든 성인은 세상에 나서 결국 빛이 되려 했기 때문에 빛을 싫어하는 인간의 손에 의해서 죽임을 당하지 아니하면 버림을 받았다.

Q 사람들이 만나게 되는 길흉화복이 있는 일을 알고 이해하면 삶을 통해서 가장 좋은 공부가 될 수 있는 것입니까?

승: 왜 깨달음이 중요한지를 설명하려고 하면 이 점을 들지 않을 수가 없다. 있는 일 속에 모든 길흉화복이 있기에 있는 일을 바로 알아볼 수 있는 시각적인 눈을 뜨기 위해서이다. 이곳에 오랫동안 나오고 경험한 것은 아무리 듣고 또 들어도 있는 일이 안 보인다는 사실이다. 그런데 계속 같은 말을 들으면 그 말이 자기의식 속에서 활동하게 된다는 것을 기억해야 한다.

Q 자신을 위한 길이 있는 것은 우리 주변에 있는 일 속에 좋은 가르

침이 존재하는 것이죠?

숭: 세상도 뜻으로 존재하게 되어서 좋은 세상이 있고 나쁜 세상이 있게 된다. 하지만 사람 역시 자기 속에 있는 것들의 뜻으로 좋은 자기를 존재하게 할 수도 있고 나쁜 자기를 존재하게 할 수도 있다. 있는 일을 존재하게 하는 법계의 일들을 가만히 보고 있으면 자기 속에 있는 일이 자기를 만들고 자기를 지배하는 일을 하고 있다. 세상 역시 세상 속에 있던 일들이 세상을 있게 하는 일을 함께한다.

Q 사람의 성질은 어떻게 해서 만들어지는 것입니까?

숭: 이곳에 사람들이 오기가 힘들고 아래에서 전화나 걸고 머뭇거리다가 돌아가 버리는 것이 그들의 성질 때문이다. 아무리 좋은 게 있어도 나쁜 것이 좋은 것과 합치고 싶어도 성질이 다를 때는 결합이 되지 않는다. 그것은 자기 속에 있었던 업이 성질을 만들어 업을 가진 사람이 업이 없는 사람을 따르는 것이 힘든 것이다. 한번 망할 운명을 가진 사람을 지켜주지 못하는 것은 망할 운명을 지닌 사람은 망하는 게 자기가 걸어갈 길이다. 자기가 가는 업의 길을 막는 것이니까 성질을 이기지 못하고 인연이 끊어지는 것이다.

Q 학교에서 배워서 문자를 알게 하는 것도 있는 일을 밝히는 것입니까?

숭: 있는 일을 밝히고 있는 일을 사람들에게 알게 하는 일이 좋은

가르침이다. 있는 일을 밝혀서 공식을 알리고 문제를 풀고 밝히면 답이 나오게 되고 자신들이 하는 일을 정확하게 알고 계산하면 틀림없다. 일할 때 어떤 기능공이라면 기술자는 오랜 시간 동안 자기가 하는 분야의 일을 터득해 온 것이어서 현실에서 일을 잘하게 된다. 그런데 신을 내세우는 사람은 누구도 있는 일에 대해서 정확하게 알지 못한 채 이상 속에 있는 소리를 계속하고 있는데 확인할 수 없는 말이다.

Q 거짓말이 우리 사회에 매우 얼마나 위험한 것입니까?

승: 우리 사회가 오늘날 위험에 빠진 것도 알고 보면 사람들의 의식이 망해가고 있기 때문이다. 사람들의 의식이 망하지 않으면 절대로 세상은 망하지 않는다. 의식은 세상의 근원이니 의식이 좋으면 세상도 좋아지는 것이다. 학교에 처음 가서 수학 시간이 되면 골치가 아프고 졸음이 온 사람들도 이 가운데 있을 것이다. 그러나 수학을 이해하고 공식을 통해서 수학 문제를 풀면 알게 되듯이 세상의 법칙도 이와 같다.

Q 가장 좋은 스승에게 배우면 제자도 뛰어나게 되는 것이라 하셨는데 사실 깨닫기가 힘들잖아요?

승: 콩을 심었더니 콩이 나고 팥을 심었더니 팥이 나는 것도 진리이다. 있는 것을 있게 한 사실이 자체가 진리이다. 그러면 왜 여기에서는 좋은 게 나오는지 보면 땅이 기름지니까 기름진 열매가 열리는 것은 너무나 당연하다. 일생을 통해서 아무런 깨달음을 얻

을 수 없고 자기를 점점 나약해졌는데 왜 나의 옆에 오면 건강하고 뛰어난 자로 변하고 깨달을 수 있는지 물어보면 답이 나온다. 나는 깨달았고 최상에 이른 자이기 때문에 너희도 가능하다고 말한다.

Q 사람들이 착하게 살아야 하는 이유가 있는 것입니까?

승: 우리 자신이 악업으로부터 우리 자신을 지키기 위해서 착하게 사는 것이다. 인간이 자신을 구하기 위해서는 깨달음이 무엇보다도 중요시되는 것은 있는 일을 알 때 자기의 문제를 해결해 준다는 해답이 있기 때문이다. 요즘 인간의 세계에 이해할 수 없는 일들이 많이 일어나고 있다. 가정에서도 이웃에서도 사회에서도 국가라는 체제 안에서도 많은 일이 나타나고 있다. 실제 이해할 수 없는 일들도 알아보면 그 나름대로 이유가 있다.

Q 불행한 운명을 지은 사람은 불행해지고 좋은 운명을 가진 자는 점점 좋아지게 되는 것은 무엇 때문입니까?

승: 깨달은 자가 깨우쳐주지 못한다면 눈앞에 있는 세상을 이해하기가 너무나 어려운 것이 바로 보는 것이 어렵다. 한마디를 듣고 알려고 하지만 쉽게 알지 못하는 것은 자연에서도 문제를 항상 대답하고 있다. 하나의 씨앗을 좋은 씨앗이 싹이 텄을 때 생명 활동을 통해서 땅과 주위에 있는 기운을 받아들여서 좋은 열매를 맺게 된다. 자신이 깨어지지 않으려고 지어진 운명 속을 계속 여행하고 지쳐도 쳇바퀴 돌듯이 돌고 있다. 인연이 없으면 절대 운명

은 무너지는 게 아니고 나쁜 자기를 깨어 버리지 않으면 그 속에 존재하는 것이 진리이다.

Q 땅 위에 씨앗이 떨어졌더라도 씨앗이 깨져서 싹이 나지 않으면 땅
  이 가진 기운을 받을 수 없는 겁니까?
승: 자신이 가지고 있는 의식을 깨지 않으면 진리와 접하는 것은 너무 어렵다. 너희 자신이 나쁜 자를 만나면 나쁜 바탕에서 기운을 얻어서 더 나쁘게 되고 좋은 바탕에 들어가서 의식이 깨어지면 좋아진다.

Q 나쁜 운명의 원인은 어떻게 나타나는 것입니까?
승: 처음은 이곳에서 나의 말을 들으면 매우 생소하고 일반 사회에서 쉽게 누구나 할 수 있는 말처럼 들린다. 원래 부처란 세상에 와서 세상일을 밝히는 일을 하는 자이다. 일반 사람들의 시각으로는 세상일을 완전히 볼 수가 없다. 그래서 깨달은 자의 시각을 빌려서 세상에 있는 모든 진실을 보고 확인하고 그 속에서 자기를 얻고 세상에 온갖 축복을 짓게 된다. 내가 막상 세상에 와서 느낀 것은 중생들이 가지고 있는 무지의 벽이 너무 두껍고 크다. 절에 가면 부처의 가르침이 있다고 하지만 전해지는 불교는 이야기 속에 있는 한恨들의 말을 전하고 있다.

Q 과거에 석가모니가 세상에 태어나서 깨닫고 한 일은 진리를 밝힌
  것입니까?

스승: 진리란 있는 것들이 만들어지고 있는 법을 가르치는 것이다. 진리는 법을 밝히는 것인데 진리를 밝히면 모든 사실이 드러나게 되어 있다. 그러나 부처라는 말은 같이 쓰고 가르침을 전한다는 말까지는 같이 사용하는데 어디서도 진리를 밝히는 곳을 볼 수 없다. 석가모니가 밝힌 진리는 사실을 드러내서 사람들로 하여 보고 확인하게 하는 일들이다.

Q 거짓이 득세하는 요즘의 사회법이 종교에는 자유를 보장해 주기에 세상의 법에 걸리지 않는 거죠?

스승: 중생이 하루아침에 깨달은 자 옆에 오고 진리를 듣는다면 세상이 망하지 않는다. 진리는 과거부터 안 팔리고 인간 세상에서 매력이 없다. 스승이 없으면 진리도 없으니 스승이 죽고 나면 배우러 많이 온다. 그러나 그때는 진리를 듣지 못할 뿐만 아니라 깨달음도 얻지 못한다. 그 속에 나쁜 이들이 자기식으로 이름 팔아서 온갖 세상의 종교가 생기면서 배운다고 하지만 그 속에 진정한 가르침이 없다. 종교인이 진리의 길을 찾아가는 게 아니고 자기 한풀이하러 간다. 사회에 법이 있고 나쁜 짓을 할 수 없으니 종교를 통해서 남을 망치는 일을 대신해서 법에 안 걸린다는 것이다.

Q 올바른 좋은 가르침이 세상에 대접받는다는 보장은 없는 것입니까?

스승: 우리는 이 시간을 통해서 항상 자신들이 무엇을 하고 있는지를 생각해 보아야 할 것이다. 내가 하는 일이 사람들에게 많은 도

움을 주지 못하고 있다는 사실을 잘 알고 있다. 나는 여행하면서 본 것은 일반 사람들의 말이 얼마나 세련되었고 잘 짜져 있는지를 보았다. 그런 의미에서 나의 말은 그렇게 화려하지도 않고 잘 짜여 있지도 않다. 그러나 너희가 세상의 이치에 눈을 뜨기 위해서는 계속 있는 말을 들으면서 있는 일이 어떻게 연결되고 있는지를 확인해 봐야 한다. 내가 이 시간을 통해서 항상 같은 말을 되풀이하고 있다.

Q 어떻게 확인해서 있는 일을 볼 수 있는지요?

승: 계속 있는 일을 관찰하고 보고 듣고 앞으로 세상이 돌아가고 세상의 일을 있게 하는 이치 속에 있는 일을 받아들이고 알 수 있는 능력에 도달할 수 있다. 수학을 공부하는 거와 같이 보면 된다. 항상 더하기 빼기를 듣다 보면 이론은 똑같고 문제가 다를 뿐이다. 5+5=10이지만 5+2=7인데 공식은 항상 같은 것이다.

Q 현실에서 어려운 일을 보면 역사 속에서 어떻게 해결되었는지를 찾아보면 되는 것입니까?

승: 찾아보는 것은 역사 속에 있는 일과 대조해 보라는 말이다. 세상의 뜻을 과거나 현재나 미래나 같은 일을 계속하고 있다. 이 법칙이 세상에 존재하고 있는 뜻의 세계에서는 항상 뜻은 같은 일을 반복하고 있기 때문이다. 이 과정에서 나타나는 수학의 공식 같으면 문제 속에는 어떤 수치를 가지고 있는 차이뿐이다. 마이너스였을 때는 수치만큼 빼면 되는 거고 플러스일 때는 수치만큼 더

하면 된다. 만일 세상을 보고 세상의 이치를 안다는 것은 꼭 영원한 꿈만은 아니다. 내가 이곳에서 항상 사람들에게 한 말은 있는 일을 진정으로 바르게 보라는 것이다.

Q 요즘 사람이 많이 모이는 종교에는 기적이 일어난다고 하는데 어떻게 기적이 있을 수 있는 건지요?

승: 나는 대접받을 데도 없이 다니려 하니까 여비만 까먹고 고생해서 집에 앉아 있는데 사실 진리를 한곳에서 전하면 안 된다. 이것이 옛날부터 현재까지 전통이 무너져서 아무리 노력해봤자 평생에 노력해서 500명 정도 들으러 오면 대성공일 것이다. 성자가 태어난 나라는 결국에 대부분 망했다. 예수가 태어난 이스라엘도 망했고 석가모니가 태어났던 나라도 망했다. 그러나 예수가 이스라엘을 망친 것도 아니고 석가모니가 나라를 망친 것이 아니다. 중요한 것은 예수는 인간이 망하는 걸 보고 나라가 망할 것을 알고 나라를 구하려고 했다. 성자들은 민중과 나라를 구하려 했어도 그 시대에 사람들은 자신을 망치고 나라를 망친다. 이 나라도 그러한 예를 피해서 가지는 못할 것이다. 분명하게 어둠이 깨지면 빛이 일어나고 나오게 되어 있다. 이 시대에 어느 정도 시간이 지나면 사람들은 들으러 올 것이다. 그러나 아무리 세상이 변해도 큰 기적이 일어나지 않을 것인데 석가모니가 설법하는 곳에 몇 명이 왔다고 했느냐?

Q 어느 때는 8만 명하고 20만 명 합하면 몇십만 명이라고 했습니다.

승: 천명만 모여도 마이크로 떠들어야 하고 그 이상이면 소리가 안 들리는데 당시 마이크도 없었는데 얼굴만 보러 왔다는 말인가? 그런 소리는 사람들을 속이는 것이다. 사람들이 방에 앉아 교육하고 최고 많이 오면 칠팔 명 와서 듣다가 실망하고 두 번 다시 안 들으러 오는 게 대부분이다. 그래서 사실 깨달음의 법은 세상에서 널리 전해지지 않고 있고 나의 가르침도 크게 전해지지 않은 것이다.

Q 다른 곳에서는 사람들이 늘어나는데 이곳은 바빠서 오던 사람도 빠지고 새로 온 사람도 한 번 와서 듣고는 다시 안 오는 것을 볼 때마다 매우 큰 안타까움을 항상 가지게 됩니다.

승: 내가 말을 하는 것이 세상은 하나의 법칙으로 존재하는 것이다. 하나의 원인이 세상의 새로운 현상이 존재하기 때문에 오늘날 우리 주변에 어떠한 일들이 일어나는지를 종합해 보면 미래의 일은 계산에 나와 있다. 사람들은 나쁜 일을 보기 전에 기대심리가 현실을 항상 너그럽게 보고 좋게 받아들이려 한다. 그러하기에 항상 자신의 주위에 있는 재앙을 피할 수가 없었다.

Q 미래에는 인류가 희망이 있고 저희가 활동하면 좋은 일들이 일어날까요?

승: 이곳에 오는 것이 대단치 않은 것처럼 여겨지지만 사실을 듣고 보고 생활했을 때 무엇이 달라졌는지를 크게 감동적으로 느끼지 못하고 있다. 하지만 스스로 수백 년 동안 열심히 지어야 했던

노력한 결과의 길을 단 몇 년 사이에 얻게 될 수 있을 것이다.

Q 지금 삶이 어렵더라도 살았을 때 내세의 자기에게 공헌하는 일이 세상에 존재하기 때문입니까?

승: 큰일을 면하기 위해서 여기 오다 보면 진정으로 좋은 축복이 너희에게 있을 수 있다. 현대의학에서도 밝히지 못하는 정신과 건강한 삶을 위해서 여길 오는 것이니까 좋은 현상들이 항상 있게 된다. 그렇지 않다면 내가 무엇 때문에 이 힘든 일을 하려고 하겠느냐?

Q 잘못된 사람을 알면 잘못된 일을 보게 될 것이라는 말을 어떤 뜻입니까?

승: 같은 풀잎에 있는 이슬도 독사가 먹으면 독이 되고 사슴이 먹으면 녹용이 된다고 했다. 여기 녹음 한 테이프를 가지고 가서 귀신 잡소리와 혼합시키면 대단한 폭발력을 가지는 글이 된다. 그런데 모르는 사람이 읽으면 내가 한 말보다 훨씬 읽기도 쉽고 좋게 보이는 데 결과에서는 정 반대가 나온다. 나쁜 사람이 그 글을 이용하면 있는 그대로 전하는 게 아니고 변질시킨다. 내가 외국을 여행하면서 이 일에 대해서 어떤 외국의 승려들이 나를 보고 하는 말이 당신의 말은 부처님께서 이미 다 말씀하신 말을 다시 한다고 했다. 그때 내가 한 말이 너희들이 가지고 있는 경전 속의 글들은 이미 많은 시간을 통해 흘러오는 동안에 잘못된 사람들에 의해서 뜻이 변질이 되었으니 잘못 해석하면 독과 같다고 했다.

Q 사람들은 가르침이 변질이 됐다는 사실에 대해서 잘 이해를 못 하니까 다시 한번 설명해 주세요?

승: 좋은 음식도 음식이 상하기 전에 먹었을 때는 보약이 되고 몸에 좋은 기운을 몸에 들어가서 몸의 활동에 도움을 준다. 그러나 음식이 변질이 된 이후에 먹으면 음식은 독과 같아서 몸을 고통스럽게 하고 정신을 어둡게 한다. 살아서 축복받지 못하는 사람은 죽어서도 축복받지 못한다. 살아서 현실이 미래의 근본이고 현실에 있던 일이 미래를 존재하게 하는 것이다. 그런데 현실에서 만들어지지 않은 일이 미래에 어떻게 존재하겠느냐? 현실에서 좋은 자기를 만드는 길을 모른다면 죽어서는 절대로 좋은 일은 만들어지는 게 아니다.

Q 언제 가까운 시일 안에 제가 죽는다면 어떠한 마음을 가졌을 때 세상에서 부처를 다시 만날 수 있는지요?

승: 세상에 부처인 큰 스승은 그렇게 흔하게 나타나지 않는다. 공간의 세계에서 볼 때 수천 년은 잠시이지만 인간의 세계에서 볼 때 천년은 긴 세월이다. 자기가 수십 번은 죽었다가 태어나야 천년이 지날 것이다. 3천 년 정도에 한 사람 세상에 부처의 길을 전할 사람이 온다. 그중에도 많은 사람은 태어나도 부처의 바른 삶의 길을 알리지 못하고 대부분 무지한 자들에 의해서 죽게 된다.

Q 옛날부터 사람들이 법을 만나기도 어렵고 법을 듣기도 힘들다는 말이 있는데 인연을 지어야겠네요?

승: 소크라테스나 예수 같은 사람도 무지한 사람들에게 죽었다. 그들은 석가모니 가르침에 의하면 관세음보살 정도 칭호를 써도 되겠는데 보살의 경지에 이른 사람들이었다. 그들은 결국 인간의 곁에 와서 그들의 착한 본성을 드러내고 밝은 마음을 보게 되자 인간들은 성인들을 죽여 버리고 말았다. 보살을 넘어서서 해탈의 경지에 이른 자는 세상에 오면 큰 마찰이 없다. 그냥 마음이 상대에 의해서 나기 때문에 상대가 아무리 잘못해도 그를 보지 않으면 잊어버리기 때문이다.

Q 해탈하지 않는 상태에서 세상에 와서 진리를 전하게 되면 인간으로부터 당장 해침을 당하는 것입니까?

승: 나도 해탈하지 않은 상태에서 법을 전했다면 벌써 요절이 나고 말았을 것이다. 그건 인류 역사에 계속 그렇게 기록돼 있다. 사실이 계속 전해져 왔기 때문에 이 시대라고 해서 예외는 절대 없다. 이 시대가 오히려 더욱 영적인 면에서 어둡고 망해 있다고 말할 수도 있다.

Q 불교에서 전하는 탱화 속의 연꽃에 벌과 나비가 있는 것을 보지 못했는데 왜 그렇습니까?

승: 연꽃이 피는 곳에는 벌과 나비가 오지 않는다. 연꽃은 사람들의 가정에 크게 많이 쓰이는 것이 아니다. 오직 부처가 있는 곳이나 법을 전하는 곳에 가면 연꽃이 많이 쓰인다. 연꽃에는 벌과 나비가 오지 않으나 진실한 자에게 바쳐지기 위해서 피고 진리를 전

하는 곳에는 속된 자가 오지 않는다. 그래서 진실한 자는 연꽃이 진흙 속에 뿌리를 내리고 있는 것처럼 중생의 어두운 세상을 결국 헤매게 되는 것이다.

Q 진리를 보고 듣는 것이 어려운 일이지만 진리를 아는 자를 만나는 것이 매우 어려운 일이라는 것입니까?

승: 실제로 전생에 큰 공덕이 없고 큰 인연이 없이는 절대로 깨달은 자를 만날 수가 없다. 만일의 경우 큰 공덕이 없는 자가 와서 들으면 마음에는 거꾸로 보인다. 제 눈에 색맹이 있는 건 모르니까 아무리 사실을 말해도 다르게 보인다고 말한다. 그러니 진리는 매우 평범함 속에 존재하고 있지만 그렇게 평범하고 참말로 시시한 것도 없다. 알고 보면 매우 쉬운 게 진리인데 알 때까지는 사실을 보지 못하니 어두운 시각으로 보면 각기 다르게 보고 듣는 자에 따라서 말이 다르게 들린다. 그러니 진실이 없고 근기가 나약한 자에게 진리를 말하면 받아들일 수가 없는 것이다.

Q 그래서 아무리 권해도 한 번 왔던 사람들은 마음에 소중한 것을 보지 못하기에 오지 않는 것입니까?

승: 진리를 듣는 자들은 듣는 것만으로도 자기를 깨우치게 된다. 결국 그로 인하여 자기의 진실을 세상에서 짓는 것이고 영원한 생명을 얻게 되며 평안한 내세를 얻고 자기를 이루는 길이며 온 세상을 밝히는 길이다.

Q 진리가 모든 좋은 것을 있게 하는 길이면 누가 지어야 하는 것입니까?

승: 자기 자신이 스스로 지어야 한다. 이건 누가 지어주지 않는 것을 알게 될 때 삶에 대한 책임과 보람된 일을 얻게 된다. 그리고 진리를 알면 자신에게 행복과 평화가 있게 되고 영생과 부활의 길을 알게 된다.

Q 우리가 진리를 배워서 이익을 어떻게 얻는지요?

승: 나는 이익에 대해서 종일 대답해도 대답은 끝이 없을 것이다. 그러나 보편적으로 진리를 알면 생활에서 달라질 수 있는 것은 남을 속이든가 남을 해치는 일이 어려워진다. 있는 일 속에 진리가 있으니 있는 일을 바로 알면 남을 속이고 해치고 남에게 손해를 끼치는 일을 할 수가 없다. 다이아몬드나 에메랄드나 황금을 보물이라고 하는지 모르겠지만 진정한 보물은 바로 진리다.

Q 물질적 부로 행복을 살 수 있고 평화를 살 수 있다는 사람은 잘못된 것입니까?

승: 그것으로 자기의 생명을 구할 수 있고 영생을 얻을 수 있으며 부활의 길을 만들어 낼 수 있겠느냐? 그것은 어떤 현상에서 나타나게 된 물질에 불과한 것이다. 그러나 진리 속에는 세상에 있는 어떤 것이라도 얻게 되는 길이 있다. 그러므로 우리가 진리를 찾고 진리를 구하고자 하는 것은 세상에서 가장 값진 보배를 얻으려 하는 노력이다.

Q 열심히 일하고 아끼고 꼭 베풀어야 할 자리에 베풀게 된다면 가난에서 벗어날 수 있겠지요?

승: 근면과 검소와 정직을 통해서 마음이 밝아진다. 다시 말하면 마음이 어둡고 밝은 것은 내가 남을 속이지 아니하면 정직한 사람은 마음이 밝아져 거짓말을 안 하고 거짓말을 안 하면 남을 속이지 않게 되니까 마음이 밝아진다.

Q 삶 속에 어떤 일들이 어떻게 일어나고 있는지 실체를 가르쳐 주십시오?

승: 너희는 알아야 할 것이 나는 가르치러 세상에 온 자가 아니고 깨우치러 온 자이다. 모든 가르침은 세상 자체에 존재하며 진리는 나에 의해서 존재하는 것이 아니다. 나에 의해서도 존재할 수도 있겠지만 내가 없을 때도 진리는 존재한다. 현실에서 진리를 만들고 있는데 나는 단지 너희가 보지 못하는 부분 속에 가려져 있는 진리를 밝히러 온 자이다.

Q 일반인들이 법칙이라는 자체를 간략하게 무엇으로 표현할 수 있습니까?

승: 진리는 바로 눈앞에 존재하고 있다. 이러한 원인과 원인이 만나면 결과를 내게 하는 것을 법칙이고 진리며 약속이라고 말할 수 있다. 그럼 지금까지 배워오면서 어떤 것을 느꼈고 상대적으로 어떤 것을 원해 왔는지 토론 시간을 통해서 한번 밝혀 보자! 이 시간에는 솔직하게 바라는 것을 다 보여야 해답을 얻을 수 있다. 이 해

답이 세상을 위해서 오늘의 세계를 사는 너희에게 매우 큰 도움이 될 수가 있다.

Q 세상이 정한 법칙을 말을 바꿔서 질서라고도 할 수 있습니까?
승: 나는 질서라고는 말하지 않는다. 세상은 자기로 인하여 좋은 일도 있고 나쁜 일도 있기에 우리가 소중하게 생각해야 하는 건 자신 속에 존재하는 삶이다.

Q 법칙은 질서가 있는 곳에서 인정되는 개체와 시공간에서의 차이가 있지 않습니까?
승: 법칙이라는 것은 정확한 약속을 말한다. 어떤 물체에다가 같은 물체를 주입해서 같은 현상이 나타나는 것을 진리라고 했다. 이러한 뜻은 영원히 불변하니 약속인데 원인과 원인이 결합함으로 현상이 나타난다. 사람이 각기 마음이 다른 건 과거의 삶이 다르기 때문이다. 어떠한 식물의 씨앗을 심어놓고 나타나는 변화를 측정할 수 있다. 현상이 나타나는 것은 먼저 땅을 관찰해야 하고 다음에는 환경을 관찰하면 그 속에서 결과가 나타난다.

Q 기름진 땅에다가 씨앗을 심었을 때 기름진 열매가 나기 시작하는 원리입니까?
승: 메마른 땅에 심었을 때는 메마른 성질이 그 열매 속에 존재하고 있다. 그리고 크고 작은 맛이 있고 단맛이 나고 쓴맛이 나는 것은 환경의 영향이 있다. 어떠한 사실을 놓고 사실에서 설명하

는 것이 더 쉽다고 볼 수가 있다. 약속은 우리의 삶 속에도 그대로 존재하고 있다. 쇠붙이도 뜻으로 계속 변화하고 있고 만들어지고 있다.

Q 선생님 말씀이 가치관 때문에 진리가 있는 것입니까?

승: 진리라는 나의 말에 대해서 혼돈을 많이 느낄 것이다. 너희는 지금까지 보는 자에게 들은 것이 아니고 책을 읽고 생각을 주석한 이야기를 들어서 사고 속에 주입했다. 그래서 현실을 지적하면서 설명하는 나의 말이 잘 이해되지 않을 때가 있다. 실제 내가 손바닥을 칠 때 소리가 나는 것은 면적과 부딪치는 속도에 따라서 나는 것이다. 내가 손뼉을 쳤으니 소리가 나는 것이고 콩을 심었기에 콩이 나는 것이 진리이다. 그리고 메마른 땅에 심었기에 메마른 열매가 나는 것이고 기름진 땅에 심었더니 기름진 열매가 열리는 것도 진리이다.

Q 선생님이 말씀하시는 진리와 약속을 이제야 이해했습니다.

승: 메마른 땅에 심었던 것이 바탕이 메마르니 열매가 메마른 기운을 거기에 담았고 열매 자체가 메마르다. 거기에 메마른 성분이 있다는 게 진리이며 약속이다.

Q 현상 속에 약속이 있는 것이 아닙니까?

승: 진리를 다르게 알고 어렵게 생각하는데 칼을 만들어서 무를 썰었더니 무가 동강이 나는 것도 진리이다.

Q 어렵게 생각하는 것이 아니고 저희가 이해하는 진리가 인위적으로 사람 사이의 약속이라고 알아들었습니다.

승: 그동안 너희는 잘못된 가르침을 배워서 속았었다. 자연의 가르침이 약속이고 진리이다.

Q 제 생각에는 만고불변의 진리라는 건 존재할 수 없고 모든 것이 현상에 따라서 존재하기 때문에 크게 깨달은 사람들이 본 진리도 같을 수 없다고 보는데요?

승: 절대로 세상에 존재하는 것은 이상에 의해서 만들어지는 것이 아니라 사실에 의해서 성립된다. 만고불변의 진리가 왜 없느냐?

Q 크게 깨달은 사람들이 법의 진리입니까?

승: 내가 하는 말은 어떤 결과는 바탕과 환경에 의해서 만들어진다. 어떤 식물의 열매를 하나 얻게 되었는데 나쁜 씨앗에서 좋은 열매가 났다면 바탕과 환경의 원인으로 인해서 좋아진다. 깨닫고 옳은 일을 하면 좋아지는 것은 행동은 환경을 만든다. 깨달으면 나쁜 일 안 하려고 노력하고 어리석은 짓을 멀게 할 것이다. 식물을 놓고 볼 때는 바탕을 땅이라고 한다면 인간의 바탕은 정신이다.

Q 질문이 맞는지 모르지만 생각하다가 보면 사실과 맞는 것도 있지 않습니까?

答: 어느 생각이나 생각으로 만들어지는 일은 절대 없다. 생각은 백날 해도 생각에 불과한 것이고 생각 자체가 진실이 되는 건 아니다. 내가 아무리 태양을 사흘만 못 뜨게 어둠 속에 가두어 놓고 싶어도 생각이지 현실적으로 절대 불가능한 것이다. 진리를 공부한다는 것은 훌륭한 스승과 진실한 자를 찾아야 진리를 공부할 수 있고 진실한 자를 찾는 것이 공부의 근본이다. 왜냐하면 진실한 자의 바탕을 얻으면 자기 정신이 좋아진다. 진실한 자를 친구로 삼으면 마음이 가지고 있던 악업이 소멸하고 점점 악이 죽고 진실이 오는 것이다.

Q 사람을 상대함에 따라서 주위 환경이 얼마나 자기를 변화시키는 지요?

答: 바탕도 자기를 변화시키는 역할을 하는데 좋은 바탕을 만나면 성공이 빠르고 좋은 환경을 만나면 일생이 편안하다. 석가여래가 자기 자신을 진실한 자라고 했는데 진실한 자를 만나기 전에 진리를 보는 건 너무나 힘든 일이다. 항상 공부하는 사람에게 주어지는 말속에 좋은 도반을 만나야 하고 좋은 스승을 만나야 한다.

Q 좋은 스승과 좋은 도반 그리고 공부하는 장소도 중요한 환경인 것 같은데요?

答: 사람을 깨닫게 하는 하나의 길 속에 도반을 찾아야 하고 스승이 어떤 자인지 알아야 한다. 진리는 눈뜬장님이 아무리 세상을 보고 싶어도 혼자 스스로 볼 수는 없다. 그러니 눈을 뜬 자를 따라서 보고 길에 대해서 들을 수가 있고 이해할 수가 있다. 이 사실을 모르고 아무리 이해하려고 노력해도 불가능한 일이다.

Q 진리라는 말 자체는 세상의 모든 것이라는 말이 맞는 것입니까?
승: 사실을 보고 진리라고 하는데 그 용어 속에 있는 일들에 의해서 모든 현상은 존재하는 것이 아니다. 진리는 어떠한 대상을 두고 말을 하는데 그 속에는 수많은 문제가 존재하고 있고 문제를 있게 하는 뜻이 문제와 문제 속에 이어져서 나타나는 뜻이 진리이다. 진리 속에 있는 현상의 세계를 바르게 이해하므로 자기의 삶에 큰 도움을 줄 수 있다.

Q 인과법은 어떻게 만들어지는 것입니까?
승: 인간의 내세관에 대해서 자꾸 알려고 해야 한다. 인간 속에 존재하는 운명과 근원이 어디에서 왔으며 어떻게 해서 만들어졌고 존재했으며 어떻게 전해지고 있는지에 알려고 하다 보면 인과법에 대해서 눈을 뜨게 된다. 의식의 눈을 뜨게 되었을 때 충분히 삶 속에서 고달프더라도 자신에게 의지해서 이해가 깊어지면 모든 외로움 속에서 자신을 지킬 수가 있다.

Q 중생이 깨닫기 위해서는 깨달은 자를 만나야 길을 알 수 있는 것입니까?
승: 깨달음의 길에 대해서 아무도 설명한 사람은 없다. 깨닫기 위

해서는 먼저 깨달은 자의 길을 알아야 하고 두 번째 세상일에 대해서 눈을 떠야 하며 세 번째 양심과 용기가 필요하고 네 번째 끝없는 자기 속에 사랑이 있어야 해탈할 수 있다.

Q 제 질문은 깨달은 분과 만나는 인연이 되려면 과거에 자기 속에 인연이 있었던 것입니까?

승: 전생에 선한 근본이 있거나 어떤 인연이 있는 사람끼리 만나기가 쉽다. 그렇지 않으면 진실로 세상일에 대한 어떤 관심이 있는 여러 사람의 말을 듣고 확인을 통해서 세상일을 알아볼 수 있다. 여기 먼저 온 사람이 있고 오래 다닌 사람들이 있는데 물어보면 된다.

Q 세상에 있는 일이라는 것은 신神이 만든 것입니까?

승: 우리가 신을 받아들이지 않고 있는 일을 중요하게 생각해야 한다. 모든 사람이 깨닫고 있는 일에 대해 알려고 노력하는 것은 세상을 위해서 큰 도움이 된다. 있는 일이 모든 것을 만들고 존재하게 하는 근원이 있는 일 속에서 생기기 때문이다. 있게 되는 일은 수만 가지이니 일일이 헤아릴 수 없지만 어떤 일로 인해서 새로운 일이 생기는 게 있는 일이다. 예를 들어서 옷에다 잉크를 떨어뜨렸더니 잉크가 묻는 것도 있는 일이고 우리가 어떤 행동을 할 때나 어떤 일을 새로운 걸 보았을 때도 있는 일이다. 세상을 존재하게 하는 현상계 속의 일은 하나하나 놓고 보면 매우 간단하지만 여러 개를 합쳐서 매우 복잡할 때도 확인하면 모두가 드러나게 되

어 있다.

Q 진리를 말하면 저주받는다는 말은 무엇을 설명하는 것인지요?

승: 의식의 세계가 지구에만 있는 게 아니고 먼 공간의 세계에
도 의식의 세계가 존재한다. 그런데 어느 날 내가 앉아 있는데 엄
청난 감동이 내 몸속에서 일어나고 있었다. 쉽게 말로는 표현하기
가 어려웠는데 감동이 일어나면서 가슴속에 울리고 있는 소리가
진리를 알면 외롭고 진리를 말하면 저주를 받는다는 두 마디 말을
남기고 감동이 사라져버리고 모든 게 끊어졌다.

Q 현재 진리를 말씀하실 때 저주받고 있는 것입니까?

승: 나는 깨달음을 얻고 나서 알았다. 깨달음을 얻고 나서 세상
일을 보기 시작하자 모두가 나를 외면해버렸고 진리를 말을 할 때
마다 문제가 계속 일어났다. 만일에 진리를 말하지 않으면 세상을
축복할 수 없고 진리를 알지 못하면 내가 세상에 태어나서 특별한
일을 할 필요가 없다. 그때 나는 진언이 공간의 아주 먼 곳으로부
터 오는 것을 느꼈다. 이 말은 시간이 가고 또 시간이 가도 인류에
많은 사람의 입을 통해 전해져서 진리를 밝히는 자가 나 혼자의
고생으로 끝나기를 바라는 것이다. 다음 사람들에게도 이렇게 고
생스러운 일이 안 되기를 바라기에 이 말을 나그네 책에도 써 놓
았고 밝혔다.

Q 자연의 법이 진리라고 말씀하셨는데 자연은 항상 변하잖아요?

승: 자연은 변하고 있지만 자연의 뜻은 변하지 않는다. 진리는 불변하며 세상의 모든 일을 밝히는 길이다. 자연을 통해서 배우고 깨닫는 일을 소홀히 해서는 안 될 것이고 이런 기회는 언제나 주어지는 것이 아니다. 세상에는 완전한 깨달음을 얻고 태어날 수 있는 사람이 3천 년이나 5천 년이라는 주기적인 세월에만 있기에 내가 이 말을 하는 것이다.

Q 있는 일을 밝히는 것은 세상의 모든 일을 정확하게 알고 자기의 행동과 말과 삶을 실패가 없도록 인도하는 것입니까?

승: 있는 일이 있는 것 속에다 세상의 길을 만들어 두고 있으며 있는 것은 어떤 일에 의해서 나타나게 된 현상을 말한다. 있는 것의 근원은 있는 일에 의해서 만들어진 것이고 있는 일의 근원은 있는 것 속에 있다. 세상은 있는 일로 있는 일을 보지 못하고 어떤 있는 일을 보고 잘못을 지적하면 지적받은 사람은 오히려 안타까워한다. 왜 이런 말을 하는지 과연 내가 잘못한 사람의 운명을 도와줘야 할 것인지 사람들을 볼 때마다 더욱 안타깝다. 이곳에는 나의 말과 결과에 대해서 들은 사람도 더러 있을 것이다. 예를 들어 5+5=10인데 9나 11이라면 틀리는 것이니까 정답을 바르게 말해야 한다.

Q 사람들은 있는 일이 같이 보이는 것이 아니고 각각 다르게 보일 수도 있잖아요?

승: 시각에 따라서 어떤 사람이 볼 때는 나뭇잎이 둥글게 보이고

새처럼 보일 수도 있고 먼 곳에서 볼 때는 다른 형체로 보일 수도 있다. 눈을 뜬 사람이 볼 때는 있는 것을 있는 그대로 보여서 나뭇잎으로 보인다. 그래서 의식이 밝은 사람은 있는 것을 있는 그대로 보지만 의식이 어두운 사람은 생각으로 보기에 제멋대로 보고 생각해서 말한다.

Q 선생님은 저희가 진실하게 살고 싶다면 만들어 줄 수 있는 사람입니까?

승: 나는 너희가 원하는 세계를 위해서 세상에 온 자이며 그것을 위해서 활동하고 있다. 누구나 배우겠다면 나는 사람들의 질문에 대답해 주고 있다. 나는 논리를 절대 만들지 않고 내가 내일 어떤 강연을 해야 할 것인지 이 순간에도 생각하지 않고 이 자리에 와서 강연을 시작한다. 그 사실은 이 자리에 온 제자들은 안다. 낮잠 자는 것은 봤지만 책 읽고 글 쓰는 것은 안 봤으니 논리를 만들어 와서 가르치는 것이 매우 위험한 일이다. 있는 일을 바로 보고 있는 일을 바로 알리는 것이야말로 최고의 가르침이다.

Q 선생님에게 어떤 칭호를 사용해야 합니까?

승: 나는 최고의 깨달음을 이룬 자이며 여래이다. 너는 지금 선생님이라고 하고 있고 제자들은 여래라고 부른다. 내가 세상을 떠나고 나면 부처라고 부를 것이지만 집에서 자식들은 아버지라고 하고 아내는 당신이라고 한다. 내가 어떤 사람인지 모르는 사람들은 깨닫기 전에 사용하던 이삼한 씨라고 한다. 부르고 싶은 대로 부

르는 것은 너의 자유이다.

Q 선생님의 이러한 가르침이 저희의 의식을 눈뜨게 합니까?
승: 세상에서 가장 뛰어난 부자가 되고 싶다면 부자로 만들어 줄수 있다. 정치인이 되고 싶으면 가장 훌륭한 정치인을 만들어 줄수 있다. 나는 이 일이 얼마나 힘든지 알지 못하고 어려운 일을 너무나 많이 해온 사람이다. 나는 사업도 3년 해서 많은 돈을 모아서 가족 부양시키고 나와서 무보수로 이런 일을 하고 있다.

Q 선생님은 종교를 만든다든가 어떤 세력을 만들지 않을 것입니까?
승: 내 말을 듣고자 하는 모든 자 앞에서 있는 일에 대한 진실을 밝히고 그 일이 어떻게 있게 되는지 진리를 알릴 것이다. 잘못된 일을 하지 않고 바르게 산다면 누구나 영생과 극락세계로 인도할 것이다. 너희가 앞으로 이런 일에 관심을 가질 수만 있다면 아직 종교에서는 아무도 못 밝혔으나 나는 어떻게 영생을 얻게 되는지 길을 충분히 밝히겠다. 만일에 내 말이 틀린다면 모든 책임을 질 것이다.

Q 선생님은 이 시대의 사람들에게 배척받는 게 그들의 의견에 동의하지 않기 때문이라고 보십니까?
승: 우리 사회에 바른 가르침이 없기에 모든 자가 자기 속에 있는 이상을 따라가고 꿈이 이루어지기를 바라고 있다. 사람들이 나와 대화할 때 자기의 이상에 동의해주기를 원했는데 나는 그 일에 동

의해주지 않았다. 내가 오늘날 우리 사회로부터 열렬히 환영받지 못하고 있는 것도 그 때문이다. 내가 가지고 있는 지혜는 어떤 종교에서나 어디든지 가면 환영받을 수 있고 선생 소리를 어디든지 들을 수 있다. 그런데 내가 그들로부터 배척을 받는 것은 그들의 일에 동의하지 않기 때문인데 만일 한번 나와 같은 입장이 되어보라! 수학을 배우고 수학 문제를 풀 줄 알고 수학을 가르치는 자에게 어떤 무지한 자가 나타나서 5+5=100이라고 말하면 동의할 수 있겠는가?

Q 모르면 동의할 수 있겠지만 아는 사람이 그 말을 안 하는 것은 당연하다고 봅니다.

승: 나는 사람들의 말을 들어보고 지금 말한 것은 잘못 말한 것이니 다시 문제를 설명하고 답은 맞지 않다고 지적한다. 그러면 무지한 자들은 그때부터 숨을 식식거리면서 상대가 어떤 일을 했는지 생각하지 않고 자기를 욕보였으니 나쁜 놈이다. 그리고 네가 하는 말에 동의했으면 너도 내가 하는 말에 동의해야 하지 않느냐고 한다.

Q 사람들의 잘못된 사고가 오늘날 우리 사회에 팽배해 있고 우리 사회를 지배하는 것 같습니다.

승: 이런 잘못된 사고思考는 농촌에서 품앗이하는 것과 같다. 내가 하루 와서 네 일 해 주었으면 너도 나와 하루 내 일 해 주어야 한다. 내가 네 말 10분 들어주면서 박수 다섯 번 쳤으니 너도 내

말 10분 들을 때는 박수 다섯 번 쳐주어야 한다는 건 옳지 않은 것이다.

Q 인간이 완전한 깨달음에 얻는 방법이 법을 아는 것입니까?

승: 그것은 사람들이 변화하고 있는 일을 통해서 있는 일을 보고 있는 일에 눈을 뜨는 것이다. 그것이 깨달음을 얻는 가장 좋은 방법인데 예전에도 세상은 하나의 공식 속에 존재한다는 말이 있었다. 이 공식을 법이라고 말하는 사람들이 있고 진리라고 말하는 자도 있고 약속이라고 말하는 사람도 있다. 어떤 일이 세상 자체에 존재했는지에 따라서 세상은 달라지고 어떤 일이 자기 속에 있는지에 따라서 자신이 달라진다.

Q 만일 저희가 자신이 가지고 있는 잘못된 견해나 판단에 대해서 선생님이 깨우쳐주지 않는다면 스스로 고치는 일을 어떻게 받아들여야 합니까?

승: 이 자리에서 있는 일에 대해서 밝히고자 하는 것은 사람들을 깨우치기 위해서이다. 있는 일을 바로 아는 것은 무지를 깨우치는 유일한 길이기 때문이다. 있는 일을 알려주지 않는다면 그 일을 모르는 사람은 누가 그 일을 자신에게 깨우쳐주기 전에는 스스로 아는 길은 매우 힘들다. 있는 일을 정확히 듣지 못한다면 있는 일을 바로 가르쳐주는 사람을 매우 좋은 스승으로 받아들여야 할 것이다. 나는 일반 사람들의 세미나에 안 나가는 것은 그들은 있는 일을 지적해서 밝히려 하지 않는다. 전부 논리를 구사해서 이상적

인 용어를 만들어내고 용어를 가지고 사람들이 이해하기가 힘들
도록 말을 전달하고 있기 때문이다.

Q 중생들은 모르기에 거짓에 속은 것이고 좋은 가르침이 될 수가 없
는 것이 아닙니까?.

승: 그때는 정정당당하게 사람들에게 말해야 한다. 아는 자는 거
짓을 말할 수 없고 모르는 자는 진실을 말하지 못한다. 있는 일을
어떻게 알고 깨달을 것인지 문제를 가르치려고 있는 일의 중요성
과 있는 일에 대해서 알려고 하지 않는다. 어떤 위안이나 거짓을
듣기 위해서 많은 사람은 진실을 외면하고 있다. 나는 사람들에게
어떤 것이 유익한지는 각자 자기의 운명을 깨달으면 스스로 알게
된다고 말한다.

Q 세상은 움직여지고 만들어지니까 운명대로 따라가야지 거부하는
것이 가능합니까?

승: 나는 현상계에서 나타나고 있는 모든 일을 설명할 수가 있다.
나는 이것을 가르치기도 하지만 너희를 통해서 이 순간에 다시 배
우기도 한다. 있는 일 속에서도 문제와 해답이 있기에 설명할 수
있다. 너희는 세상의 일이 어떻게 만들어지고 있는지 모르지만 좋
고 나쁜 모든 일이 있는 일을 통해서 나타나게 된다. 사람들이 있
는 일을 바로 이해하고 알아내고 바로 행동하게 될 때 그 사람이
하는 모든 일은 순리대로 잘 되게 되어 있다. 그러나 사람이 있는
일을 잘 알지 못하고 잘못 받아들이고 맞지 않는 행동하게 될 때

는 이치를 거슬리게 되어서 자기 탓으로 화를 만들게 된다.

Q 선생님의 말씀은 모두 아는 말인데 세상에서 있는 일을 아는 사람
　이 선생님 외에는 없습니까?

승: 너는 이십 년은 세상에 살았을 것 같다. 있는 일을 모두 안다
면 날마다 살면서 왜 자기가 사는지 모르고 있느냐! 너는 세상일
을 말하니까 다 아는 소리라 했는데 자신이 왜 사는지 왜 살아야
하는 이유조차도 모르면서 어떻게 세상일을 알고 있다고 말할 수
있겠는가? 일등 국가를 만들고 일등 국민이 되는 것도 공식을 통
해서 가능하고 세상을 끝없는 변화를 계속하게 된다는 의미이다.

Q 저희가 여기에서 듣고 해야 할 일은 밖에 나가서 삶을 통해서 일
　어나는 많은 일들을 지혜롭게 해결하기 위해서 배워가는 것이 아
　닙니까?

승: 나는 이 자리에서 어떤 일이 어떻게 존재하는지 보아야 한다
고 일깨워주는 것이다. 잠자는 사람을 깨워주는 거와 똑같이 있는
일을 통해서 배워 나간다면 깨달음이 온다.

Q 저는 많은 것을 들었는데도 확실하게 드러나지 않는데 배우면서
　무엇을 가져가야 해요?

승: 너의 의식은 이 시간을 통해서 많이 깨어나고 있는데 실제 학
교에서 있는 일을 말하면 친구들이 피할 것이다. 어떤 문제를 꼬
치꼬치 따지고 있는 일을 확인해 봤는지 물어야 한다. 어떻게 그

런 일을 확인하는지 사람의 생각 속에 존재하는 일인지 실제 존재하는 일이 맞는 말인지에 대해서 논쟁을 할 것이다. 다른 사람보다 많은 토론을 하면 조금 이상한 사람처럼 보든가 그렇지 않으면 보통 사람이 아닌 것 같이 대단한 사람으로 보인다.

Q 있는 일을 어떻게 배우는 것이 좋은 방법입니까?

승: 무엇을 가져가야 할 것인지 너희는 이 시간을 통해서 깨닫는 것이다. 자기가 모르는 것을 얻는데 듣는 말로만은 아무런 소용이 없다. 어떤 일을 하나라도 밝혀서 바로 아는 것이 깨닫는 것이다. 너희는 항상 생각 속에서 세상을 보아 왔지만 나는 너희에게 있는 일을 통해 세상을 보라고 계속 설득하고 있다. 이것은 있는 일이 있게 될 일을 만들어내기 때문이다. 있는 일이 문제이며 그 문제 속에 해답이 있고 앞날이 존재한다. 그래서 나는 항상 있는 일을 눈여겨보고 있는 일을 자기가 본 것이 정확한지 확인하라고 말하고 있다. 있는 일을 바로 보고 어떻게 확인할 수 있는지를 배우는 것이다.

Q 있는 문제를 보고 있는 일을 확인할 수 있다면 스스로 어떤 상황에 부딪히면 탐구할 수가 있고 문제를 풀어낼 수도 있다는 결론이네요?

승: 지난번 영국 여행 때 삼각대를 세워 놓고 종이에 있는 일을 알면 그 일이 너희를 도와줄 것이라는 문구를 써 놓았다. 사람들이 별로 흥미가 없었어도 있는 것이 진리이기에 우리가 살아가는

동안 알아야 할 일은 바로 있는 일이다. 이 있는 일이 자신을 도와주고 있는 일을 바로 알고 그 일을 하게 되면 실수하지 않는다. 그 일로 인해서 이익을 얻게 되지만 우리가 있는 일을 잘못 알고 실수하게 되면 그 일로 손해가 생기가 된다. 그렇다면 우리가 복 받고 살 수 있게 하고 재앙의 늪에서 구해 줄 구세주는 바로 있는 일이라는 것이다. 있는 일을 바로 알게 될 때 우리는 온갖 축복을 얻어 낼 수가 있다.

Q 진리를 말해서 사람들이 안 오면 어떻게 합니까?

승: 있는 일이 바로 사람들을 돕는 길이기에 길거리에서 외친다. 종교인들이 있는 일을 모르기 때문에 거기에 빠져서 자기를 망치고 있다. 그러니 있는 일을 알고 나면 왜 자기에게 이익이 되지 않는 일을 하겠느냐! 자기에게 이익이 되지 않는 일을 고집하는 사람은 문제가 있는 사람이다. 그러면 우리는 그 문제가 어디에서 왔는지 하는 것을 확인해야 할 것이다.

Q 여래님은 이 시간을 통해서 계속 말씀하시지만 처음 오는 사람의 반응은 다양한데요. 도움이 되지 않는 말이라면서 들을 필요가 없다고 생각하는 사람도 있고 보통 들으면서 고개를 갸우뚱대는 모습이거든요?

승: 사람들이 오고 가는 것은 여기서는 별 그리 두려워하지 않는다. 왜냐하면 듣는 것이 중요한 것이 아니고 이곳에 오면 어떤 것이 자신에게 깨달을 수 있는지가 문제이다. 이곳에 오는 것이 자

신에게 도움이 되지 않더라도 있는 일을 듣고 있는 일을 바로 알면 그 일이 자기를 도와준다. 앞에 강조해 오고 있는 말 중에 세상에서 나타나고 있는 길흉화복의 원인이 있는 일 속에 있다고 설명했다.

Q 우리가 살아가는데 어떻게 자기를 지키고 원하는 것을 얻게 되고 이룰 수 있는지요?

승: 사람이 일하다 보면 자기가 원하지 않는 일도 만나게 되니까 남의 소리에 크게 구애받지 말고 자기에게 필요한 일 하면 된다. 내가 말하는 것은 나를 따른다 해도 내가 살았을 때 고통 속에 빠지면 어떻게 구할 수 있는지를 도와주는 일이다. 너희가 잘못 가고 있을 때 잘못됐다는 일을 지적해줄 수 있지만 그 이상은 말해줄 수가 없고 또 해주어서도 안 된다. 너희를 구하고 위하는 길은 스스로 세상일을 알고 그 일을 통해서 원하는 결과를 얻는 것이다.

Q 선생님의 가르침은 항상 있는 것을 그대로 보고 말하기 때문에 상황에 따라서 필요한 말을 하게 됩니까?

승: 나의 가르침은 있는 것을 보고 있는 것에 대해 말을 가르칠 뿐이다. 그러니 너희가 있는 것을 보고 듣고 있는 것을 알게 되거든 그 일을 다른 사람에게 다시 나처럼 행하는 일을 하라! 그러면 너는 그 일로 인해서 네가 원하는 영생과 부활의 길을 얻게 될 것이다. 이 일을 통해서 너는 큰 깨달음에 이를 수 있게 되고 원하는

인물이 될 것이다.

Q 저는 거짓말하지 않고 살고 싶은데 주위에서 거짓말을 하게 만드는데 어떻게 해야 합니까?

승: 학교에서는 거짓말을 하지 않게 항상 밝은 마음을 가지고 떳떳하게 살기 위해서 깨우고 가르쳐야 한다.

Q 그런데 학교에서는 이런 건 절대 안 가르치고 해답을 암기만 시키거든요?

승: 있는 일을 가르치는 것은 가장 좋은 가르침이고 너희의 삶과 생활을 도움을 준다. 하지만 너희는 자기의 삶이 다른 사람들에게 도움이 될 수 있도록 노력할 때 자신이 깨닫고 모든 기쁨과 행복과 평화와 사랑이 자기 속에서 만들어진다. 너희가 점점 노력하고 있는 일을 알고 있는 일을 통해서 남에게 피해가 되지 않게 해야 너의 깨우침 속에서 좋은 일이 나타난다.

Q 부자는 힘들게 돈을 벌었을 텐데 스스로 행복하다고 말할까요?

승: 부자에게 가서 직접 물어보면 알 수 있다. 천석꾼은 천 가지 걱정 만석꾼은 만 가지 걱정한다고 했다. 아무것도 안 가지고 있는 사람은 하나가 걱정이다. 내일 아침 떳거리를 걱정하는 사람은 걱정 하나뿐이고 다른 걱정은 있을 수가 없다. 우리가 소망해야 하는 것은 근면하고 검소하고 정직하게 사는 근심 걱정 없는 삶이다. 남에게 피해를 주지 않고 자신이 불행했을 때를 대비하고 자

기의 초라한 모습을 보여주지 않기 위해서이다.

Q 이치를 보고 이치 속에 있는 것을 계산해서 그 속에 무엇이 있는지를 계산한다면 이 세상에 있는 일이 과거 석가모니가 살았을 때 있던 일과 같을까요?

僧: 나는 무엇이나 대답하지만 단 하나 내가 안 본 것은 모른다. 내가 아무리 깨달아도 그 시대에서 나타나지 않고 자기가 보지 않은 것은 모른다. 참고로 생명의 법칙이나 생활의 법칙은 결국 하나도 변한 것이 없었다. 하지만 그 시대에 있었던 현상들이 이 시대에서 볼 수 없었던 것도 있고 이 시대에 있었던 현상들이 그 시대에는 없었던 것도 있다.

Q 뜻은 과거와 현재와 미래에 다 존재하는 것입니까?

僧: 나타났다가 사라지고 나타나지 않았을 뿐이다. 질문을 통해서 계속 이야기를 듣다 보면 모든 생명체나 만물은 반복 현상을 통해서 끝없이 존재하고 있다. 사라졌다가 존재하고 존재하다가 사라진다는 결론에 도달하게 된다. 그리고 영원히 존재하고 있는 비밀이 무엇이며 사라지는 비밀이 무엇인지 알게 되면 너희는 세상에서 함부로 살아갈 수가 없고 조심하고 살아가게 한다.

Q 자연의 이치는 변하지 않고 같을 수 있는 것입니까?

僧: 세상의 이치를 보고 통달했기 때문에 세상의 이치는 수학의 공식과 같다고 했다. 그 내용이 곱하기인지 빼기인지 나누기한 건지만 계산해서 나오면 이치나 문제를 공식 속에다 넣으면 대답은 나오게 되어 있다. 기운이 생명의 근원이니까 기운이 좋아짐으로써 영원한 생명이 존재하고 기운이 망해서 생명 자체가 질이 변하게 된다.

Q 세상의 일을 어떻게 보고 풀어 가는지에 대한 상식의 근거를 제시해 주실래요?

승: 상식이라는 것은 매우 간단하다. 깨달은 자의 말은 상식과 일치해 있고 상식을 벗어나서 절대 말하지 않는다. 사람들이 수십 년 동안 수백 년 동안 알 수 없던 문제도 빨리 시간 안에 질문과 동시에 풀 수 있다. 수학을 배운 사람들이 문제를 알아보고 공식을 알면 답을 내는 것은 매우 쉽고 삽시간에 풀어버린다. 그러면 세상의 일을 꿰뚫어 보기 위해서 가장 중요한 게 세상의 일에 눈을 뜨면 모든 원칙과 문제를 볼 수가 있다. 그래서 현명하게 도움이 될 수 있는 삶은 자신에 의해서 제공될 수 있다.

Q 선생님이 말하는 원칙을 가정에서도 적용할 수 있습니까?

승: 가족에게 내가 여래라거나 깨달았다고 말하지 않지만 내가 재주 좋다고 말을 잘 듣는다. 어떻게 자식을 다루어야 하는지 원칙에다 놓고 그대로 하니까 사실을 보게 되고 시간이 가면서 옆에서 봐 왔던 가족들은 옳으니 따르는 것이다. 처음에는 다른 사람들이 살아가는 모습과 다르기에 저항도 있었으나 시간이 가면서 인정하게 되었다. 어떤 문제가 있을 때 문제를 어떻게 푸는지 방

법만 알면 문제는 풀린다.

Q 자녀가 공부를 못하는데 과외선생 불러서 수업하면 어떻습니까?
승: 자녀가 공부를 못하는데 아이 앞날을 열어주고 싶은데 어떤
방법으로 아이의 앞날을 구할 수 있는지 아이의 장래를 찾아줄 수
있는지 말하겠다. 진실을 모르고 배우는 것은 잘못된 일이고 깨
닫는 일은 불가능하다. 우리는 항상 있는 일을 보면서도 있는 일
에 대해서 소홀하게 생각하게 된다. 있는 일에 대해서 말하면 있
는 것에 대해서 상당히 부정적인 견해를 가지면서 시시하게 생각
한다.

Q 있는 일과 있는 것의 차이점을 정확히 구체적으로 말씀해 주세요?
승: 예를 들어서 호박을 심고 수박 순을 접붙였더니 호박 뿌리는
자생력이 강해서 수박이 큰 게 많이 열려서 돈을 많이 벌었다. 이
호박과 수박은 있는 것이고 순을 쳐 버리고 접을 붙이는 것은 있
는 일이다. 있는 일로 인하여 있는 것을 더욱 왕성한 활동을 하게
되어서 좋은 수박을 만들어냈다.

Q 이 경우는 있는 것이 있는 일을 통해서 좋은 결과를 얻어낸 것입
　니까?
승: 예를 들어서 배가 고파서 어떤 집에서 일해 주고 약간의 돈
을 받아서 배고픔을 면했다. 그러면 자기가 일해 준 일로 인하여
존재하는 것은 있는 것이고 자기가 일해서 배고픔을 면할 수 있었

던 것은 있는 일이다. 있는 일을 통해서 그는 배고픔을 면할 수 있었다. 있는 일을 통해서 농작물은 좋은 결과를 얻게 되어 농사일을 거들어줬다면 있는 것과 있는 일이다. 또 다른 예를 든다면 핸드폰은 있는 것인데 집에 전화를 걸어 전화를 받아 통화를 했으면 있는 일이 있는 것을 통해서 있는 것은 있는 일을 있게 했다.

Q 그러면 있는 것을 통해서 집에서 전화를 잘못 걸어 싸움이 났다면 있는 것을 통해서 있는 일이 있게 된 것입니까?

승: 자연법상에서 볼 때 있는 것이 있는 일을 만들어내고 있는 일은 있는 것들을 만든다. 씨앗을 심었더니 싹이 나고 열매를 만들어냈다. 열매는 있는 것이고 심고 가꾸고 거두는 것은 있는 일이다. 있는 것이 없다면 거둘 것도 없겠다.

Q 창조론과 진화론의 원리가 있는 것과 있는 일입니까?

승: 있는 일이 있는 것을 만들기도 하며 있는 것을 소멸시키기도 한다. 있는 일은 모든 창조의 근원이다. 있는 일로 인하여 모든 것은 태어나고 죽고 변화한다. 그러나 있는 일로 인해서 모든 현상계가 존재하고 나중에는 사라지더라도 존재하는 건 존재하는 것이다. 지금 불이 켜진 것도 있는 일을 통해서 있게 된 것이고 저 전구가 있는 것도 있는 일을 통해서 나타나게 된다. 나타나는 것은 있는 것이고 나타나는 과정에 있는 것이 있는 일이다. 항상 용어를 이해한다는 게 쉽지 않고 어떤 경우에서는 용어 하나 자체가 어려울 때도 있다. 그래서 자꾸 듣고 보고 느끼게 되면 세상이 이

해가 아주 단조롭고 쉬워지면 새로운 지식을 갖게 된다.

Q 자연법에 있는 것과 있는 일은 항상 있는 것을 만들어낸다면 만물
이 있는 것도 같은 이치입니까?

승: 욕심이 과하면 화를 부른다는 말은 욕심이 과하면 자기 생각
이나 다른 사람의 말에 속게 된다고 했다. 사람들은 의지가 약하
니까 좀 잘되면 욕심이 생겨서 다시 어렵게 만드는 일을 자기가
만드는 것이다.

Q 종교계통에 가면 보지 않고 믿는 것이 진짜 믿는 것이고 축복받는
거라는데 저는 확인하고 믿고 싶거든요?

승: 현실에 있는 일을 보고 눈을 뜨면 모든 것이 가르침이고 모
든 것을 통해서 배울 수가 있다. 꼭 나에게 배우라는 게 아니고 세
상의 답은 정해져 있는 것이며 문제 속에 답이 있다. 문제도 모르
고 답을 믿으라면 매우 위험한 일이다. 너희는 이 시간을 통해서
중요하게 생각해야 할 일은 항상 어떤 가르침이 자기에게 유익한
길인지를 깨닫는 것이다. 요즘 사회에서 사람들의 이야기를 들어
보면 진실이 잘 안 통하지만 우리는 진실을 알아야만 비로소 배울
수도 있고 깨달을 수도 있다.

Q 사기 치는 사람들은 보지 않고 믿는 것이 큰 축복이라고 말하는
데요?

승: 나는 보는 것만으로도 부족하니 물건이 여기 있다 하더라도

그 물건이 진짜인지 가짜인지 확인하고 나서 믿어야 한다고 말한다.

Q 어떻게 문제 속에 있는 보지 않은 일을 어떻게 확인할 수 있는 것입니까?

승: 당신의 말에는 나의 능력으로는 볼 수가 없으니 문제를 밝혀주면 그 문제를 통해서 내가 믿어야 하는지 믿지 말아야 하는지 확인하겠다고 하라! 그럼 당신이 내가 문제를 가르쳐주면 어떻게 그걸 알아볼 수 있겠는지를 알았다면 세상에 누군가 이런 문제에 대해서 알아보는 사람이 있을지도 모른다고 해야 한다. 자기가 확인할 때까지 모를 때는 의심을 해야 하고 믿어서는 안 된다. 이런 일이 우리 생활에서 뻔히 아는 말이지만 매우 중요하다. 모르는 소리 같으면 무엇이 중요하겠는가? 의식만 나쁘면 모르는 소리를 함부로 해댈 수 있다. 그러나 사람이 진실해서 세상일을 아는 사람은 절대로 거짓을 말하지 않으려고 한다.

Q 석가모니 부처님께서도 이 점을 두고 사람들에게 실상을 통해서 배우라고 했지요?

승: 우리가 어떤 일을 하면서 보고 겪게 되는 게 실상에 있는 일이다. 현실 속에 있는 일이 실상이니 현실 속에 있는 일을 통해서 배우라고 가르쳤다. 너희는 이 말이 무엇이 중요한지 반문할지 모르지만 이러한 문제를 보고 지적할 수 있는 사람은 수천 년에 한 사람 나올 수 있다. 일반 사람이 보면 현실을 통해서 배우라는 말

은 큰 값어치를 가지고 있지 않고 이런 말을 하면 강의료 내고 들으려 할 사람 아무도 없다. 들어보니 너무 뻔한 소리이고 재미가 없다는 것인데 누가 모르냐는 것이다. 있는 걸 통해서 알고 아는 걸 통해서 배워야 한다. 아무것도 모르는 속에서 배우고 없는 데서 뭘 찾으면 불가능한 일을 하는 것이다.

Q 저희가 볼 수 있는 것이 있고 볼 수 없는 것도 있는데 보이는 것은 있는 것입니까?

슝: 눈앞에 보이는 것은 있는 것이다. 있는 것은 현상만 보는데 나는 있는 이 현상을 보고 현상을 있게 하는 원인을 찾을 수 있다. 존재하는 것으로 다시 있게 된다. 있는 것이라는 것은 우리 눈앞에 볼 수 있는 것은 있는 것이다. 존재하는 것은 뜻으로 존재하고 존재하는 것으로 인하여 뜻이 나게 된다. 눈앞에 있는 것을 보면 있게 하는 뜻이 존재한다.

Q 눈에 보이지 않는 것은 없는 것입니까?

슝: 지금 실제 나타난 꽃은 볼 수 있다. 하지만 이 꽃 속에 존재하게 된 내용에 대해서는 모른다. 이 꽃이 어떠한 성질을 가지고 있고 어떻게 피고 향기가 나는지 어떤 색깔이나 색상의 원인이나 향기의 원인을 아는 사람에게 배우기 전에는 모른다. 왜 이 꽃은 어떻게 피는지 많은 의문을 가지고 있으면서도 상세히 모르고 있다.

Q 모든 것이 존재하고 사라지는 게 죽음인데 다시 나타난다면 인연

입니까?

승: 사라진 것이 아니고 자신이 살아서 존재할 동안에 자신 속에 존재했던 인연을 따라서 돌아온다. 나는 어둠을 깨려고 이 세상에 왔으나 어둠은 빛이 오니까 피한다. 왜냐하면 빛을 맞이하면 어둠은 깨져야 하니 온갖 핑계를 대고 피하는 것이다. 캄캄한 방에 전등불을 켜면 시야가 보이게 되지만 어둠이 사라진다. 빛을 받아들일 수 없는 사람들은 나를 피하게 된다는 평범한 일을 말하는 것이다.

Q 이러한 가르침이 사회에 계속 퍼지게 되면 어떤 일들이 생기게 될까요?

승: 이것은 엄청난 온갖 좋은 일들이 생길 것이다. 있는 일을 통해서 이 나라를 세계 최고의 부강한 나라로 만들 수 있고 자신을 최상의 부자로도 만들 수도 있다. 있는 일을 모르면 거짓에 속고 거짓말만 하다가 자신이 사는 세상을 망하게 하고 자신을 망하게 한다.

Q 사람들은 자신을 향상하는 일을 하지 않고 자신을 추락시키는 일들을 하고 있지 않습니까?

승: 내 말을 그대로 받아들이고 수용하는 일은 어려울 것이나 계속 있는 일을 통해서 느끼고 배우고 관심을 가지고 알려고 노력한다면 이해하게 될 것이다. 나는 있는 것을 있는 그대로 볼 수가 있지만 내가 깨우려고 하면 상대는 점점 멀어지려고 하니까 한없이

안타깝다. 이 시대에 있는 일을 두려워하지 않는다면 자신은 매우 힘들게 살아야 한다. 힘든 자신을 잃어버리고 사는 것은 축복해야 할 인간의 삶을 버리는 가장 큰 오류를 범하는 결과가 된다.

Q 세상에는 이해할 수 없는 많은 일들이 존재한다는 것이 무엇을 두고 말씀하신 겁니까?

승: 내가 이런 말을 할 때마다 내 주위에 있는 사람들이 믿지를 않는다. 나는 너희에게 항상 말하지만 가장 가까이 앉아 있던 사람들도 시간이 지나면 자신이 무엇을 배웠는지 모른다. 나는 가르친 것이 아니고 너희에게 있는 일을 보게 하려고 계속 지적하고 있는 것뿐이다. 세상 자체가 모든 가르침을 가지고 있고 가르침을 전하고 있기 때문이다. 진리는 있는 진실 자체인데 확인할 수 없으니까 자기가 아직도 모르는가 보다고 생각하게 된다.

Q 문제를 설명해도 문제를 알아보지 못하는 사람에게 진리를 어떻게 설명해야 하는지요?

승: 내가 아무리 충실히 설명해도 알아볼 수 없을 때 이해하는 능력이 뒤떨어지면 받아들이기 어렵다. 진리적인 가르침을 설명할 때 사람들에게 많이 사용하고 있는 내용 중에 수학을 배워야 한다고 말했다.

Q 아무리 뛰어난 사람도 숫자를 배우지 않고 알아보기 전에는 문제를 이해하기가 어렵겠지요?

승: 아무리 쉬운 진리도 있는 일을 이해하는 능력이 없는 사람에게서는 진리라는 말 자체를 설명할 수가 없다. 진리는 수학처럼 되어 있다는 말은 문제가 답을 가지고 있다는 것이다. 있는 일과 있는 일을 통해서 나타나게 되는 것이 해답이다. 우리가 진리를 알고자 하는 것은 어떤 일이 자기에게 도움을 주고 어떤 일이 자기를 잘못되게 하는지를 알기 위해서 진리를 배우려고 하는 것이다.

Q 많은 사람이 살아가면서 필요한 것을 알려고 하지 않고 세상일을 비판하는 것은 모순인 것 같은데요?

승: 자기가 남을 비판하기 위해서는 자기의 주장이 정당하다는 증거를 제시해야 하고 왜 자기의 주장이 정당한지 사실을 보고 말해야 한다. 이 시간에 짧은 시간을 통해서 이런 모임이 효과적일지 모르겠다. 노력하면 세상의 일을 보고 남에게 속지 않고 남을 속이지 않고 뜻으로 판단해서 얼마든지 잘 살아갈 수가 있다.

Q 저희는 현재의 생활이 내세에 어떤 영향을 끼치게 되는지 모릅니다.

승: 너희가 확실하게 진리를 보게 될 때 알게 된다. 어떻게 의식구조가 만들어지고 어떻게 자기 생명의 모태가 만들어지고 어떻게 세상에 태어날 수 있었는지 배우면 왜 자신이 지어놓은 운명의 굴레에서 벗어날 수 없는지 알게 된다. 길가에 있는 점쟁이들한테 물으면 운명은 바꿀 수 없는 거라고 말하지만 절대 그렇지 않다.

물론 정해진 운명을 바꾸는 것은 노력이 필요하지만 내가 확인한 결과에 의하면 이런 일이 어렵지는 않았다. 수학에서 5 더하기 5는 10이다. 답을 가지고 있는 사람은 수학에서 문제의 숫자를 바꾸면 답은 언제든지 바뀌게 되어 있다. 운명도 이와 같은 경로를 통해서 얼마든지 바뀐다.

Q 자꾸 같은 말을 들으면 운명이 바꾸어 집니까?

승: 사실을 들으면서 무엇인가 조금씩 느껴질 것이다. 눈뜬장님한테 내가 몇 년을 계속 떠들고 있는데 세상의 일을 혼자서 떠들고 있는 것 같다. 진리는 약속이고 나타난 현상이며 있는 사실 자체가 진리다.

Q 있는 현상은 하나의 약속으로 나타난 것이죠?

승: 빨간 물감과 검은 물감을 섞었을 때 분홍 색깔이 나는 건 약속이고 진리다. 다른 사람이 와서 이런 걸 가지고 섞어도 그 색이 나오고 똑같은 분량과 똑같은 그 성질이 가진 건 항상 같은 것을 나게 한다. 콩은 심었는데 나쁜 싹이 나는 것도 좋은 싹이 나는 것도 진리다. 나쁜 것은 바탕이 나쁘기에 나쁘게 나고 환경이 나쁘기에 나쁘게 나타나는 게 진리다. 항상 진리에 대해서 계속 말을 하는데 내 말과 눈앞에 나타나는 현상은 같고 관심을 가지고 무엇을 구하겠다고 하면 빨리 깨어나는 데 관심 없으면 들어도 제자리걸음이다.

Q 어느 정도 능력이 이르게 되면 근면하고 검소하며 정직하게 되고
　몸과 정신이 좋아지고 생활이 좋아집니까?

승: 일을 두려워하지 않고 집안이 쪼들리지 않고 마음이 밝아지
면 진리를 듣고 보고 따르기가 쉬워진다. 보약은 얼마 못 먹어서
질리게 되고 도망을 가는데 진리를 들으면 신기한 말을 들으니
까 계속 들을 수 있을 것 같다. 하지만 바쁜 일이 생기면 오기 싫
고 오랫동안 듣게 되면 졸음이 온다. 항상 좋은 일에는 자신을 이
겨내야 하는데 생각이 변하고 몸이 변하고 정신이 변해야만 그때
부터 진리를 받아들이기가 쉬워진다. 생활이 변하지 않고 정신이
변하지 않고 몸이 변하지 않으면 공짜로 그냥 듣는 것인데도 힘이
든다.

Q 군대에서 자동차 운전은 공짜로 배우는데 교육 시간만 되면 졸음
　이 많이 오게 되는데 정비 원리를 가르쳐 줄 때 더했던 것과 같습
　니다.

승: 배우면 자기 생활에 필요하고 많이 쓰이는데도 자기가 들어
서 유익한 것일수록 많이 졸린다. 이렇게 내 말을 듣고 배울 사람
들이 없다면 외국으로 떠날 것이다. 있는 일속에 길흉화복의 길이
있는데 한국 사람들은 있는 일을 제대로 배우려고 하지 않고 있지
도 않은 자기 생각 속에 있는 것을 고집하고 있다. 이런 일을 업이
라 하지만 정말로 세상이 생기고 나서 이렇게 업이 큰 세상을 처
음 본다.

Q 제가 영국 유학 때 대학에서 교수에게 진리가 어디 있는지 물었더니 도서관을 가리키면서 저기 진리가 있다고 했습니다.

승: 그럼 도서관에 진리가 있다면 진리를 아는 사람이 어디에 있는지 나한테 말하라 하라! 도서관에 진리가 있다면 하루 수백 명의 사람이 들어가니까 진리가 무엇인지 진리가 어디 있는지 알 것인데 말을 해보라고 해도 아무도 대답하지 못한다. 책을 통해서 작은 분야를 이해할 수는 있지만 책을 보고 세상을 받아들이고 밝힌다는 건 불가능하다.

Q 저는 이곳에서 3년이나 들었는데 왜 불행한 일이 있는지요?

승: 아무리 좋은 밭이 앞에 있다고 해도 땅을 가꾸고 씨를 뿌리고 씨앗을 정성 들여 지키지 아니하면 결국 그 밭에서는 아무것도 얻을 것이 없다. 내가 아무리 세상을 위하여 이 땅에 온 진인이라 할지라도 나의 말을 소중하게 받아들이고 자신이 나에게서 얻은 걸 수확하려고 노력하지 않는다면 아무런 결과도 나타나지 않는다. 나의 가까이 와서도 아무것도 얻으려고 자기는 노력하지 않고 내게서 모든 것을 얻기만을 바란다면 너를 위해서 아무것도 돕지 못할 것이다. 땅에서 양식을 얻는 거와 같이 좋은 땅은 좋은 열매를 만들겠으나 열매는 씨를 뿌리고 가꿨을 때 결실이 열리는 것이다. 씨를 뿌리지도 않고 가꾸지도 않으면 좋은 열매도 나타나지 않는다. 나의 말을 백 년을 들어도 진실을 확인하고 뜻을 사유하고 자신이 뜻을 짓지 않으면 아무런 소용이 없다. 그러한 뜻을 짓게 되므로 바라는 결과를 만나게 되는 것이다.

Q 진리를 가르치는 이곳에 왜 사람들이 오기를 싫어하는 것입니까?

승: 물체는 하나의 성질을 가지고 있는데 성질이 서로 다를 때 융화되지 않는다. 진실이 망하면 진리를 가까이하지 않는 일이 이 시대만 아니었고 과거에도 역시 진리는 버림받고 천대받았다. 세상에 인간의 의식이 어두울 때마다 하늘은 성인을 보내서 인간들에게 삶의 길을 가르쳤다. 삶 속에는 진리가 있는데 길을 아는 성인의 말을 들으려 하는 사람은 매우 드물었고 그가 죽고 나면 가르침이 없이 이름을 파는 사람들은 너무나 많았다.

Q 성인이 세상에 오는 때는 사람들의 의식이 망해 갈 때 깨우려고 오는 것입니까?

승: 나는 최고의 깨달음을 얻고 나서 인연 속에 존재하는 세상의 법을 보고 사람들에게 가르쳤다. 인연을 짓게 하면 나라가 잘되고 사람들이 행복하고 몸이 건강하고 얼굴이 좋아지고 생활이 행복해지고 평화로워지고 경제가 풍부해져서 지상낙원이 되는지 알았다. 그래서 나는 내가 태어난 이 땅을 세상에서 가장 복 받는 국가로 복 받는 사람이 사는 곳으로 만들고 싶었다. 그런데 사람들과 부딪혀 보면 한 사람도 내 말을 귀 기울여 들을 사람 없었다.

Q 옳은 사람이 없으면 좋은 세상은 만들 수 없는지 알지 않았습니까?

승: 나는 절망 속에 빠졌는데 도대체 내가 세상 구하려고 해도 진리는 있어도 세상은 보아도 말할 곳이 없고 인연이 닿지 않는 걸

어떻게 하겠느냐? 나는 사람들이 이곳에 오지 않는 일에 대해서 중요하게 생각하지 않는다. 어떻게 사람들이 원하는 소망을 이루게 하고 그들이 가진 문제를 풀어주고자 하는 것이 내가 온 목적이고 소명이다. 그래서 나는 지금까지 최선을 다해 왔다. 일반 사람과 접촉할 수 없고 널리 있는 사실을 밝힐 수 없는 것은 사회가 가지고 있는 현실 때문이다.

Q 우리 사회에는 어떤 현실과 문제가 있었습니까?

승: 인간들의 의식에 의하여 만들어진 관행이 있고 습성이 있고 온갖 거짓이 진실처럼 존재하고 있기에 그 관행을 무너뜨릴 수 없었다. 관행 속에 있는 사람들을 위해서 어떠한 결과도 가져줄 수 없었다. 그래서 과거의 석가모니도 이런 일을 두고 말했던 것이 법은 마음과 마음을 통해서 전해지는 것이다. 좋은 뜻은 인연을 통해서 전해지는 것이지 노력으로도 되는 게 아니었다. 사람들이 자기를 망치기는 쉬워도 세상에서 자기를 좋은 자로 변하는 것은 매우 힘이 든다.

Q 그래서 아내는 이곳에 와도 남편이 가지 말라고 말리는 사람이 있다고 합니다.

승: 사람은 누구나 의식이 있고 영감을 가지고 있다. 가족들은 이곳에 오는 사람이 엇나가는 짓을 안 해도 자기와 다른 길을 간다고 느낀다. 가족이 안타까워서 이곳에 데려와도 집에 가서 하는 말이 가르치는 말은 틀리지 않는데 사기 치는 것 같다고 말한다.

Q 이웃 사람에게 세상의 일을 배워서 자신과 다른 사람을 위해서 살
아보지 않겠는지 말해도 오지 않습니다.

승: 나는 어떤 일도 남의 인격을 구속하지는 않고 사람들의 사고
를 구속하지 않는다. 그러나 배우면 배울수록 언젠가는 자신 속에
서 변화를 일으키게 될 것이라 말한다. 아무리 좋은 일을 하고 싶
어도 어떤 일이 어떻게 좋아지고 나빠지는 걸 알지 못하면 좋은
일은 절대 할 수가 없다. 나는 여기서 몇 명만 되어도 내가 알고 있
는 모든 세계의 일들을 알아볼 수 있도록 가르칠 것이다.

Q 알고자 하는 사람은 배워야 하고 자기를 잊고 살고 싶은 사람은
배울 필요가 없겠네요?

승: 너희가 가지고 있는 능력으로는 세상을 구하는 데 큰 도움이
안 된다. 지금 너희의 능력을 몇천 배로 뛰어난 사람으로 만들었
을 때 세상을 위해서 도움이 될 것이다. 미래의 길은 현실 속에서
만들어진다. 너희가 미래를 알고 사는 게 좋다면 배우고 미래를
잊어버리고 산다면 배울 필요 없다.

Q 어떤 사람이 진리를 배울 수 있습니까?

승: 나를 가까이하는 것은 자신과 세상을 구하는 일이다. 그러나
이 일은 자기를 버릴 수 있는 용기를 가진 자만이 가능하기에 강
력하게 스스로 선택하도록 하고 있다. 나는 항상 현명한 사람이라
고 생각하는 사람이 어떤 일에 부딪히거나 하면 현명하다는 표현
보다는 오히려 항상 답답하고 안타까운 일들을 숨길 수가 없다.

나는 너희가 최소한 나의 가까이에서 눈을 뜬 자의 말을 들었기에 눈을 감은 자에게서 배운 사람보다는 뛰어나야 한다는 것이다. 그러나 그렇게 안 되는 것을 볼 때 나의 가슴은 매우 답답하다.

Q 저희가 깨닫지 못하는 것이 자기 속에 있는 기운에 의해서 압박받고 의식 활동으로 움직이기 때문입니까?

승: 의식이 만들어내는 사고에 의해서 활동하니까 그러한 일은 얼마든지 있는 평범한 일이다. 너희는 이 평범하고 보편적인 진리를 뛰어넘어야만 사람들로부터 존경받을 수 있고 협력받을 수 있는 사람으로 변한다는 사실을 잊어서는 안 된다. 이곳에서 말하는 걸 모르고 들으면 아무것도 아닌 것처럼 듣게 되니 알고 들으면 최고의 가르침이다.

Q 선생님은 아무런 준비도 없이 의식의 눈을 떠서 세상을 보고 말하는 것입니까?

승: 누구의 질문에도 최고의 대답을 하니까 지식수준이 높으면 높을수록 느끼는 게 다르다. 사람들은 나의 말이 어렵다고 말한다. 그러나 말이 어려운 게 아니고 사람들의 의식이 아직도 실상의 세계에 너무나 어둡고 멀다는 것이다. 너희는 잘 안 보일 뿐이지 나는 항상 눈앞에 있는 실상을 말하고 있다.

Q 옛날 석가모니는 사람의 근기 따라 설명했다고 했는데 좋은 스승이 가르치는 건 어렵고 쉬운 게 있을 수 없고 있는 그대로 가르치

는 것이 좋은 가르침 아닙니까?

승: 초등학교 다니지 않았더라도 법은 누구나 들으면 정신이 맑으면 알아들을 수 있다. 대학원을 나오고 몇 개의 박사학위를 가진 사람도 정신이 어두운 사람이 들으면 의식에 닿지 않는 게 법이다. 진리라는 것은 뜻과 뜻의 결합으로 나타나는 현상 속에 있는 것이니 사실을 보면 진리가 있다. 문제 자체도 세상에 존재하고 문제를 푸는 일도 세상에 존재하고 있다. 이런 조건이 빠졌기에 너희가 만들 수가 없는 걸 가르쳐 주고 깨우쳐주는 것이다. 그래서 사실을 보면서 배우면 이해가 된다.

Q 인간의 세계에 문제가 있다면 현실에서 어떻게 풀 수 있는지요?

승: 너희가 보고 들은 것 중에서 풀 수 없었던 문제를 제시해 준다면 가장 현명한 방법을 통해서 해답을 찾아보도록 하겠다. 어떻게 문제가 풀어질 수 있고 풀리는지 해답을 알기 위해서 계속 노력해야 한다. 너희의 의견이 왜 현실에서 큰 차이가 있는지 사람들과 왜 맞지 않는지 이러한 일들도 이 시간을 통해서 알아볼 수가 있다.

Q 가장 좋은 가르침은 현실에서 증거를 보는 것입니까?

승: 증거는 사실을 보고 전하는 자에게서만이 들을 수 있다. 내가 중생들의 세계를 깨우치기 위해서 하는 일은 인간이 겪고 있는 대부분의 불행이 자신들이 짓고 있는 원인에 의해서 나타나게 된 현상들이었다. 이런 것은 자기 삶 속에서 알아야 할 진실에 대해서

무관심하기에 생기게 되는 현상이다. 세상의 일에 대해서 이해하기 위해서는 세상이 어떻게 나타나고 세상이 어떠한 일을 하고 있는지를 알게 될 때 삶 속에서 위안과 기쁨을 얻게 될 수가 있다. 그리고 후회 없는 삶을 아무런 장애나 걸림 없이 살아갈 수가 있다.

Q 여래님은 진리가 사실 속에 있다고 했는데 존재하고 있는 사실을 저희는 보지 못하는 부분이 많습니다. 그래서 사람들의 이야기를 들을 때 어떻게 구분합니까?

승: 왜 진리를 소중하게 생각해야 하는지 나는 이 시간을 통해서 수십 차례에 걸쳐서 설명해왔다. 길흉화복과 흥망성쇠가 바로 있는 일에 의해서 나타나게 되기 때문이다. 어떤 일이 자기 속에 있었는지에 따라서 여러 가지 번뇌와 고통이 자기 속에 존재하게 된다. 있는 일을 통해서 우리 자신을 축복할 수 있는 길이 있다. 있는 일을 통하여 나타나게 되는 결과를 진리라고 말한다. 진리를 알고 진리에 대한 이해가 깊어갈 때 스스로 재앙을 만들지 않는다. 자기 앞에 가로 놓인 재앙을 피해서 행복과 평화를 자기 속에 받아들이고 자기와 함께 존재해 나가게 할 수 있는 길을 만들 수가 있다는 것이다.

Q 세상의 일을 두고 말하게 될 때 흔히 모든 일은 정해져 있다는 말을 사람들이 많이 하는데 인연에 의해서 모든 일은 결정되어 있다고 보면 됩니까?

승: 수학에서 1+2는 3이라는 것은 정해져 있다. 이런 세상 속에

있는 일에 대한 충분한 이해를 할 수 있는 걸 우리 속에 받아들이게 되면 원하는 자신을 만들어낼 수가 있다. 그리고 바라는 세상을 만들 수가 있으니까 가르침이 무엇보다도 중요하고 필요한 것이다.

Q 실제 지금의 우리 사회가 어떤 상황입니까?
승: 내가 보기에 상당히 어둡고 불행한 사회로 변해 버렸다. 이것은 바로 있는 일을 제대로 이해하고 있는 일에 대해서 제대로 책임을 느끼는 사람들이 없기에 일어나고 있는 현상이다. 이것이 우리 사회를 불행하게 만드는 요인 중 하나이다.

Q 여러 차례 정부에 사실을 말했다고 하지 않았습니까?
승: 만법은 하나의 이치 속에서 볼 수 있고 이치 속에 존재하고 모든 해답은 하나의 공식에서 나온다. 공식을 알면 모든 문제를 풀 수 있다. 만법은 하나의 이치에 연결되어 있고 이치 속에는 만 가지의 법이 연결된다. 하나의 이치는 만법으로 연결이 되고 만 가지 법은 하나의 이치로 연결되는 것이 만법귀일이다. 손뼉을 쳐서 나는 소리와 통소를 불어서 나는 소리는 같아도 우리가 듣고 느끼는 것은 각자 다르다. 수학의 이치를 보면 공식 속에 설명이 들어 있는데 세상의 법과 이치를 따서 만들어 놓은 것이다. 모든 문제는 공식을 통해서 결론에 도달하게 되고 모든 결론은 공식 속에 존재하게 된다.

Q 공식과 문제 속에서 존재하는 것을 알고 보면 모든 것이 연결되어서 만법이 하나의 이치 속에 있고 하나의 이치 속에 만법이 있다는 것이죠?

승: 법을 앞세우는 곳에 이치를 앞세울 때는 만법귀일이다. 지금이 말법 시대이니까 전도몽상 속에 사는 사람들이 거꾸로 생각하고 말하고 있다. 석가모니가 깨달음을 얻고 많은 사람 속에서 배척받고 박해받아야 했던 이유 중에 있는 일을 밝혀서 사람들을 깨우치려 하는 목적이 있었기 때문이다. 지금 내가 여기서 하는 말들이 세상에 알려지고 밝혀지면 나쁜 세력들이 발을 붙일 수가 없게 된다.

Q 나쁜 곳에는 간단한 원리에 대한 가르침이 없어서 항상 어떤 감정에 의지해서 표현하는 것입니까?

승: 세상일을 바로 알고 바로 가르치면 나쁜 일이 일어날 수가 없다. 간단한 예로 내가 여래로 태어났으나 생명의 세계에서 인간의 몸을 받아서 살다 보니까 철저하게 인간의 정을 모르고 살아왔다. 그래도 왕성한 기운이 일어나고 할 때는 욕망이 있었다. 그래서 계율 같은 걸 지키려 하면 상당히 힘이 들었는데 깨달음을 성취하고 해탈하고 보니까 벽을 보면 벽만 있고 사람을 보면 사람만있다. 모르고 자기를 해치는 일은 사람들이 쉽게 하지만 알고 자기를 해치는 일은 안 하려고 하는 게 본능적인 모습이다. 있는 일을 두고 있는 일 속에 어떤 일이 있는지에 따라서 좋은 일이나 나쁜 일이 판단될 수가 있다.

Q 일반 사람들은 있는 사실을 볼 수 없지 않습니까?

승: 중요한 문제는 우리가 있는 일을 절대 외면하고는 아무것도 배울 수 없다. 너희가 좋고 나쁜 것은 있는 일을 보아야 하고 보고 말해야 한다. 세상을 구하는 일은 실제 태어나면서부터 온갖 시련 속에서 발버둥 쳤지만 쉬운 일이 아니다. 자기를 사랑하지 않는 사람은 남을 사랑할 수가 없다. 자신이 자기를 위해서 살아야 하는 것이 자기를 사랑하는 일이다. 그러기 위해서 항상 있는 일을 대할 때 있는 일을 알아보려고 노력해야 하고 그냥 지나쳐서는 안 된다.

Q 만일의 경우 여래님이 있는 일을 밝히지 않고 순리에 거슬리면 어떻게 됩니까?

승: 내가 한 말이 틀리고 약하다면 있는 일을 밝히는 게 신에 대한 도전이다. 인간 세계에 귀신들이 와서는 안 되는데 내가 있는 일을 밝혀서 모든 게 드러나면 귀신들이 설 땅이 없다. 인간이 경계하면 귀신들은 인간 세계에서 발을 붙이지 못한다. 진리를 밝히는 일은 신과의 전쟁이어서 아무라도 하지 못한 것이다. 그리고 세상에서 진리가 무엇인지 물었을 때 아는 자가 없는 것은 귀신들이 진리를 사람들 속에 전해지지 못하게 방해했기 때문이다.

Q 모든 사람에게 깨달음이 필요하여 삶 속에 있는 일을 밝히면 자신에게 어떤 영향이 발생하는 것입니까?

승: 생명의 세계에서도 온갖 일이 존재한다. 삶 속에 있는 일이나

살았을 때의 일을 통해서 영원한 생명을 얻을 수 있고 좋은 내세도 얻을 수가 있다. 자기 속에 있는 일은 일일이 나열할 수가 없이 많은 문제가 있으며 진리의 세계에서도 존재하는 문제는 다른 답을 가지고 있다.

Q 저희는 살면서 항상 있는 일을 확인하고 나서 믿어야 합니까?

승: 너희가 있는 일에 속고 나서 확인하는 일은 늦다. 이해해달라고 하고 확인을 먼저 하는 게 속지 않는 비결이다. 먼저 믿고 속고 나서 후회해봤자 소용이 없는 일이니까 참고로 잘 이해해야 한다.

Q 길흉화복이 정해져 있기에 기도해서 복을 받고 기도를 안 해서 복을 안 받는 일은 절대 없습니까?

승: 진리 속에는 기도한다고 해서 나쁜 일이 좋게 되는 것도 아니고 좋은 일이 나빠지는 것은 아니다. 기도하거나 안 하거나 상관이 없다. 이 세상에서는 진리 속에는 문제가 모든 답을 만들기 때문에 답은 문제에 의해서 정해진다. 농부가 추수할 때 일을 얼마나 잘했는지 적기에 풀을 뽑아주고 물을 대주고 비료를 뿌렸는지에 따라서 소출이 많이 나고 적게 난다. 기도를 많이 한 논에서 소출이 많이 나는 일은 절대 본 적이 없으니까 인간들은 신들한테 많이 속는다.

Q 길흉화복은 있는 일 속에 존재한다면 있는 일을 알고 자기가 하는 일을 잘하면 좋은 결과를 얻는 걸까요?

스승: 있는 일을 알면 기쁨이 자기에게 생기게 되는 것이고 행복이 따라오게 되고 생활이나 가정이 화목하게 되는 것이다. 있는 일을 모르고 잘못하게 되면 손실이 오게 되고 그로 인해서 쪼들리게 되고 불행한 일들이 와서 근심 걱정이 생기게 된다.

Q 저희는 살면서 항상 있는 사실을 확인한다고 하는데도 안 되는데요?

스승: 사람들에게 항상 하는 말은 있는 일을 통해서 모든 것을 확인해야 한다. 그래서 깨달은 자의 말은 항상 있는 일을 보고 말하기에 절대 틀리는 적이 없다. 그러나 듣고 보면 너무나 뻔한 이야기도 어떤 경우에는 너무나 멀리 들릴 때가 많다. 비근한 예로 나는 여행하면서 매우 쉬운 일인데 사람들이 써놓은 책을 제자에게 보게 해서 그 책 속에 있는 문제들을 저자에게 가서 묻는다. 그러면 저자 자신이 쓴 책인데도 뜻을 말하지 못한다는 사실이다. 그래서 인간 사회에 가장 큰 피해가 신으로 인한 피해가 크고 다음에 문제가 없는 말로 인하여 사람들이 속게 되는 피해가 엄청나게 크다고 말했다.

Q 있는 일을 어떻게 해서 있게 되는지 진실을 아는 것이면 진실이 인간 사회에 그토록 중요합니까?

스승: 있는 일의 진실이 중요한 것은 있는 일을 통해서 좋은 결과와 나쁜 결과가 만들어지게 된다. 있는 일을 제대로 알고 있는 일을 하게 되면 사람들은 대부분 좋은 결과를 만드는 일을 한다. 그

러나 자기가 보지도 않고 듣지도 않고 알지도 못한 일을 하게 되면 그 일을 하는 과정에 실수하므로 일을 잘못되게 만든다. 그래서 과거의 부처는 45년 동안에 있는 일을 사람들 앞에서 밝혔다. 인간 세계가 찾고 있는 좋은 것을 원하면 먼저 좋은 분야에 대한 가르침을 받아야 좋은 걸 얻어올 수가 있다. 나는 사람들에게 항상 말하는 것이 사람은 일을 통해서 자기를 복되게 할 수 있으나 모르고 하는 일은 항상 재앙을 만든다고 말한다.

Q 있는 것을 있는 그대로 정확하게 보는 게 깨우침인지 있는 자체로 보는 게 깨우침인지요?

승: 네가 어떻게 있는 것을 있는 그대로 볼 수 있겠느냐? 있는 것을 있는 그대로 본다는 것은 네 마음에 어떠한 애욕도 일어나지 않아야 한다. 네 의식 속에 생각이 있다든가 번뇌 망상이 네 속에서 나타나게 되면 있는 것을 있는 그대로 볼 수가 없다.

Q 중생들은 사물을 볼 때 있는 사실을 있는 그대로 보기가 어렵습니까?

승: 너희는 생각에 가려 있으니까 있는 것이 있는 그대로 마음에 닿는 게 아니고 있는 것을 보면 생각이 보태지게 된다. 생각으로 보기 때문에 눈으로 보고 의식 속에 도착할 때 생각이 일어나게 되어서 항상 너희 식으로 그것을 보고 해석하고 말하게 된다. 있는 것을 있는 그대로 볼 수 있다면 매우 진실한 자이다.

Q 사실 속에 있는 것을 있는 그대로 보려면 쉽지는 않겠지만 어떻게
　해야 볼 수 있습니까?

승: 자기가 자기 속에서 의식이 얻고 완전한 독립의 체계를 이루
었을 때 있는 것을 있는 그대로 보고 있는 그대로에 보태지 않는
다. 결국 해탈하기 전에 사람은 있는 것을 있는 그대로 보지 못하
게 된다. 있는 것을 있는 그대로 보고 이해하기 위해서는 반복 현
상 속에 존재하는 완전한 세계에 대한 이해가 자신에게 존재해야
한다.

Q 저희는 그 세계를 완전히 볼 수 없다는 것입니까?

승: 너희가 보고 이해할 수 있는 범위가 매우 좁다. 너희가 어떤
기능을 배우기 위해서는 이곳에 올 필요 없다. 자기가 음악을 배
우겠다면 음악가한테 가서 배우고 노래를 배우겠다면 가수한테
가서 배우는 게 좋다. 자기를 깨우쳐서 삶을 축복하고 생애에 바
라는 결과를 얻고자 하는 자가 있다면 내가 머무는 동안만이라도
이곳에 와야 할 것이다. 내가 한국을 떠나려고 하는 것은 한국에
는 사실 사람들이 신을 좋아하니까 진리를 배울 사람이 없다. 이
진리를 배워야 훌륭한 사람이 되고 세상은 법이 없어도 세상이 편
안하다. 악한 사람이 악한 것을 버리게 되고 나쁜 사람이 나쁜 짓
을 안 하게 된다. 진리가 드러나면 세상의 모든 것이 밝아지게 되
고 모두 보이게 되니 나쁜 사람이 발을 붙일 곳이 없다.

Q 저희가 있는 사실을 통해서 배우라는 것입니까?

승: 너희가 배운 게 사실 속에 존재한 것은 진실이나 사실 속에 존재하지 않는 가르침은 환상이다. 만일에 있는 것을 믿지 않고 환상을 믿게 된다면 자신을 그르치는 가장 큰 원인이 될 것이다. 있는 것에 법은 존재하고 있고 뜻은 나타나고 있다. 이것이 최고의 가르침 속에 존재하는 일들이다.

Q 세상의 뜻을 본다는 것은 지혜를 얻는다는 것입니까?
승: 세상이 있는 있던 일이 뜻으로 인하여 존재한다. 항상 밝은 마음을 가지고 현실을 보게 되면 현실에서 자기가 어떻게 살아가야 하고 어떤 행동과 말을 해야 하는 것을 알게 되고 자기를 구하는 길이 된다.

Q 만약에 이상한 곳에서 강도의 무리에게 붙잡혔을 때 어떻게 행동하는 것이 현명할까요?
승: 교과서에 읽은 정의를 외치고 그들에게 겁을 준다면 자기를 죽여달라는 소리와 같다. 마음이 밝고 조금이라도 자신을 깨우친 바가 있다면 먼저 말을 하기 전에 사람이 어떤 사람인지 확인해야 할 것이다. 상대를 먼저 알고 나서 지혜롭게 행동해야 한다. 당신들 하는 게 흥미가 있는데 어떻게 그 일을 할 수 있었는지 부럽다는 식으로 말하면 죽이지 않고 심부름이나 시키려고 할 것이다. 세상일을 잘 배우고 깨달아서 사람들에게 알리고 전하는 길을 위해서 필요한 것이다. 그래서 인연이 있는 많은 사람을 염두에 두고 행동해야 한다.

Q 깨달음은 밝은 세상과 밝은 자신 속에서 깨닫기가 쉬울 것인데 세
 상이 어두운데 밝게 살 수 있겠습니까?

숭: 사실 자체를 사실대로 볼 수 있는 게 진리이다. 나쁜 짓을 안
하면 한과 애착을 자기 속에서 담지 않고 모든 저주와 재앙으로부
터 자기를 벗어나서 살게 할 수 있다

Q 있는 일을 밝히는 일이 중생을 구하는 길이고 세상을 밝히는 길입
 니까?

숭: 석가모니 부처께서는 중생의 삶을 위하여 이 땅에 태어나고
있는 일들을 실현하기 위해서 세상의 일을 살아있는 동안에 밝히
려고 애쓰다 돌아갔다. 그런데 이 시대에 와서 본 결과 석가모니
라는 이름이 더럽혀져서 세상의 어둠을 만드는 사람들의 편에 서
있다는 사실을 알게 되었다. 사월 초파일은 석가모니 부처님이 탄
신을 기념하는 날인데 이 나라의 방방곡곡에서는 수백만 개의 등
불이 밝혀지고 등불이 밝혀지는 과정에는 돈이 들어가고 있다. 오
늘날 종교가 진정으로 세상의 빛을 원하고 인간 생활의 행복과 내
세의 끝없는 축복을 배워서 존재하고자 했다면 있는 일을 밝혔을
것이다. 그러나 정반대이기에 오늘날 부처가 과거의 세상에서 버
림을 받은 것같이 이곳도 많은 사람이 모이지를 못했다.

Q 이곳에 모인 사람이 과거의 성인들이 가르칠 때보다 많지 않습
 니까?

숭: 석가모니의 가르침이 필요한 것은 그분의 삶이 중생을 위하

여 끝없는 고통 속에서 살았으나 결과가 좋았다는 사실이다. 그것에 비추어 볼 때 그분을 흠모하고 삶을 생각하고 있었던 일을 규명하고 받아들이는 일이 삶을 위해서도 끝없는 축복이 될 것이다. 나는 있는 일을 항상 잊지 말고 관찰하라고 말하고 있다. 나는 최근에 와서 세상을 보면서 세상의 일이 인연 속에 있는 일로 인하여 존재하게 되는 것을 알면서도 보고 있어야만 한다. 사회가 망해야 할 운명을 가진 것은 사람의 잘못으로 있게 되는 일이다.

Q 망해가는 이 나라와 중생들을 구할 수 있겠습니까?

승: 석가모니도 자기 고국이 멸망하는 것을 보고도 구하지 못했다. 이미 모든 것이 존재하고 있고 세상에 사는 인간들에게 맡겨져 있다. 인간이 스스로 좋은 세상을 보기 위해서 노력하면 나쁜 세상은 절대 없다. 살다가 보면 일반 실업자들은 점점 나태해져서 아무것도 하기 싫다. 사람들이 깨달아서 의식이 살아나면 자기가 하려고 노력하는 건 좋아지는 현상이다. 자신이 무슨 일을 하고 있으며 그 일을 왜 해야 하는지 목적의식을 가지게 된다.

Q 훌륭한 스승에게 있는 일을 통해서 보고 배우면 좋아질 수 있겠습니까?

승: 지금까지 좋은 스승들은 항상 있는 일에 대해서 밝혔다. 있는 일을 사람들에게 이해시키려고 했고 일부에서는 새로운 일들을 탐구하고 알아내려고 노력해 왔다. 있었던 일들이 행운을 가져올 때도 있으며 있었던 일로 인해서 재앙을 만들어 올 때가 있다. 세

상에 있는 모든 현상계의 비밀은 있는 일을 통해서 있게 된 결과이다.

Q 있던 일 속에서 새로운 모든 일이 있게 됐습니까?

승: 현상계의 비밀을 봐도 모든 것이 있는 것에 의해서 있던 일이 생기게 된 것이다. 인류의 탄생과 종말도 있던 일로 인해서 있는 것들에서 나타나게 되고 그 있던 일로 인해서 사라지게 되었다. 있는 일에 대해서 눈을 떠야 있는 일이 어떻게 해서 있는지 알아야 진리에 의존할 수가 있다. 있는 일을 외면하고 자기의 생각이나 감정에 의해서 일을 처리하는 사람들은 아무리 들어도 진리가 보일 수가 없다.

Q 있는 일을 소중하게 생각하지 않기 때문에 진리에 대한 깨달음을 얻을 수가 없는 것입니까?

승: 내가 사람들에게 할 수 있는 것이 있는 일을 밝히는 것이다. 있는 일을 만들어내는 것이나 진리를 밝히면 있는 일이 전부 드러나게 되어 있다.

Q 세상은 변화하는데 변하지 않는 진리에서 나오는 인과의 법을 알려면 수학을 체계적으로 배우면 되겠지요?

승: 사회의 현실을 가르칠 때 의식을 향상하고 인간의 의식에 밝은 빛을 전하고자 할 때는 진실에 대해 충분히 알아야 한다. 옳고 그른 있는 일이 있게 되는 원인과 결과를 정확하게 말함으로 사람

들의 의식을 눈뜨게 할 수 있다. 그러한 교육이 없는 사회에서 도덕과 윤리를 요구하는 것은 잘못된 믿음이다. 근본과 바탕을 놓고 가르치지 않는다면 수학처럼 되어 있는 인과의 법은 하나의 이야기에 불과하게 된다.

Q 인과의 법이 중요한 이유가 무엇입니까?

승: 우리 사회에서 현실의 문제를 주장하는 사람들이 없는 것이 정의라는 말만 존재하고 어떻게 정의가 일어나게 되는지 아무도 모르고 있다. 나는 이 시대에서 무엇을 믿고 무엇을 의지하고 살아야 할 것인지 알고 있다. 과거의 석가모니가 죽게 되었을 때 제자들이 물었다고 한다. 스승이 가고 나면 우리가 무엇을 의지해야 하는지 물으니 자연의 법에 의존하고 인과의 법에 의존하라는 말을 했다고 한다. 어떤 일이 어떻게 해서 생기는지 현실 속에 있는 가르침에 의존하라는 것이다. 우리가 있는 일을 확인하고 항상 있는 것을 있는 것 속에서 일하게 한다면 헛된 생각하지 않는 자가 된다.

Q 항상 대접받는 사람이 되고 싶거든 대접하는 사람이 되어야 한다고 했는데 어떻게 대접합니까?

승: 이곳에서 대접받을 수 있는 사람은 다른 곳에 가서도 대접받을 수 있다. 한국에서 열심히 살고 정신이 건전한 사람은 영국 가서도 건전한 정신으로 성공할 수 있다. 한국에서 문제가 있는 사람은 외국에 가도 꼭 그 문제가 나타나게 된다. 아프리카의 전갈

을 한국에서 키운다 해서 그 독이 없어지지 않는다. 독을 가진 근본을 가지고 태어나기에 독이 나오게 되어 있다. 너희가 가지고 있는 잘못을 고치기 위해서 가르침은 바로 현실에 있으니 끝없이 노력하고 배워야 한다.

Q 인과의 법칙은 세상의 모든 현상을 존재하게 되는 원인이라는 것입니까?

승: 원인이라는 것은 살아가는 근본이다. 세상에 있는 눈으로 볼 수 있는 모든 것은 법칙으로 만들어진다. 다이아몬드도 법칙으로 만드니까 천연 다이아몬드보다도 더 빛나는 인조 다이아몬드를 만들어낼 수 있다. 천연 다이아몬드가 만들어지는 것처럼 흑연도 800도 이상이 되는 온도로 50시간이고 열을 가하면 빛나는 광채를 발하면서 다이아몬드로 변하는 것도 법칙이다. 그러한 일이 세상에 존재했고 흑연이 존재했기 때문이다. 세상에 자연 속에 다이아몬드가 있는 곳에서 인간들은 비밀을 알아내고 자연의 법칙을 이용해서 문명의 이기를 빌려서 만들어낸다.

Q 세상에 존재하는 모든 건 신이 만든 것이 아니고 법칙으로 만들어졌다는 것입니까?

승: 너희는 항상 있는 일을 중요하게 생각하면서 거짓과 잘못에 빠지지 않기를 바란다. 삶의 결과를 정확하게 안다면 자기 속에 애착을 심고 한을 만드는 일을 하기가 힘들 것이다.

Q 저희가 있는 일을 배우는 것은 세상일에 대한 눈을 뜨는 것입니까?

승: 이곳에 와서 평범한 말들을 통해서도 너희는 지혜를 얻을 수 있다. 내가 하는 일을 보고 말을 듣고 있는 일을 확인하게 되면 너희도 세상일에 대해서 눈을 뜨게 된다. 깨달음이라는 것은 올바른 삶을 위해서 필요한 것이고 자신을 불행에서 행복한 삶을 위해서도 필요하다. 자신의 생명을 축복하고 영생과 열반을 위해서 필요한 것이다. 너희에게 깨달음이 필요한 것은 깨달음은 자기를 얻고 이루는 가장 좋은 선택이기 때문이다.

Q 불교의 가르침이 많은 세월이 흐르는 동안에 파괴되고 변질이 됐다면 원형을 알아볼 수 없습니까?

승: 원형을 알아볼 수 없는 가르침은 아무리 받아들여도 깨달을 수가 없다. 사람들이 자기를 상실해 버렸기 때문에 우리가 현실에서 이런 일을 모르는 채 살아야 했다. 진실이 자기를 깨닫게 하는 것이다. 진실이란 있는 것 자체이고 변화하는 것을 알게 되면 좋은 쪽으로 변화하고 진실을 모르면 반대쪽으로 변화한다.

Q 이곳에 와서 배우는 것은 있는 일을 배우는 것이고 있는 일은 진리를 배우는 것이라고 이해하면 됩니까?

승: 진리 속에 있는 일을 알게 되면 스스로 눈을 뜨는 자가 된다. 진리를 들으면 머리가 아프고 졸음이 오고 그냥 자리에서 일어나고 싶다. 그러나 진리를 들어서 자기 마음속에 쌓아두게 되면 끝

없는 세월을 통해서 그 일은 자기를 축복하게 한다. 그러나 거짓은 들으면 들을수록 거짓에 물들어서 거부반응이 오지 않는데 우리 사회를 존속시키고 있는 일이다. 거짓을 들어서 마음속에 두면 두고두고 그 일이 재앙을 만든다.

Q 지금까지 있는 일이 우리에게 희망을 주고 있다면 어떻게 잘해야 합니까?

승: 잘해야 한다는 말이 중요한 것이 아니고 있는 일을 지금까지 잘했다면 이런 일은 아예 생길 수도 없었다. 있는 일을 잘 모르니까 있는 일도 배워야 잘할 수가 있는데 배우지 않은 일을 어떻게 잘할 수 있는가? 우리가 어떤 문제가 있다면 문제의 원인을 알아봐야 하고 어째서 이런 일이 생겼는지 알아야 문제 해결의 열쇠를 얻을 수가 있다.

Q 과거에 있었던 일 다 덮어두고 잘해보자고 한다면 어떻게 되겠습니까?

승: 자동차 운전 기술이 없는데 누군가 올라가서 운전하라고 하면 아무도 시동 거는 법도 모를 때는 자동차는 있어도 아무 소용이 없다. 항상 이 시간을 통해서 있는 일을 관찰하라고 말하는 것은 가장 좋은 가르침은 있는 일 속에 있기 때문이다.

Q 요즘 사람들이 책임 없는 말을 많이 하는데 어떻게 보아야 합니까?

승: 자신이 알지도 못하고 다른 사람들에게 함부로 하면서 믿으라고 한다면 악마의 말을 하는 것이다. 그들은 그 말을 하는 귀를 갖고 있지 않고 어떻게 보아야 하는지 하는 눈을 가지고 있지도 않고 아직도 어떤 일을 어떻게 말해야 하는지 입을 가지고 있지 않기 때문이다.

Q 이곳에 오는 목적은 있는 일을 바로 듣고 보고 바로 말할 수 있는 사람이 되기 위해서입니까?
승: 깨달음이 인간에게 중요한 이유는 있는 일을 바로 보고 바로 듣고 바로 말할 수 있는 진실을 갖게 해 주기 때문이다. 그리고 있는 일은 길흉화복을 만드는 길이다. 어떤 일이 우리에게 좋은 일을 해 주고 나쁜 일을 있게 할 것인지 알고 사는 것은 모든 불행에서 벗어나서 행복을 얻게 하는 길이다.

Q 어떻게 우리 삶이 아름답게 행복하고 평화스러운 삶으로 만들어 갈 수 있을까요?
승: 너희는 자기의 미래에 대해서 모르고 있고 자신을 위해서도 어떤 일을 했는지 모른다. 그래서 너희가 알아야 할 일은 앞으로 어떻게 살 것인지 아는 일이다. 행복은 근면과 검소와 정직한 생활을 통해서 오는 것이라고 항상 말해 왔다.

Q 여래님처럼 있는 일을 보려면 어떻게 해야 합니까?
승: 있는 것이 어떻게 있게 되는지 배우는 것이다. 그러면 네가

계속 이 자리에 와서 있는 일을 듣고 이해하고 네 마음에 쌓여서 있는 일을 보고 있는 일을 관찰하는 능력이 있게 된다. 그래서 있는 일을 보면 어떤 일이 좋은 일을 만들어내고 어떤 일이 나쁜 일을 만들어내는지 전부 알게 된다. 좋은 일을 사람들에게 가르치려 하는 것이 사랑이기 때문에 좋은 일을 가르치려 한다. 운명이 다른 사람들은 아무리 좋은 걸 주어도 좋은 걸 받지 않으려고 하기에 그럴 때마다 안타까워서 자기 가슴에 불이 일어나게 된다. 그 불이 어떤 때는 자기 가슴을 태워서 열반에 이르게 되고 최고의 깨달음에 이르는 자가 될 수가 있다.

Q 자신을 깨우쳐서 있는 일에 대해서 눈을 뜨는 일이 배워야 하는 이유가 되겠습니까?

승: 네가 지금 배워야 할 것은 있는 일을 계속 듣고 네 마음에 담아서 쌓이고 쌓여서 있는 일을 보는 능력이 나타나서 너 자신을 깨우칠 수 있다. 그러면 대학을 안 나와도 세상에서 농사짓고 회사 경영해서 부자가 되거나 나쁜 짓을 안 하고 좋은 일을 통해서 사람들에게 축복을 전할 수 있다.

Q 저희가 진리를 배우고 받아들이고 알아보는 일이 너무 힘들거든요?

승: 진리를 배우는 것은 어렵지 않은데 자기에게 있는 것의 지배를 받고 있기에 벗어나기가 어려운 모양이다. 나는 세상을 존재하게 하는 모든 일을 알고 있다. 그러나 이 시대 사람들 속에서 관심

의 대상이 되지 못하고 있다. 그것은 사람들이 모두 자기를 가지고 있고 자기를 버릴 수 없기에 내 곁에 오는 것이 어렵다. 나의 정신은 매우 높은 수준을 유지하고 있으나 자기를 버리기 전에는 높은 수준의 정신을 따라올 수가 없다.

Q 학교에서 숫자를 배우고 합산하는 법을 배우면 어떤 숫자라도 공식에 놓고 답을 찾아낼 수가 있는데 진리도 이와 같은 것입니까?

승: 이러한 일이 가능하기까지는 실제로 2년이나 3년이 걸린다. 세상에는 수학 속에 수억만 개 이상의 문제를 가지고 있는 것처럼 세상에서 모든 현상을 일으키고 있는 진리도 수억만 개가 넘는다. 일일이 보고 말하는 게 아니고 수학의 공식처럼 공식에 놓고 문제를 합해서 결과를 찾아내는 것은 정해져 있다. 절망하지 말고 조금만 애써서 노력하고 계속 듣게 된다면 훌륭한 사람이 된다. 행동이 좋아지고 생활이 좋아지고 지혜가 커지니까 자연적으로 잘 살게 될 것이다. 문제가 없는 사람이 되는 건 남을 잘 살게 하는 길이고 자기의 앞날을 밝게 하는 길이다. 자신을 항상 행복과 가까이 살게 하는 길이니 그래서 배우려 하는 것이다.

Q 어제저녁에 어떻게 정치발전을 할 것인지 이런 테마를 가지고 교수와 국회의원 1명이 TV에서 진행자와 함께 토론하는데 제도와 법률에 대해서는 계속 이야기만 하고 대책이 무엇인지 말하지 않던데요?

승: 눈뜬장님이 어두운 세상에 낮에도 캄캄하게 어둡다면 도대

체 제도가 무슨 소용이 있겠느냐? 실제로 방안에 빛이 아닌 다른 물질을 가지고 활동의 도움을 준다면 오히려 부담과 위험이 된다. 캄캄한 곳에는 걸리는 게 없어야 행동하기가 자유로운 것이다. 캄캄해서 보이지 않는 곳에 온갖 게 쌓여있다면 좋은 목적으로 만들어 놨다고 해도 잘 이용할 수가 없기에 오히려 방해된다. 그런 의미에서 어두운 사회에서는 제도와 법률이 국민 생활에 위화감을 주고 두려움을 준다는 사실이다.

Q 그렇다면 어떻게 정치발전은 할 수 있는지요?

승: 양심과 정의를 가르치면 정치발전은 제대로 된다. 잘한 사람은 잘하는 모습이 그대로 보이니까 밝은 곳에서 도둑이 날뛰는 것은 힘들다. 사회에 정치발전을 가져오는 근원은 교육으로부터 존재해야 한다. 교육은 철저하게 양심과 정의를 실천하므로 모든 사람이 해서는 안 될 일을 하지 말고 해야 할 일을 당연하게 하게 하므로 이상 국가의 실현이 가능하다.

Q 요즘 의식을 개혁해야 한다는 말이 많은데 정부에서 하는 의식개혁은 주도하는 사람이 없는 것입니까?

승: 우리 사회에는 세상 이치를 알고 세상일을 볼 수 있는 자는 흔하지 않다. 그 결과 정부는 의식개혁이라는 말을 몇 년을 계속하고 있지만 사실 의식개혁을 하는데 필요한 주체나 대안이 없다. 의식개혁이 한 개인이 나서서 우국충정으로 의식을 개혁한다고 이게 옳고 저게 그르다고 떠들면 모함당해서 죽는다.

Q 결국 이치를 아는 사람이 없어 못 하겠지요?

승: 이치가 무엇인지를 아직 모르는 사람이 있다. 공식은 있는 일을 있게 하고 있으며 있는 일의 대답을 만드는 과정의 길이다.

Q 어떻게 사회를 개혁해야 할 것인지 설명해 주세요?

승: 만일에 있는 일을 제대로 알지 못하고 사람을 모아놓고 나서 어떤 일을 하자고 주장한다면 사람들의 시간을 낭비하게 하는 일이다. 운전 기술을 배우지 않고 차를 몰 수 있는 사람이 있다고 보지 않는다. 배우지 않고 있는 일을 스스로 할 수 있다고 생각하는 사람은 없다.

Q 어떤 사람이 배우지 않고 그림을 잘 그리는 사람이 있고 도자기를 잘 만드는 사람이 있잖아요?

승: 과거의 생애에서 그런 일을 했기 때문이다. 과거의 생애에 그림을 그렸든가 도자기를 만들었다거나 철을 다루는 대장장이로 살았던 사람들이 있다. 그런 사람들은 죽어서 다시 윤회해서 태어났을 때 자기의식 속에는 자기가 과거의 세상에서 했던 일들이 잠재되어 있기에 배우지 않아도 할 수가 있다. 그러나 100년 전에 자동차가 없었으니 죽은 사람은 의식 속에 자동차를 운전하는 법은 자동차의 이론은 의식에 없으니 배우지 않고는 알 수 없는 것이 바로 세상의 일이다.

Q 저희가 여기에 와서 배워야 하는 이유가 세상의 공식을 아는 것입

니까?

승: 해답은 보는 시각이 좋아지고 있는 일을 정확히 보니까 어떤 일이 어떤 문제와 만나게 되면 어떻게 변화하고 있는지 원리를 설명할 수 있기 때문이다.

Q 모든 법칙은 수학의 공식처럼 되어 있다면 문제들이 어떠한 과정에 의해서 풀어지고 만들어집니까?

승: 자신은 자기를 통제할 수가 있다. 자기가 가지고 있는 의식 속에 있는 일이 모든 것을 판단하고 스스로 신뢰하게 된다. 세상에 많은 사람을 만나지만 세상에서 어느 곳에서도 법칙의 세계를 설명하고 있지 않다. 그런데 과학자들의 세계에서는 문제에 공식을 적용하고 있고 이 공식은 자연계의 법칙을 적용하고 있다. 그래서 색감을 만들어내고 물질을 만들어내고 물질이 가지고 있는 성질을 만들어내는 것이다.

Q 세상에서 현명한 삶을 위해서 있는 일을 배워야 하는 것입니까?

승: 있는 것이 어떻게 있게 되는지 이해하고 있는 일을 보는 일에 초점을 맞추어야 한다. 그때까지 나는 계속 같은 말을 되풀이할 것이지만 이 말이 세상을 살아가는 데 얼마나 중요한 말인지 사람의 근기에 따라 곧 알게 된다. 작은 일도 항상 확인하고 실수하지 않도록 노력하고 사업이 안 된다면 사업이 왜 안 되는지 확인해야 한다. 사람에 따라서 운명적으로 문제를 일으킬 수는 있는 사람은 현명한 사람이 되기 위해서 이 자리에 와서 배우는 것이다.

Q 사람들이 현명하게 살려면 어떻게 해야 하는데요?

승: 자식을 낳아서 자식에게 진정한 사랑을 전하고자 한다면 자식에게 당연히 참된 인간이 되라고 가르쳐야 한다. 참된 인간이 되는 것은 있는 일에 대해서 깨닫게 하는 일을 제대로 배우라는 말이다. 있는 일에 대해서 깨닫고 있는 일을 제대로 배운 사람은 불효하는 사람도 없고 남을 잘못되게 하지 않고 어렵게 살지도 않는다.

Q 우리가 삶을 어떻게 살아야 할 것인지를 알아야 하는데 일의 중요성을 깨닫는 것입니까?

승: 사람이 살아가면서 업보가 생기는 일을 많이 하는 것은 있는 것을 알지 못하니까 함부로 있는 일을 생각하고 있는 일을 해왔기 때문이다. 일하는 과정에서 실수가 업을 지은 것이니까 우리가 잘못했으면 잘못했다고 인정해서 빨리 짐을 벗어날 수 있다. 그런데 깨닫지 못하니까 잘못해놓고 억지로 우기려 하니까 남을 속이게 되고 업이 쌓이는 것이다. 그래서 깨닫지를 못하면 업보가 큰 세상이고 깨달으면 축복이 큰 세상이다.

Q 있는 일을 보는 것을 공식이라는 말씀하신 거예요?

승: 있는 일을 바로 보는 게 아니고 어떤 일과 어떤 일이 만나게 이어지게 되었을 때를 인연이라고 한다. 공식이라는 것은 어떤 일과 어떤 인연이 닿았을 때 나타나는 현상을 두고 말한다. 페인트를 만들 때 똑같은 원료에서 공정한 과정에서 페인트가 만들어진

다면 몇 그램의 빨간색과 몇 그램의 흰색을 섞였을 때 분홍색이 나오는데 공식대로 한다면 똑같이 나온다. 용광로에 어떤 쇠붙이와 다른 쇠붙이를 녹여서 합금한 것이 골고루 섞인다면 나타나는 철의 성질이 똑같다.

Q 수학의 공식처럼 어떤 일과 어떤 일이 결합 되는지에 따라서 나타나는 현상 자체가 다르다는 것이죠?

승: 세상에서 우리가 어떤 물질을 통해서 볼 수 있는 현상은 너무나 많으니까 일일이 설명할 수는 없다. 철이나 페인트나 어떤 다른 작물이나 비유를 약간 들 수 있다면 그런 현상이 나타나고 있었다.

Q 공식公式은 수학의 공식처럼 문제의 해답을 쉽게 구할 수 있는 것이 같은 것이죠?

승: 3-2=1이 되고 1+2=3이다. 어떤 문제를 알 때는 정확한 문제의 수치를 내어서 다른 문제가 가지고 있는 수치에 의해서 결합할 때는 똑같은 현상이 나타난다. 그러니까 이러한 어떤 일이 자기에게 있을 때는 공식에 현상을 나타나게 한다. 선한 근본이 크고 악업이 없을 때는 실수로 악한 일을 한 번 하더라도 나쁜 습관이 나타나게 되는 일이 드문 건 자기가 억제해버리기 때문이다. 선한 근본이 적고 업이 클 때는 억제하는 일이 불가능에 가깝다고 볼 수 있다.

Q 세상에서 변화하지 않고 영원히 자체로서 생존할 수도 있고 존재
하는 것이 있습니까?

승: 현상 세계에서 변화하지 않고 영원히 자체로서 존재할 수 있
는 건 없다. 변화하지 않는 것은 오직 법뿐이고 법은 영원하다. 어
떤 물질도 영원히 존재할 수 없고 현상은 뜻으로 난 것이다. 현상
은 뜻을 나기 위해서 존재하고 현상은 뜻에서 난 것이고 그 현상
은 뜻을 나기 위해서 또 존재하고 있다. 계속 반복 현상을 가지므
로 세상은 문화가 일어났다가 뒤엎어지고 다시 일어났다가 뒤엎
는 일이 끝없는 되풀이 되어 변하고 있다. 어떠한 물질도 영원히
존재할 수 없으며 다이아몬드가 아무리 여물어도 수만 년이나 수
백만 년이 지나면 변한다.

Q 부처님의 가르침의 가장 큰 가치성을 진실성에 있는 것입니까?

승: 여래는 진실한 자이다. 그래서 거짓을 말하지 않으며 있는 것
을 있는 그대로 볼 수 있으며 항상 진리만을 말한다.

Q 석가모니도 죽을 때 삼천 년이 지나면 불법은 전부 소멸할 것이라
고 했는데 사실입니까?

승: 실제 지금 3천 년이 지나서 결국 석가의 가르침은 소멸이 되
었다. 그러나 석가의 가르침이 소멸이 되었다고 해서 가르침이 세
상에서 사라지는 것은 아니다. 또다시 이렇게 피어나는 것이어서
여래가 본 세계는 전부 똑같다. 내가 죽고 나서 오천 년이고 만 년
후에 깨달은 자가 나오면 가르침은 오늘 가르쳐 준 것처럼 시작이

된다. 이렇게 사람들을 깨우쳐서 세상에 전달되는 것이다. 법이 가고 다른 법이 오고 사람들 속에서 법이 때를 묻히고 훼손시켜버렸기 때문에 소멸한 것이다. 또다시 그와 같은 법이 세상에 나타나는 것이다.

Q 그렇다면 이 세상이 존재하는 뜻은 무엇입니까?
숭: 세상은 뜻으로 되어 있고 그 뜻으로 모든 현상이 피어나는 것이다. 세상은 절대 인간을 속이지 않는데 인간이 인간을 속이다가 보니까 세상을 망친다. 결국 인간의 세계에 악인이 살고 있기에 그로 인하여 평화가 없고 행복이 없고 영원한 천국이 존재할 수 없는 것이다. 만일 세상에 모든 자가 옳고 그름을 알고 그 옳은 것을 지키려 할진대 이 세상에는 낙원이 존재하게 될 것이다.

Q 이 세상에서 낙원을 언제 볼 수 있을까요?
숭: 마음속에 가지고 있는 모든 환상을 부숴버릴 때 사물에 대한 분별력을 얻게 된다. 마음으로 옳고 그름을 보게 될 것이고 옳고 그름을 따라서 살 때 자신은 자신이 하는 일에 대하여 어떠한 일에 대해서도 쉽게 이해하게 된다. 쉽게 자신을 위로할 수 있고 어려운 세상에서도 만족한 생활을 누리게 될 것이다.

Q 사람들이 불행한 것이 현상 세계의 뜻을 모르기 때문입니까?
숭: 우리가 살아있는 세상은 현상의 세계라고 한다. 현상의 세계에는 뜻으로 지어지며 뜻으로 인해서 일어나고 모든 만물이 살고

죽는 것이 뜻에서 나타난다. 좋은 일이라는 것은 바르게 살고 옳고 그름으로 살고 마음을 어둡게 하지 않고 밝게 하는 것이다. 그 밝은 마음을 계속 유지 시키면 마음에 원력이 생겨서 능히 영생과 극락에 이르게 된다. 그래서 사람들은 어렵지도 않고 세상에서 괴로운 일도 아닌데 그러한 일을 하려는 사람이 결코 없다. 그리고 실제로 무지한 자의 말을 들으면 자기의 근본을 망쳐서 온갖 재앙을 보게 하고 온갖 한이 그 속에서 나타나서 자기를 영원히 구원할 수 없는 불행의 구렁텅이로 빠진다. 그런데 사람들이 길 없는 길에는 비좁을 정도로 모여들고 있다.

Q 세상에 모든 만물은 뜻이 있어서 생기는 것입니까?

승: 존재하는 것 중에 하나도 뜻을 통하지 않고 나타난 일은 없다. 이러한 일을 이해하게 될 때 삶의 소중함을 알고 그 말이 얼마만큼 어떠한 결과를 얻어줄 것인지를 이해하게 될 것이다. 사람이 세상에 살다가 죽으면 지옥에 가는 것도 뜻이 있어서 가게 된다. 사람이 세상을 통하여 영생을 얻게 되는 것도 죽어서 극락에 가는 것도 뜻이 있어서 가게 되는 것이다. 이러한 뜻을 찾아서 그 길을 짓지 아니하면 결코 자신이 짓지 않은 길은 자신의 앞에 없다는 사실을 너희는 알아야 한다.

Q 살아서 평화와 행복과 명예를 얻는 법과 죽어서 영생을 얻는 비결을 말씀해 주십시오?

승: 석가모니여래께서는 일생을 통하여 전도하고 그가 임종을

맞이하게 되자 제자들에게 이렇게 말을 했다. 내가 없거든 계율을 거울로 삼아서 수행하면 너희도 언젠가 나를 보게 될 것이라고 했다. 좀 더 이해를 도울 수 있는 말은 나와 같은 사람이 될 수 있다는 뜻이다.

Q 미래의 운명을 만드는 것은 인간들 스스로 결정해야 하는 것입니까?

승: 나는 세상에 와서 많은 일들을 보았다. 내가 최고의 깨달음에 이르고 인간으로서 가질 수 없는 최고의 공력에 이르렀으나 실제 아무도 도울 수 없다는 사실을 알게 되었다. 그것은 스스로 뜻을 통하여 운명을 바꿀 수 있고 지킬 수 있다. 사람들에게 병을 고쳐주고 액운을 막아주고 해도 사람들은 알아보지 못하고 결국 나의 말을 믿지 않기 때문에 나는 더욱 난처해질 때가 많았다.

Q 깨달은 자와 깨닫지 않은 자는 엄청난 시각의 차이를 가지고 있는 것이네요?

승: 너희가 길을 가고 자신을 깨닫게 할 수 있는 것은 내가 너희의 밑거름이 되는 것밖에 아무런 도움을 주지 못한다. 만일의 경우 내가 평생 이렇게 앉아서 가르친다 해도 시간이 갈수록 사람들이 이곳에 오는 것조차 멀어지고 마음이 무거워지고 재미가 없을 것이다.

Q 참된 자는 결코 거짓말을 하지 않기에 재미가 없어서 오지 않는

것입니까?

승: 남에게 헛된 기대를 주고 남을 속이지 않는다는 것이다. 아무것도 기대를 주지 않는다면 열심히 일하고 착하게 살라고 말하는 것뿐인데 누가 여기 오겠는가! 아직도 한참 시간이 지나 봐야 아는데 삶의 결과가 어떻게 나타날 것인지 내일 되어봐야 알게 된다. 내가 미래의 일을 오늘 준비해야 한다고 외치지만 실감이 안나서 여기 못 오게 된다.

Q 선생님은 일생을 이 일에 바칠 때 구체적인 계획이 있는 것입니까?

승: 나는 방법을 연구할 것이다. 내가 불행한 이 땅을 구원하는 길은 오직 기회가 있다면 내가 세계를 혼자서라도 정복하는 길밖에 없고 모든 세계의 지식인을 무릎 꿇게 하는 것이다. 그런데 과연 어떻게 세계의 석학을 다 이길 수 있겠다고 하는지 사람들은 사실을 모른다. 들어보면 전부 다 들은 소리가 아는 소리이고 안들으면 하나도 모르는 소리 같지만 나는 있는 사실만을 말한다.

Q 세상에 명성을 가지고 있는 사람들이 진리를 알겠으며 무릎을 꿇겠습니까?

승: 세상에서 조금이라도 큰 자리에 있는 사람은 남을 가르치고 남을 훈계하고 남을 이끌고 있다. 그러나 실제는 자신이 하는 말이 무슨 소리인지 아무것도 모르고 있다. 자기가 모른다는 사실을 알고 내가 하는 말이 자기가 그렇게 찾던 소중한 말이라는 것을

알면 그들의 잠을 깨우게 될 것이다. 설법이라는 것은 사람의 마음을 깨우치기 위해서 이치를 설명하는 것이다.

Q 사람들은 자기 스스로 자기를 축복할 수 있습니까?

승: 세상의 법은 사람의 말로써 바뀌는 것이 아니라 법은 매우 공평하다. 누구도 바꿀 수 없는 것이 세상의 법이니 모든 것이 뜻으로 바꾸어 질 수 있다. 그 뜻에 어떠한 역학관계가 존재하는지 모르기 때문에 사실 우매함 속에 빠지게 된다. 있는 일을 깨달으면 스스로 세상의 지도자가 되고 남의 스승이 될 수 있고 큰 공덕을 쌓아 깨달은 자가 될 수 있다

Q 뜻을 모르면 항상 자신이 가진 기대에 속다가 죽게 되는 결과가 나타나게 되겠지요?

승: 게으른 자가 밭에 씨앗을 뿌려놓고 비 온다는 핑계 대면 잡초가 밭에 무성해서 농사를 망치게 된다. 아침에는 이슬이 많이 내려서 낮에는 햇빛에 더워서 미루고 저녁에는 고단해서 내일 할 거라고 미루다 보면 결과는 형편없게 된다. 잡초에 시달린 곡식은 좋은 결과를 얻는 것이 아니고 원인보다 더 나쁜 결과를 얻게 된다. 그 결과는 새로운 원인으로 나타나야 하는데 어떠한 사실에 대해 사실을 두고 노력하지 않고 기대만으로 얻으려고 한다면 자신을 속이는 일밖에 안 된다.

Q 실패는 성공의 어머니라는 말이 맞는 말입니까?

승: 나는 처음에 그 말을 듣고 그 소리가 뭔지 몰랐는데 생각하니 실패는 성공의 어머니가 맞다. 한 번 실패했으니 이러한 일은 안 되더라는 것을 알았고 그 일 안 하니까 성공할 가능성이 크더라. 자기가 일해보고 왜 망했는지 알았기에 다음에는 일을 달리할 것이고 그러면 자기가 실패한 것을 다시 반복하지 않는다. 그래서 실패는 성공의 어머니라고 말하는 것이 젊었을 때 경험해 보는 것은 교육이다. 이러한 이치를 많이 알고 자기의 지식을 남에게 전해주었을 때 지식을 얻은 자는 유용하게 뜻을 통해서 보게 될 것이다. 항상 이 시간을 통해서 말하는 건 세상은 뜻으로 이루어져 있으며 완성돼 있으니 뜻에 따라서 좋은 세상도 나타나고 나쁜 세상도 나타난다. 이 뜻으로 자기가 성공할 수도 있고 실패할 수도 있다.

Q 석가모니가 큰 깨달음을 얻고 세상을 모두 보고 마지막으로 남긴 말이 법을 의지하고 살라고 했는데 진리를 말하는 것입니까?

승: 한 사회에 존재하는 법도 법이고 석가모니 부처님이 말한 법도 대자연 속에 존재하고 있는 큰 뜻을 말한 것이다. 콩을 심은 곳에 콩이 나는 것도 자연이 법이며 팥을 심은 곳에 팥이 나게 되는 것도 자연의 뜻이다. 자신의 앞날에 밝은 앞날이 기다리는 것도 자신에게 그러한 뜻이 있어서 나타난다. 자신의 앞날에 불행한 어두운 그림자가 깃들게 되는 것도 뜻이 있어서 나타나게 되는 것이다. 석가모니도 제자들을 보고 세상을 통해서 배우고 자신을 스승으로 삼으라고 했다. 사람을 믿으면 속는 수가 있지만 법에 의지

하면 속지 않는다. 옳고 그름은 숫자에 의해서 결정되지 않고 뜻에 따라서 정해져 있는 것이니 사람의 숫자와 옳고 그름은 별개의 문제이다.

Q 석가모니께서 만물의 근본 뜻을 말한 것이 진리입니까?
승: 너희는 의문이 있을 때는 현실을 통해서 보는 수밖에 없다. 실험을 통해서 유전자공학을 연구하는 것을 보면 어떤 원인에다가 새로운 원인을 첨가하니 커지거나 새로운 뜻을 주입하므로 모습이 달라진다. 이 세상에는 온갖 뜻이 존재하니까 뜻이 서로 연결되면 현상으로 나타난다. 과거의 석가모니 가르침 속에서도 이미 나타났는데 세상은 더하지도 않고 빼지도 않고 줄어들지도 않는다는 말이다.

Q 뜻은 불어나지도 않고 줄어들지도 않습니까?
승: 알고 보면 있는 게 뜻을 통해서 나타나고 변화가 뜻을 통해 나타난다. 뜻이 만나게 되면 변화를 일으키면서 나타나고 변화를 통해서 그 속으로 들어가기 때문에 뜻은 불어나지도 않고 줄어들지도 않는다. 현실 속에 존재하는 걸 알다 보면 자연으로 이치에 눈을 뜨게 된다. 현실 속에 있는 것에 대해서 자꾸 두드리다가 보면 있는 모든 것을 알게 되고 그 속에서 일어나고 있는 원인도 알게 되는 게 최고의 가르침이다.

Q 우리나라에 존재했던 가르침 중에 민심이 천심이라 했는데 백성

의 마음이 하늘의 마음이라는 말이 사실적으로 볼 때는 틀릴 수가 있지 않습니까?

답: 시대에 따라서 그 말이 맞을 수도 있고 틀릴 수도 있겠다. 나는 민심이 천심이라고 하는 것이 뭘 보고 말했는지 어떤 사실을 보고 나서 그 말이 맞는지 틀리는지 말 할 수 있다. 무조건 민심이 천심이라 한다면 어떤 것이 민심이며 어떤 것이 천심이냐?

Q 그런 말을 사람들이 뜻도 알지 못한 채 사용하죠?

답: 그러나 가르침과 현재 기존 종교와 성자들이 와서 하는 말과 어떤 차이가 있는지 보면 성자들은 사실의 세계에 관심을 보게 하고 사실의 세계에 눈뜨게 한다. 그러므로 모든 일을 관찰하게 하고 세상에 눈뜨게 하는 게 성자들의 가르침이다. 세상은 법계인데 석가모니도 그랬듯이 자기가 죽을 때까지 가르치고 인간이 살아가는 데 필요한 일부분을 설한 것이다. 세상의 법을 모두 전하고 가는 것은 아니고 너희가 깨닫고 경험해서 보게 될 것이다. 그는 세상의 모든 일을 본 것은 아니고 그 시대에 살면서 사람 속에 있는 한의 원인을 보고 해답을 푸는 법을 설했다. 좋은 인간을 만들고 좋은 세상을 얻는 길을 설했을 뿐이다.

Q 석가모니 부처는 세상에 와서 인류를 위하여 중생계에 사랑과 자비를 보여주었습니까?

답: 세상에 존재하는 진실을 보여주었다. 인과의 법칙이나 윤회의 법칙과 자신이 세상에서 건강과 행복과 평화와 자신이 바라는

최고의 성공을 어떻게 이룰 것인지 이러한 문제를 설명했다. 석가모니의 사랑과 자비에 대해서 말하면 깨달음을 얻고 오랫동안 자신의 소망을 바쳐서 얻게 된 결과라고 말할 수 있다. 깨달음을 얻고 났을 때 중생계에 깨달은 자가 나타나면 중생계로부터 거부를 받든가 비웃음의 대상이 된다. 석가모니는 완전한 해탈과 깨달음을 얻음으로 중생계와 의식이 너무나 먼 곳에 살게 되었다. 그런데도 그는 중생계를 위하여 진정한 소망과 밝은 삶의 앞길을 위해서 일생을 바쳤다.

Q 전도몽상顚倒夢想 속에 사는 중생을 위해서 법을 전한 것이 자비입니까?

僧: 진리에 눈뜨면 인간이 취할 수 있는 최고의 보물이며 또한 소중한 일을 일깨워주기 위해서 일생을 그 길에서 바쳤다. 우리는 부처님의 자비를 본받아야겠다는 말을 쉽게 하면서도 자비가 무엇인지 중생들이 그를 끝없이 거부하고 그를 받아들이지 않았다. 하지만 석가모니께서는 자신을 배척하는 중생들을 보면서도 절대로 포기하지 않았다. 그는 살아서 법을 원하고 밝은 삶을 원하는 사람을 찾아서 인간의 무지를 용서하고 오히려 불쌍히 여겨서 더욱 열심히 깨우치려고 하셨다. 이러한 관계를 두고 자비스러운 부처님이라고 한다.

Q 보통 사람들은 이상 속에서 항상 자신의 성공을 생각하고 있잖아요?

승: 성공을 어떻게 받아들일 것인지 문제에 대해서 생각하지 아니한다. 그러기에 이러한 법의 세계에 관해서는 오히려 정신을 어둡게 하고 혼돈하게 하게 한다.

Q 부처님은 나쁜 악인을 용서하는 자비를 베푼 게 아니겠지요?
승: 어리석은 중생을 버리지 않는 자비를 보였다. 무지한 중생들이 그를 버렸으나 그는 결코 중생을 버리지 않는 마음이 자비심이다. 또한 인간에게 진리를 가르치고자 했던 진실성이었다. 남을 속이지 않고 오직 있는 것을 그대로 전하려 했던 큰 행동이 사랑이다. 이러한 석가모니의 사랑과 자비와 가르침을 충분히 이해하고 받아들이게 될 때 진리의 세계에 대해서도 쉽게 들어서 이해가 가능할 수가 있다.

Q 여래님께서도 완전한 깨달음을 얻으므로 인간 세계로부터 매우 강렬한 버림을 받은 것이 아닙니까?
승: 나는 깨달음을 얻기 전에 매우 활발한 사람이었고 20만 명 정도의 사람들이 나에게 인사를 하고 나와 가까이하려고 했다. 그러나 내가 최고의 깨달음에 이르자 그들은 모두 바쁘다는 이유를 대고 청해도 나의 곁에 오지 않았다. 나는 이런 사실을 보고 나서 이런 말을 전 할 수가 있었다. 석가모니는 일생을 통하여 중생을 만나본 결과 인연 없는 중생은 구할 길이 없다. 모든 구원의 길을 법 속에 존재하는데 인연이 없으니 찾아가면 바쁘다고 피하고 오라고 하면 바쁘다고 오지 아니한다. 그러니 결국 뜻을 전달할 길

이 없었다는 말을 후세에 남긴 유명한 일화가 인연 없는 중생은 구할 길이 없다고 했다.

Q 사람들은 위험이 눈앞에 있는데도 깨닫지 못하는 것이 무지 때문입니까?

승: 이 세상의 일은 눈앞에 닥쳐 있는데 사람들이 모르니까 나는 너희를 볼 때마다 항상 지나치는 일 없다. 하나의 지어진 뜻은 스스로 없어지지는 않는다. 또 하나의 뜻으로 상쇄되고 새로 나타날 수는 있다. 한번 만들어진 뜻은 스스로 어떤 기도나 어떤 사람의 術에 의해서 없어지는 것이 아니다. 자동차를 하나 만들고 마음으로 아무리 없애려 해도 안 없어지고 망치로 깨야 오그라지거나 엔진을 부숴버리든가 해야 안 움직인다. 마음과 생각을 가지고 아무리 없애려 해봤자 행위가 뜻이 닿지 않으면 그대로 존재한다.

Q 인간이 자전거를 만들고 비행기를 만들고 온갖 것을 만든 것도 뜻으로 만든 것입니까?

승: 인간이 만들어낸 것은 우주의 특별한 기운에 의해서 만들어낸 게 아니고 인간이 의식의 개발로 인해서 만들어낸 것이다. 현실 속에서 온갖 창조와 노력 끝에 만들어졌는데 가장 원동력이 된 것은 뜻이다. 이 뜻의 세계를 법의 세계라 하고 뜻이 갖는 표현을 법이라고 하며 이러한 법칙으로 현상들이 나타난다. 진리도 실제 인간의 의식 속에서 멀리 있는 것이 아니다. 삶에서 깨어나서 현실을 보고 현실에서 자기의 삶 속에 존재해 있는 문제를 풀어가면

진리가 존재하는 것을 확실하게 이해하게 된다.

Q 법이 구원의 길이고 복음이라고 말할 수 있습니까?
승: 구원의 길은 깨달아서 법을 알고 공덕을 쌓아야 한다. 나는 이 세상에 있는 비밀을 알고 역사 이후에 존재했던 전부를 알고 있으며 생명을 얻는 길을 알고 있는 자는 나뿐이다. 영생의 길이 있다고 말하는 사람들이 있지만 어느 곳에서도 법이 없고 어떻게 해서 이러한 현상의 결과가 존재하는지 길이 없다.

Q 선생님은 어떻게 깨달을 사실을 알게 되었습니까?
승: 깨달았다는 사실을 알게 된 것은 세상에 있는 모든 현상계가 뜻으로 인하여 원인과 원인에 의해서 나타나고 있었다. 나는 이러한 진실을 보고 매우 기뻤다. 이제야말로 많은 사람에게 일할 수 있는 길이 있고 나의 주위에 있는 사람들의 한을 풀어주고 그들을 성공시키고 그들을 축복할 수 있다고 기뻐했다.

Q 이 시대의 사람들은 왜 종교가 필요한 것입니까?
승: 좋은 가르침을 얻기 위해서이다. 종교는 정신을 살찌게 해서 좋은 자신을 나게 하고 좋은 세상을 얻을 수 있고 좋은 자기를 얻을 수 있기에 종교가 존재했다. 하지만 그런 가르침이 없다면 배우러 갈 필요가 없다.

Q 실제 종교 속에서는 진리가 존재하지 않고 이야기들만 있는 것이

아닙니까?

승: 나는 인간의 내면에 존재하는 일들을 보고 창조의 비밀을 알게 되었다. 모든 현상은 법으로 존재하고 뜻으로 모든 현상은 나타나고 있었고 뜻은 현상에 의해서 만들어지고 있었다. 현상계의 일이 뜻으로 인해서 존재하게 되고 뜻이 현상 속에서 존재하게 되니까 모든 창조가 법으로 세상에 있는 만물은 법으로 나고 죽는다. 기독교에서는 창조주의 어떤 힘으로 나고 죽는다고 설명하는데 불교에서는 뭐라고 이야기하느냐?

Q 일체유심조라고 하는데 모든 현상은 마음으로 짓고 마음으로 만든다고 합니다.

승: 마음이라는 게 의식으로 인해서 존재하는 것이다. 마음이 존재하지 않으면 다시 태어난다. 석가모니가 있는 일을 보고 법을 설했는데 일체유심조라는 말은 깨달은 자의 말이 아니다. 학자들이 논리적으로 설명하려고 남의 말을 듣고 자기들의 생각으로 만들어놨으니까 이후에 듣는 사람은 도저히 알 수가 없다.

Q 실제 진리를 공부하는 데 있어서 어떤 논리로써 가르칠 수가 없습니까?

승: 진리를 가르칠 때는 고정해서 놓고 가르칠 수가 없다. 진리는 있는 것을 있게 하는 것이 진리이니 눈앞에 모든 것이 존재하는 것이 세상의 법계이고 수많은 법에서 나타나는 현상이 전부 진리이다. 논리를 형성할 수 있다면 세상의 이치는 수학의 공식과 같

고 법은 수학의 문제와 같다고 생각하라!

Q 법으로 인해서 모든 것이 나지만 논리에 길든 사람들에게 사실을
  논리로 설명하면 빨리 깨우쳐 줄 수 있지 않을까요?

승: 있는 것을 하나의 논리로써 가르칠 수가 없다. 어떤 문제를
보고 해답을 내고 문제를 풀 수 있는 것같이 사람도 세상을 보고
있는 이치를 가지고 모든 일어날 일들을 미리 계산할 수 있다. 논
리적으로는 이렇게밖에 설명이 되지 않는다. 수많은 법은 언제 무
엇이 어떠한 원인을 거기에 나게 할 것인지 법 속에서 날 것인지
분명히 모르기 때문이다.

Q 처음 대하는 사람들은 너무 어려울 것 같은데 법이 무엇인지에 대
  해서 조금 더 설명해 주십시오?

승: 어떤 원인과 원인이 만남으로 그 속에서 나타나는 현상을 법
이라 한다. 그 현상 속에 존재하는 것을 법이라 하고 법으로 인해
서 나타나는 것을 현상이라고 한다. 예를 들어 빨간 물감에다 흰
물감을 떨어뜨렸을 때 분홍색으로 변하기 시작한다. 좋은 땅에 씨
앗을 뿌렸더니 좋은 열매가 열리게 되었고 씨앗이 반복 현상을 일
으키는 과정에서 그 땅이 가지고 있는 기운이 좋은 상대를 만들
어낸다. 손뼉이 부딪쳐서 소리를 내는 것이 법이다. 부딪치지 않
았다면 소리의 현상이 나지 않는다. 우리의 눈앞에 나타나고 있는
모든 현상은 법칙으로 존재하고 있고 상대성에 의해서 존재하게
된다.

Q 중금속의 쇳가루가 물에 들어가면 오염이 되는 것같이 있는 예를 들어서 설명해 주세요?

승: 많은 사람이 사는 곳에 하수도가 있고 깨끗한 물이 내려가는데 어떤 사람이 어떤 강한 세제를 풀었다면 물에 오염물질이 섞여 들어가게 된다. 어떤 일이 언제 일어날 것인지는 작은 원인이 큰 문제를 만들 수도 있기에 꼭 집어서 이러한 상황에서 이러한 일이 일어날 수 있고 이러한 상황에서는 이런 일이 일어났다고 설명할 수가 있다. 어떤 숫자 개념을 알고자 할 때 수학을 듣고 현실에서 적용하다 보면 숫자의 개념이 머리에 박히게 되고 이해하고 풀 수 있다. 초등학교에 다녀보지 않은 사람이 수학을 한 번도 누구에게 배우지 않으면 수학의 공식을 모른다. 하지만 학교를 졸업하면 더하기 빼기 나누기 곱하기는 대부분 할 수 있고 계산기 하나만 주면 된다.

Q 세상이 어떻게 존재하고 변하는지 자꾸 들으면 인과에 대해서 알게 됩니까?

승: 모든 좋고 나쁜 일들이 누구에 의해서 세상에 존재하는 게 아니다. 인연에 의해서 생기고 흐르는 물이 나빠지는 것은 누가 물 속에 오염물질을 집어넣으니 나빠졌다는 것을 안다. 이러한 나쁜 인연 좋은 인연에 의해서 좋은 게 나고 나쁜 게 나니까 이러한 공부를 통해서 자기를 축복할 수 있다.

Q 이런 사실을 보는 공부를 통해서 어떠한 결과를 얻게 되는 것입

니까?

숭: 이러한 공부를 통해서 얻게 되는 것은 진실에 대해서 눈을 뜨게 되고 진실에 대해서 눈을 뜨면 세상에서 자기를 소중하게 지켜 나갈 수가 있다. 거짓말을 할 수 없기에 내 대답을 들으면 너무 시시하게 들리겠지만 자기를 좋은 자기로 세상에서 보이게 하고 자기 속에서 좋은 영혼을 얻어서 또 좋은 내세를 얻는다.

Q 오늘날 현상계를 법계라고 하는 말은 이전에도 사용했던 말인데 여래님이 사용하는 법계와 같은 것입니까?

숭: 이 세상이 현상계이고 법계이어서 모든 현상이 존재한다. 현상계는 법계로 인해서 난 것을 반야심경에 나오는 말로 현상과 법이 둘이 아니라고 했다. 해탈해서 근본 세계를 볼 수 있을 때 알게 된다.

Q 사람들이 뜻을 모르고 사용하는 말이 많은데 현상은 뜻을 낳고 뜻은 현상을 나게 한다는 것이 하나로 연결되어 있다고 보면 됩니까?

숭: 사람들은 아직 완전한 존재에 대한 완전한 눈을 뜨지 못했기에 문자로써만 표현하고 받아들인다. 그런데 현실 속에서 지어진 뜻으로 현상이 나기 때문에 둘이 아니고 하나이다. 현상은 뜻으로 인해서 나고 뜻은 현상으로 인해서 존재하는 것이다. 현상계를 법계라고 하니까 법계와 현상계는 연결되어 있다. 뜻으로 인해서 존재하는 것이라고 이해하면 된다.

Q 있는 것이 존재하게 되는 과정을 알려주십시오?

승: 먼저 인류의 존재에 대해서 이해하기 쉽게 설명하면 모든 종교에서 가장 많이 쓰는 말들이 말세나 창조를 많이 사용한다. 현상이 뜻을 통해서 나타나는 과정이 창조이고 현상이 존재하고 있는 세계를 말할 때는 법계라고 한다. 모든 존재하는 뜻으로 지어진 것들이다. 그러니까 현상계를 법계라고 설명할 때 현상계에 나타나 존재하는 모든 것은 뜻으로 인하여 나타나게 된 것이다. 뜻에서 나타나게 된 것은 세상 자체가 법계이기 때문이다. 특정한 개인에 의해서 모든 게 존재하게 되는 것이 아니다.

Q 진리라는 표현과 법이라는 표현이 어떻게 다릅니까?

승: 나의 시각과 너희 의식의 시각이 너무 차이가 멀다. 무지는 죄의 원인이고 깨달음은 죄를 사하는 길이다. 불행과 행복이라는 것은 자신의 의식 속에 존재하게 되는데 그 의식이 깨어있는지 잠들어 있는지 상태를 보아서 결정된다. 눈을 뜬 자는 길가에 함정이 있어도 함정을 보고 피해서 갈 수가 있다. 그러나 눈을 감은 자는 함정이 있어도 볼 수가 없기에 자기 생각대로 가면 함정에 빠져서 자기를 다치게 한다.

Q 자기의 생각이 세상의 뜻과 맞지 않으면 자신을 영원한 불구로 만들 수가 있다는 것입니까?

승: 모든 것이 인연 속에 있으니 나고 죽는 일 또한 다르니까 삶을 통해서 짓게 되는 인연으로 인하여 나고 죽는 일 또한 다르

게 결정된다. 세상의 모든 일은 법칙 속에 존재한다고 설명할 수 있다.

Q 깊은 종교관을 가지고 있는 사람은 법칙에 대해서 잘 이해가 안 갈 것 같은데요?

승: 종교에서는 있는 법칙 자체를 모르기에 있는 그대로를 확인할 수 있도록 설명하지 않는다. 오랫동안 확인할 수 없었던 일은 더욱 거짓일 수도 있다. 세상의 큰 뜻이 있어서 생명이 있고 법 속에는 세상이 놀랄 만한 많은 일들이 존재하고 있다. 성인은 세상에 나도 중생을 얻기가 힘들고 중생은 성인을 만나도 자신을 버리기가 힘드니 따르기가 어렵다.

Q 사람들이 왜 진리를 알아보지 못하는 것입니까?

승: 눈이 먼 사람에게 이것이 다이아몬드이고 가장 값비싼 것이라고 해도 알아볼 수가 없다. 많은 시간을 통해서 식별법을 가르쳐주면 무게나 부피나 촉감으로 식별할 수는 있다. 하지만 눈뜬장님이 앞에 두고도 볼 수 없는 것과 같이 눈앞에 있는 진리를 알아보지 못하는 것이다.

Q 선생님이 외국 여행 때 왜 당신 나라에서 사람들을 안 가르치고 외국에 다니는지 질문을 많이 받았다고 했는데 왜 세상을 떠돌아다니는 것입니까?

승: 나는 아내에게도 대접받지 못하는 사람이다. 그러니까 내가

살아 있는 동안 혹시 나를 필요할 사람이 이 세상 어디엔가 있을 것 같아서 그들을 찾는 것이라고 말한다. 그 말을 하면 이해가 안 되어서 아내에게도 신용을 못 얻은 자가 세상에서 남을 가르친다고 고개를 갸우뚱하는 게 중생들의 마음이다. 인류 속에 존재하는 4대 성인은 노자와 소크라테스와 예수와 석가모니를 말할 수 있다. 이 네 사람은 세상에 와서 자기를 완성의 자리에 올려서 부처가 되고자 했다. 그러나 세 사람은 세상의 도움을 얻지 못해서 뜻을 이루지 못했다. 한 사람은 하늘과 세상의 도움을 얻어 자기를 완성할 수 있었으나 인간을 위해서 법 속에 존재하고 있는 축복의 길을 전달하고자 했으나 인간들이 알지 못했다. 그 법을 소중하게 생각하고 들으러 오는 자가 없기에 석가모니는 팔십이 넘도록 사람을 찾아서 길을 헤매다가 결국 길 위에서 죽었다. 그것이 있었던 일이고 또한 진실이며 중생계에 나타난 성인들이다. 그러니까 세상에 중생을 얻기가 힘이 드는 것은 특별한 인연이 없으면 성인의 옆에 올 수 없었다.

Q 사람들이 진리를 듣고 세상에 수업료를 내야 한다면 어디에 내야 하겠습니까?

승: 옳은 일을 하고자 하는 사람에게 도움을 주고 옳은 일을 하는 자를 돕는 일은 옳은 일이며 그릇된 자를 돕는 일은 그릇된 일이다. 사슴을 키우면 녹용을 얻게 되지만 독사를 키우면 독사 새끼를 낳으니까 악인을 돕는 것이고 악을 세상에 퍼트리는 것이다. 진리를 듣고자 하면 옳은 자를 먼저 도와서 구하는 것이 자기가

깨닫고 좋은 세상에서 살고 사회에서 행복과 평화를 얻고자 하는 노력의 결과에 해당할 것이다.

Q 한 인간의 삶 속에 존재하는 운명이 어떻게 변화하는지 알려주세요?

승: 같은 말을 이해할 수 있는 사람이 있으나 이해 못하는 사람이 있다. 근본이 좋고 나쁘기에 따라서 같은 말을 듣고도 좋게 보이고 나쁘게 보이는 것이다. 먼저 삶의 의미를 정확하게 알게 되면 진실로 자신이 자기의 삶을 축복하게 된다. 이 시간을 통해서 어떠한 길이 필요한지 나는 질문을 듣고 대답한다. 눈앞에 있는 자연 속에 내 말을 비춰보고 자기가 생각한 질문한 것을 눈앞에 있는 세상에 가서 한번 이치에 맞추어보면 된다. 내 말과 자연이 이치가 같으면 내 말을 믿고 이치를 따라서 행하면 너희가 찾는 목적지는 그 속에 있다.

Q 불교에서 법륜이라는 용어를 책을 통해서 배웠을 때 붓다께서 정각을 이루고 예전에 같이 수행하던 다섯 비구를 만나서 처음으로 자신이 깨달은 법을 전하기 시작했다고 합니다. 그때 최초의 법이 돌기 시작했다는 초전법륜初轉法輪이라 했는데 뜻을 말씀해 주십시오?

승: 최초로 법을 전하기 위해서 마차를 타고 갔는데 법을 전할 때는 수레를 타고 간다고 해서 법륜이라 했다면 이해가 조금 가지만 걸어가서 무슨 수레바퀴를 굴린다는 것이냐?

Q 수레바퀴를 그렇게 작문을 한 거 같은데 법을 굴린다거나 법을 전한다는 것을 비유한 것 아닐까요?

승: 존재하는 것은 법륜이라는 말을 듣고 수레바퀴를 그린 걸 보니까 내 대답이 정확한지는 모르겠다. 나의 짐작으로 왜 사람들은 그림을 그려놓고 법륜이라고 표시했는지 이러한 말이 어떻게 유래했는지 묻는다면 설명하겠다. 석가모니가 정각正覺을 보시고 세상에 법을 전할 때 전한 이치가 수레바퀴와 같다. 그러니까 이러한 말들이 유래하게 된 모든 것은 태어나고 싹을 틔우고 열매를 맺고 열매가 썩어서 싹을 틔우고 돌고 있다. 돌고 도는 것 속에서 인연에 따라서 좋은 인연을 맺게 되고 나쁜 인연을 맺게 된다. 각각 다른 결과가 나타나는 모든 것이 윤회하고 그 속에 나타나는 것은 법으로 존재한다.

Q 모든 현상은 자기 인연 속에 있는 법으로 인하여 나타나게 된 것들이라는 것입니까?

승: 어떤 하나의 색과 색을 배합했을 때 비율에 따라서 색깔이 달라진다. 무엇과 무엇이 배합되어서 만나게 됐을 때 어떤 현상이 나타난다. 그 속에 뜻이 존재하기에 뜻을 만남으로 새로운 뜻을 나게 했다. 내가 이걸 설명하려면 관찰해야 하는데 내가 사실 탐구나 실습은 하지 않았고 이치를 말한 것이다. 세상은 법계로 되어 있고 세상의 모든 일은 법계에 의해서 나고 있고 진실에 의해서 존재한다.

Q 이치가 존재하는 것은 만고불변의 진리입니까?

승: 이러한 문제 1+2는 항상 3이라는 답이 나온다. 세상의 이치를 이해하기 전에 수학에 대해서 먼저 이해하면 물리나 공학에서는 많이 사용한다. 그와 같이 세상의 일도 법칙으로 존재하고 공식은 똑같은데 바탕과 근본이 빼고 더해짐으로 좋은 현상과 나쁜 현상이 존재하게 된다. 너희는 깨달음이 어떻게 이루어지는지 의문을 가지고 있을 것인데 진리가 도이다. 세상에 가장 좋은 도는 있는 것 속에 있는 것을 보고 알게 되면 큰 도를 이룬 것이다.

Q 사람의 생명이 깨달음과 의식을 이용해서 큰 질병이 없이 인생을 살 수가 있습니까?

승: 죽음의 세계라고 해서 꼭 나쁜 건 아니다. 어떤 경우에 살아 있는 세계보다도 좋으며 안정되어 있고 편한 세계였지만 어떤 면에서 볼 때는 너무나 불행했다. 모든 것은 인과의 연결로 자기의 지은 뜻으로 결정된다. 만일에 내가 세상이 가진 진실을 밝혀 버리면 인간들은 2백 년 안에 진짜 공상 영화에 나오는 외계의 별같이 사악해지고 우주 자체에 큰 타격을 준다. 그러한 고도의 사악함이 이루어지고 대변화가 오면 그 속에서 조물주가 나올 수가 있다. 그래서 이러한 현상계의 비밀을 글로 썼다가 사실을 발표할 수 없어서 불에 태워 버렸다.

Q 세상에서 법이 존재하는 현상계에서는 불가능한 것이 없습니까?

승: 현상계라는 자체는 모든 길이 존재한다는 뜻이다. 그래서 만

물이 존재하고 좋고 나쁜 현상들이 나타나고 있는데 나쁜 것은 좋아질 수도 있고 좋은 것은 나빠질 수도 있는 것이 현상계의 비밀이다.

Q 현실에서 알기 어려운 일은 역사를 통해서 배우라고 했는데 역사 속에는 어떤 진실이 있습니까?

승: 과거의 사람들이 쓴 수학과 현재의 사람들이 쓰는 수학이 다르지 않다. 과거의 사람들도 현대의 수학을 썼고 현재의 사람들도 전에 사람들이 쓰던 수학을 생활에서 계속 쓰고 있다. 이같이 아는 자는 항상 법을 가르쳤고 어떤 행위나 나타나는 현상 자체는 법의 결과로 나타난다. 내가 이 시대에 와서 할 수 있는 일은 항상 법을 가르치고 사람을 일깨우는 일을 한다는 것이다.

Q 선생님의 경험들이 미래에 좋은 결과를 가져올 수 있을까요?

승: 너희가 여기에서 계속 듣기만 해서는 안 된다. 나는 너희를 제자로 받아들이는 게 아니고 선생으로 양성하는 것이다. 빨리 깨달아서 내가 해야 할 일을 대신해주면 내가 해야 할 목표의 달성이 빨라진다. 내가 혼자 다니면서 세상을 깨우치기보다 여러 명이 나서서 세상을 깨우치면 더 많은 사람에게 혜택을 줄 수 있는 것이 분명하다. 세상을 위한 일을 배워서 있는 것을 확인하고 깨달은 것을 다른 사람에게 전해주는 것이 아는 자의 도리이고 사랑이다.

Q 저희가 배울 게 있는 사람은 배우면 되고 가르칠 수 있는 사람은 가르치면 됩니까?

승: 내가 눈을 유일하게 눈을 뜬 자이니 있는 일을 묻는다면 능력까지 안내해 갈 수 있다. 하지만 일반 사람은 눈을 뜨지 않았기 때문에 길을 찾는 것이 그만큼 어렵다. 눈먼 사람이 눈먼 사람을 데리고 높은 곳으로 인도해 가는 것은 불가능한 일이다. 너희는 법칙의 결과를 조금은 알고 있으니 사람들에게 뜻으로 나타나는 진리를 알려야 한다. 법 속에 있는 뜻을 사람들에게 알리는 것이 인간의 사회에서 가장 필요한 역할이고 중요한 일이다. 세상에 큰 빛을 남기는 것이 큰 공덕을 짓는 일이 될 것이다.

Q 이 나라가 스승의 말씀을 받아들이지 못하는 것이 운명입니까?

승: 사실 나는 깨달음을 얻고 나서 세상의 일이 공식 속에 존재한다는 사실을 알고 얼마나 기뻤는지 모른다. 나는 내가 알고 본 세계의 일만으로 이 나라를 최고의 국가로 만들 수 있었고 이 민족이 가지고 있는 모든 한을 풀 수가 있었다. 지금까지 있었던 문제를 전부 와서 가지고 오면 그 원인을 추적해서 밝히고 거기에서 반대로 원인을 다시 바꾸어 놓으면 어떤 현상이 나타나는지 보면 된다. 잘못된 원인이 잘못된 세상을 만들고 잘못된 행위가 잘못된 세상을 만든 것이다. 사람이 주체이기 때문에 사람이 가지고 있는 사고에서 잘못된 행위가 나타나서 잘못된 세상을 만들어가는 기본이다. 그런데 나에게서 말을 들어줄 사람이 없었고 지금까지도 소중하게 생각하는 사람에게도 큰 도움을 줄 수 없는 것이다.

Q 신神이 세상에 영향을 줄 수 없습니까?

승: 중요한 문제는 세상은 법 속에 있는 것이지 어떤 신의 결정으로 세상의 일이 존재하는 것이 아니다. 예를 들어 코끼리가 인간을 깔아뭉개고자 한다면 무기를 안 가졌는데 뛰어들면 난장판을 낼 수 있고 농작물을 망치게 할 수 있지만 코끼리 한 마리가 세상을 망치지는 못한다. 신의 저주가 어느 한 지방에서 문제를 만들어낼 수는 있지만 실제 세상을 망치지는 못한다. 세상은 법칙 속에 존재하는 것이니 법을 믿고 뜻을 따라야 한다.

Q 어떻게 세상일이 존재하게 되는지 문제를 설명해 주십시오?

승: 예측하지 못하는 문제도 존재하고 예측할 수 있는 문제도 존재할 수 있지만 문제에 의해서 해답은 존재한다. 공식만 알면 충분히 항상 있는 일 속에서 문제를 얻고 문제의 해답을 만들어내야 한다. 사람에 따라서 이해하는데 어려움을 갖게 될 일이다. 내가 깨달음을 얻고 나서 가장 많이 속은 일은 내가 보고 이해하는 일들은 다른 사람들도 보고 이해할 것이라고 믿었기 때문이다. 그래서 나는 사람들로부터 이상한 사람으로 보였고 버림을 받아야 했었는데 이런 일이 시각視覺의 차이였다. 지금까지 계속 진리를 말했고 공식 속에 세상이 존재한다.

Q 법과 진리와 약속과 뜻이 다른 말이지만 같은 이치로 설명할 수 있는 것이죠?

승: 하나의 대상을 두고 네 가지로 말한다. 말은 어떤 의미가 있

고 뜻이 말속에 포함되었는지를 잘 이해해야만 말을 바로 알아들을 수가 있다. 법이라는 말은 자연을 배울 때는 법이라는 말은 진리이기도 하다. 세상은 법 속에 존재하기도 하고 진리 속에 존재하기도 하고 약속으로 존재하고 뜻으로 존재한다고도 말할 수가 있다.

Q 세상일을 존재하게 하는 법칙이 무엇입니까?

승: 이 세상의 일을 모르기에 광범위하고 폭넓게 쉽게 설명하는 사람이 없다. 이것은 사람들이 가지고 있는 많은 시간을 합쳤을 때는 어떤 문명을 만들어내지만 한 사람의 시각으로는 일부분 지금까지 쌓아놓은 기초 위에서 조금 이루고 이렇게 진보되어 나왔다. 세상이 존재한 비밀은 반복 현상에 의해서 존재하는 것이다. 반복 현상은 있는 일의 뜻으로 일어나게 되며 이 뜻을 통해서 좋은 세상과 나쁜 세상을 존재하게 한다.

Q 좋은 세상과 나쁜 세상이 좋은 일과 나쁜 일을 존재하게 하는 원인은 무엇일까요?

승: 그것이 바로 있는 일이다. 세상에서 이 자리를 통해서 좋은 세상과 나쁜 세상을 있게 하는 일은 바로 있는 일이라고 말하고 있다. 어디에 어떤 일이 있었는지는 보아야 알 수 있다.

Q 이 세상에는 어떤 일이 일어날 수 있는 것입니까?

승: 그건 이 자리에서 나도 대답하지 않는데 너희가 직접 보고 확

인해야 한다. 수학은 1부터 시작해서 풀면 참 쉽겠지만 수학 문제를 다 풀 수 있는 것은 공식을 알면 된다. 이것을 다 풀어보려면 얼마나 걸릴지 모르는데 수치는 얼마든지 늘어날 수 있고 줄어들 수 있기 때문이다. 이 자리에서는 계속 같은 말과 같은 뜻을 계속 반복되는 복습을 하는 것이다. 이 시간은 시각을 눈뜨게 하는 시간이고 있는 일이 이해를 통해서 정신이 눈뜨게 된다. 이런 자연현상을 어떤 학자도 정확하게 설명하지 못한다. 사람들의 시각은 좁기에 학교에서 어떤 때는 잘못된 것도 설명하고 책을 놓고 가르치는데 잘못 알고 있는 것을 많이 가르치게 된다.

Q 현상계에서 반복 현상은 어떻게 나타납니까?

승: 반복 현상이라는 것은 계속 되풀이된다는 것이다. 나고 죽고 다시 태어나는 현상이고 나고 죽고 부활을 통해서 끝없이 자신을 존재하게 한다. 나는 오늘 하나의 메시지를 만들고 있는데 내용 중에서 현상계가 존재하는 건 있는 일을 통해서 새로운 일이 나타나는 것이다. 나타날 때마다 공간에 있는 정화된 진기가 만물을 만들어 만물의 활동은 세상 자체에 변화를 일으키게 한다. 세상 자체에 변화를 일어나게 하고 변화는 세상을 반복하게 만든다는 내용이다.

Q 만일에 반복 현상이 정지된다면 세상에는 얼마나 큰 파장이 일어날까요?

승: 반복 현상이 존재하지 않는 사회는 달처럼 변해 버린다. 지금

세계 곳곳에서 엘리뇨 현상이 일어나고 있는데 어떤 곳에는 홍수가 쏟아지고 어떤 곳에서는 비가 오지 않는다. 그리고 푸른 습지대가 사막으로 변해가고 사막이 이동하는 현상이 일어나는 것은 중력의 변화로 인해서 이뤄지는 것이다. 중력 활동으로 상승한 기운이 대기의 공간 일부를 꽉 채우고 있는 기운이 약화해 변화함으로 강해질 수도 있고 약화 될 수도 있다.

Q 어떤 생명 활동이 줄어들면서 중력에 변화가 오기 시작하면 지금 과학자들도 기상이변이 많이 올 것이라고 말을 많이 하는데 원인이 무엇입니까?

승: 중력대에 변화가 시작되고 있기 때문인데 중력에 변화가 생길 때 오는 현상이다. 모래는 중력이 없으니까 바람만 조금 불면 모래가 이동하게 된다. 우리 몸이 중력으로부터 이탈해 버리면 가볍게 우주 공간에 날아다닐 수 있는 것은 중력이 없기에 생기는 현상이다. 중력의 변화가 있으면 기체가 비를 만드는 구름이 한곳에 모여서 홍수를 뿌려댈 수도 있다. 그리고 골고루 비가 오지 않는 이상 돌연변이 현상들이 나타나게 된다.

Q 이런 현상이 나타난 이후에는 어떤 현상들이 있게 될까요?

승: 조금 전에 말한 기상이변이 계속된 이후에는 바로 지각변동이나 화산활동과 지진과 해일이 강력하게 일어난다. 이 땅 위에 퍼져 있는 대기 속에 기체의 부족으로 인해서 기상이변이 생기게 되고 기상이변이 계속되면 곧 지각변동과 화산활동과 지진

과 해일 현상이 일어난다. 기체가 부족하기에 중력이 약해지고 땅속에서 지표면에 있던 기운이 폭발한다. 지금 지구는 곧 변화기에 들어가게 되고 변화기의 현상에 의해서 새로운 세상을 태어나게 한다.

Q 새로운 세상이 나기 위해서 먼저 있어야 할 일은 무엇입니까?

승: 새로운 세상이 나기 위해서는 있는 것이 죽어야 한다. 실제로 이런 일을 아무리 이해하려고 해도 이해가 안 될 것인데 계속 이곳을 통해서 듣고 느끼고 보게 되면 충분히 이해된다. 만법귀일이라는 말은 하나의 뜻을 이해하면 만 가지를 이해할 수 있다. 수학으로 하나의 공식만 알면 만 가지 문제를 풀 수가 있는 것처럼 공식을 통해서 하나를 푸는 사람은 만 가지도 풀어낼 수 있다.

Q 그러면 있는 세상이 죽는 일은 어떻게 일어나는 것입니까?

승: 지상에 있는 이 공간의 중력이 상실되어 인류 자체가 죽는다. 죽음 뒤에는 태어남이 계속되는 것처럼 모든 것을 죽게 하는 과정은 새로운 것을 태어나게 한다는 것이다. 지금 이 시대는 한 바퀴 돌아서 6천 년 동안의 끝부분에 도착하면 죽고 다시 새롭게 계속 돌아야 한다.

Q 세상의 일은 인연에 의해서 좌우되면 운명은 과연 어떻게 만들어질까요?

승: 세상은 법칙으로 존재하고 법칙은 있는 문제가 항상 결과를

만들어내고 있다. 세상의 법칙은 있는 것의 활동으로 이미 수백억 만 년을 지내왔고 앞으로도 이 법칙에 세상은 영원할 것이다. 곡 식의 열매가 어떻게 만들어지는지 보고 영체가 어떻게 만들어지 며 다시 태어났을 때 어떠한 활동을 하는지를 관찰하면 볼 수 있 다. 논에 벼를 심었는데 결과를 얻는 과정은 사람도 똑같이 적용 되고 인연의 법칙을 받아들이는 것도 똑같다. 땅은 사과나무의 바 탕이라 하고 사과나무가 커서 열매를 맺고 활동하는 가장 중요한 씨는 근본이다. 근본 바탕이 튼튼해야 좋은 열매가 열리는 것은 누구도 부정할 수 없는 사실이다.

Q 저희가 농사지어보면 확인할 수 있는 일이겠네요?
승: 땅이 좋고 나쁨에 따라서 씨앗인 근본이 생명 활동하는 영향 을 받게 된다. 땅의 바탕이 좋고 토질이 좋고 기름진지 메마른지 에 따라서 자라게 되는 생명체의 활동이 달라진다. 땅이 가지고 있는 바탕의 환경에 의해서 근본 자체는 망할 수도 있고 좋아질 수도 있다.

Q 이러한 현상은 어디서든지 볼 수 있고 어디든지 적용된다면 인간 의 영체에도 가능한 것입니까?
승: 인간의 영체는 열매를 만드는 게 아니고 자기 속에 영혼을 만 들어 영체를 맺게 한다. 영체는 죽으면 부활해서 다시 생명으로 돌아올 때 자기가 영체의 근원은 활동 속에 있었던 일이 열매 속 에 그대로 잠재하게 된다. 이것이 다시 씨앗이 되어서 떨어져서

땅에서 부활하면 자기 속에 있던 성질이나 있었던 내력에 의해서
또 활동을 계속한다. 활동하는 과정에서 근본적인 활동에 대한 영
향이 자기 바탕에서 있게 된 인연과 결합함으로써 바탕의 인연을
모아서 다시 활동하게 된다. 이때 나타나게 되는 것이 과거 자신
을 있게 하는 활동이 계속 따라와서 반복되게 된다. 운명의 근원
은 자기 속에 있던 근본과 바탕의 속에서 이어진 인연이 따라와서
부활하는 것이다.

Q 그래서 한번 잘못된 일을 했을 때 계속 잘못된 일을 하게 되는 것
　입니까?

승: 자기의식 속에 입력이 된 것은 계속 자기가 한 일을 되풀이하
려고 하고 자기에게 계속 자랑한다. 최근에 이런 일을 알아보려고
많은 노력한 결과 무서운 현상들이 일어났다. 한번 잘못에 빠지게
되면 잘못된 것이 자꾸 자기를 계속 잘못된 곳으로 내몰게 한다.
자기 속에 있던 일들의 영향에 의해서 부실한 근본의 사람으로 만
들어낸다. 운명의 근원은 자기 속에 있는 일에 의해서 결정이 된
다는 사실이다.

Q 저희가 세상에 태어나서 살아가는 동안에 세상일을 이해하기 위
　해 어떻게 하면 되겠습니까?

승: 세상의 일을 이해하지 못한다면 눈을 뜨고 있어도 까막눈이
고 귀를 가지고 있어도 청각장애인에 해당하는 것이다. 그래서 사
람들은 항상 진실을 소중하게 여기고 살고 있지만 최근에는 진실

이 인간 사회에서 사라져가고 있다는 슬픈 일들을 자주 목격할 수가 있다. 이런 일은 말세의 현상으로 비단 이곳뿐만 아니고 세계 곳곳에서 일어나고 있다.

Q 과학에서 어떤 물질을 가지고 인과의 이론에 의해서 새로운 문명을 만들어내고 있잖아요?

승: 문명을 통해서 법의 세계를 확인하고 있는 것을 과학이라고 말한다. 최소한 사람은 살아가면서 과학의 기초 정도는 알고 있어야 하는데 절대로 세상에서 기적이 일어나는 일은 없다. 기적이라는 것은 우리가 모르고 있을 때 자기가 모르는 일이 나타났을 때 기적이라 한다. 그러니까 기적이 없다는 것이 세상에 알고 보면 모든 것은 법칙으로 일어난다고 생각하면 된다.

Q 세상에는 법칙을 뛰어넘는 절대적인 존재가 있지 않겠습니까?

승: 세상은 법칙으로 있는 일과 일을 통해서 존재한다. 다른 어떤 힘을 가진 자의 개입으로 현실 세계가 존재하는 건 절대 아니다. 너희의 꿈을 깨는 일이 될 줄 모르겠지만 신이 대신해주는 일은 없다. 실제 현실 세계에서는 하나의 법칙으로 문제로 인하여 모든 답이 정해져 있고 답에 의해서 현실 세계는 계속 존재한다.

Q 모태 법에 대하여 들으면서 삶을 함부로 살면 안 되겠다고 이해하게 되었습니다.

승: 삶 속에 있는 일이 한 번 실수하고 잘못을 저질러 놓으면 그

일이 자신을 끝없이 괴롭힌다. 거짓말을 할 때는 자기도 모르게 신나게 거짓말을 한번 하면 들통이 날까 해서 평생 감춰야 한다.

Q 거짓말이 자기 삶에 크게 도움이 안 되는데도 평생 짊어지고 살아야 하겠네요?

스승: 석가모니가 깨달음을 얻고 나서 세상에서 가르친 것은 윤회와 인과법이었다. 윤회는 자기 속에 있는 일을 통해서 계속 반복한다는 것이고 인과라는 것은 자기에게 있게 되는 일로 인하여 좋은 일이든 나쁜 일이 존재하게 되는 것을 말한다. 세상에는 모든 길이 열려 있는데 사람들은 모를 뿐이다. 인과의 세계를 좀 더 넓게 말하면 법계라고 하는데 끝없는 일들이 일어나고 있기에 일일이 모두 설명할 수 없다. 그래서 이런 일을 두고 진리라고 말하며 세상이 수만 번을 윤회해도 이 일을 변하지 않을 것이다.

Q 진리는 변하지 않고 언제든지 존재하는 것입니까?

스승: 현상 세계에서는 모든 문제에 따라서 변하게 되어 있다. 세상을 존재하는 일의 법칙은 변하지 않는다.

Q 사람들은 왜 신神이 세계를 만들었다고 생각할까요?

스승: 세계를 만든 것은 신이 아니고 법칙으로 모든 일이 일어나게 되어 있다. 내가 세상에 와야 했던 이유도 이런 일을 알리고 인간의 세계를 구하기 위해서는 누군가 인간의 세계에 와야 했는데 그 대상이 나였을 뿐이다.

Q 법은 문제에 의해서 정해져 있기에 원인을 지으면 결과가 나오게
되는 것이 인과입니까?

승: 세상은 있는 일이 활동하는 과정에서 일어나게 되는 문제에
의해서 세상에는 만물이 존재하고 자기 속에 있는 문제를 통해서
자기의 앞날이 존재한다. 대학에서 가르치는 법전을 봐도 형법 몇
조에 죄를 지은 사람은 몇 개월 이하 징역이나 몇 년 상한선을 두
었다. 그렇지 않은 사람에게는 그 사람의 정상에 따라서 1천만 원
이하의 벌금에 처한다고 정해놓는다.

Q 사회의 법은 문제의 원인이 어떻게 진행되는지에 따라서 문제 속
에 있는 일을 보고 판결하는데 자연의 법은 어떻습니까?

승: 대자연의 법이 정해놓고 있는 것은 인간이 하는 재판보다도
엄하다. 이것은 몇 년 이하라고 정하는 게 아니고 이렇게 하면 이
렇게 된다고 정해져 있다. 태초부터 세상에서 정해놓은 법은 인정
사정없이 가차가 없으며 절대 실수했을 때는 대가가 있다. 그것은
원인을 만든 사람 중에서 어떤 원인이 얼마만큼 상대에 영향을 미
친다는 것만 다를 뿐이다. 법계의 일이 정해지게 되는 것은 사람
들 속에 있는 문제에 있을 때 운명도 법칙으로 정해진다.

Q 사람이 정해진 운명을 벗어나기 위해서는 어떻게 살아야 합니까?

승: 기록에 의할 것 같으면 모든 말 중에서 석가모니여래가 말한
것만이 오직 자연의 법칙을 그대로 말한 것이다. 다른 성인들은
세상과 인간의 사이에 머물고 말았고 자연의 법칙을 보지 못한 상

태에서 죽었다. 그런데 자연은 결코 어떤 경우에도 속이지 않았고 우연이 아니었다. 바탕과 환경과 근본의 원인이 가지고 있는 결정으로 나타나고 있었다. 이러한 사실을 분명히 인정하고 자기가 생활해야 할 소중한 시간을 세상에 바치므로 자기의 앞길을 구원하게 될 것이다. 현재에서 모든 애환을 풀면서 살아갈 수 있을 것인지를 계속 탐구해야 할 것이다.

Q 현실에서 이루어질 수 없는 말을 하는 사람의 말은 거짓이고 믿어서는 안 되겠네요?

승: 사람들이 모르고 있으면서 근거도 없이 책을 읽고 자기 생각에 끼워서 말을 맞추는 것이다. 우리 사회는 잘못된 사람들의 말이 우리 사회에 말의 공해를 일으키게 되고 그 공해가 우리 사회를 어둡게 하고 잘못 속에 빠지게 하여 모든 진실을 가려버리기도 한다.

Q 삶을 통하여 운명을 어떻게 짓게 되는 것입니까?

승: 인간의 마음에도 온갖 뜻이 있지만 하나의 씨앗을 뿌렸더니 생명체가 여러 개 열렸다. 번식력을 가지고 있고 생명의 근원이 되는 것은 아주 순수한 기운이었다. 기운은 현상계에 나타나서 생명으로 부활하고 생명은 자기가 살던 추억을 가지고 영체의 세계에 가서 머문다. 그리고 자신을 허물어 버리면서 다시 근본 세계로 온다. 계속 회전하고 있는 것이 계속 연결되고 있고 돌고 있기에 윤회라고 한다. 그렇게 반복해서 현상계의 평화와 안전을 유지

하는 힘이 발생하고 있다.

Q 과학이 계속 발달하면 영혼이 약화하는 이유를 선생님은 볼 수 있습니까?

승: 영혼을 약화하는 것은 물질문명의 발달로 인해서 욕망과 강한 욕구로 인하여 정신적으로 타락하는 행동을 했을 때이다. 너희는 어떻게 해서 이러한 현상이 일어나게 되는지 현실을 들어보면 생소할 것이지만 무엇이든 존재하는 것은 상대성 원리가 포함되어 있다. 존재하는 것은 분명히 서로 연결되어 있고 차원이 있으며 생명체가 살아가는 삶의 조건 속에서는 원리가 존재한다. 너희가 사는 곳에서도 꼭 환경과 바탕이 존재하고 있으나 실제 깨닫기 전에 원리를 알기 어렵다.

Q 사람들의 정신이 약화 되는 증거를 어떻게 볼 수 있습니까?

승: 오늘날 현상 세계에서 많은 질병이 나타나고 있다. 옛날에는 깊은 산속에 사람들이 접촉하지 않는 원시림에 들어가면 감기도 잘 걸리지 않는다고 했다. 그런데 오늘날 10년 전보다는 엄청나게 병원 숫자가 늘고 환자 수는 종합병원에 가면 줄을 서 있다. 20년 전보다는 몇 배로 늘어났다는 것은 사람들이 정신이 그만큼 약해지고 있다는 증거이다. 몸에 질병이 많이 발생하는 것은 정신적 요인의 결함이 80%라고 설명했다.

Q 이러한 병이 생기고 정신력 약화가 오는 원인은 어떤 것입니까?

승: 미리 말할 수는 없지만 급격한 환경의 변화로 인해서 욕구에 대한 불만과 퇴폐적인 생활과 관습이 번성해서 모든 것을 멸망시켜 버린다. 영체는 기운으로 되어 있고 마음이 쌓여서 열린다. 그 기운이 자기의 마음을 가지고 윤회하는데 의식이 약화 된다는 것이다.

Q 사람들은 보통 자기 부모에게서 태어난다고 인식하고 있고 우리가 알고 있는 범위에서도 난자와 정자가 만나서 세포분열을 통해서 생명이 나온다고 생각하고 있는데 태아 속에 언제 영혼이 스며드는 것입니까?

승: 그것은 영체 자체도 기체이기에 인간에게 안 보인다. 기운 속에 마음이 존재하고 있기에 영혼이라고 하는 데 마음이 존재하지 않을 때는 기氣라고 한다. 모든 생명의 원인은 기운의 변화 속에 왔는데 생명으로 진화될 수 있는 게 있다. 그 기운이 하나의 생명체를 만났을 때 생명 활동을 통해서 생명의 근원으로서 진화될 수도 있지만 안 될 수도 있다.

Q 태어날 때 태아 속에 영혼이 들어가는지요?

승: 그것은 볼 수가 없는데 내가 안 보고 설명하는 것이 어렵다. 꼭 나한테 알려고 하지 말고 밤이나 콩을 하나 땅에다 심어놓고 언제 싹이 나는지 보아라! 어디에서 싹이 나고 어떻게 나는지 다른 생명 활동도 똑같은 하나의 이치로 나타나는 것이다. 뜻에서 분명히 나타나는데 나의 육안肉眼으로는 기체를 보지 못한다.

Q 여래님은 세상에 와서 사람들에게 건방지다는 소리를 듣고 왜 외면당해야 하는 것입니까?

슷: 사람마다 보는 시각이 각각 다른데 자기들의 마음이 어두워서 볼 수 없는 일을 내가 보니까 건방지다고 한다. 시계처럼 둥근 원을 그려놓고 이치를 보면 근본 세계가 있고 사람들이 사는 곳은 현상 세계이다. 인간의 시각은 보통 현상에서부터 시작해서 현상 밖에 안 열려 있다. 그러니까 최고의 천재인 사람이 현상 세계의 끝에 올라왔는데 인간의 시각은 결과의 세계에 가도 근본의 세계는 절대 안 닿는다. 근본의 세계는 있는 것이 모든 게 없어져 버리고 마음 자체가 없어졌을 때 실제로 아무것도 존재하고 있지 않았다. 아무것도 존재하지 않는 근본 세계 일을 누가 볼 수가 있느냐는 것이다.

Q 어떻게 선생님은 근본 세계를 보았습니까?

슷: 나는 후세 사람들을 깨우기 위해서 이렇게 말해줄 수 있다. 수없이 많은 수천억만 명이 태어나는 중에 한 사람 정도 매우 진실한 자가 태어난다. 진실한 자는 생명 활동을 통해서 자기의 정신을 자기가 가지고 있는 신을 밝게 진화해서 변화시켰다. 그런 사람이 세상에 나타난 것은 나의 앞에 석가모니가 나타났다. 내가 깨달음을 얻는 날 나의 의식 속에 모든 게 사라지면서 마음 하나가 있었는데 근본의 세계였고 아무것도 없었다. 아무것도 존재하지 않는 텅 비어 있는 공간과 같았으니까 아무도 갈 수가 없는 곳이다. 언젠가 세상의 이치에 마음이 닿아서 마음이 변하지 않고

전생에 지은 결과가 세상의 이치를 모두 얻었을 때 가능했다.

Q 의식이 근본과 같이 되었을 때 전혀 변화하지 않고 지혜를 만들어
내는 겁니까?

승: 근본 세계가 깨달은 자 속에서 나타나는 것이니까 씨 없는 수
박을 심으면 씨 없는 수박이 난다. 그러니까 전생의 여래에서 또
다시 여래가 태어난 것이다.

Q 자기의 앞날이 어디에 어떻게 존재하는 것입니까?

승: 나는 너희 자신을 구하고자 하는 마음을 일으켜 세워주고 마
음을 지킬 수 있는 길을 가르친다. 내 일생의 삶이 너희에게 필요
하다고 생각하기에 하는 일이다. 너희는 지금까지 세상에서 일어
나고 있는 진실에 대해서 어떤 증거를 가지고 말한 것이 아니고
생각으로 받아들이고 말해왔다. 사실을 보지 않고 말만 가지고 질
문하면 말을 잘못 옮겼을 때 나의 대답도 틀릴 수가 있다는 것을
참고로 말한다. 어떤 문제에 대해서 확실하게 본 것으로 이 자리
에서 질문하면 내 대답이 질문에 대해서는 정확하게 맞게 될 것이
다. 나는 그 말을 이치 속에 놓고 나타나는 결과를 대답한다.

Q 깨달은 사람들은 근본 세계를 볼 수 있다고 말씀하셨는데 살아서
근본 세계를 보셨다는 말씀이지요?

승: 살아서 근본의 세계를 안 보면 죽어서는 절대 못 보고 신들도
그 세계는 못 본다. 모든 사람이 죽게 되면 근본의 세계를 거쳐서

올 때 생명이 없고 어떤 결과도 없고 말 그대로 시작하고 있는 자리이다.

Q 저희가 조금이라도 이해를 할 수 있게 살아서 근본 세계를 보았다는 사실을 어떻게 증명하시겠습니까?

숭: 이 세상에 있는 모든 경전을 가져오면 경전 속에 있는 모든 비밀을 전부 다 알 수 있다. 이 사람은 옳지 않은 자가 꿈을 보고 썼는지 사실인지 전부 다 알아낸다. 마음이 근본의 세계에 닿지 않으면 세상의 이치의 움직임은 보지 못한다. 나의 삶이 이 땅에서 크게 도움이 되지 못하는 것이 매우 안타깝다.

Q 근본 세계는 시작하는 자리와 끝나는 자리가 함께 있습니까?

숭: 식물이 나는 거나 사람이 태어나는 거나 똑같은데 사람들이 가진 시각 때문에 잘 이해하지 못한다. 사람들은 항상 사실을 보면서도 사실이 마음에 닿지 않고 어두운 의식에 가려서 실제 자신의 마음이 그곳을 볼 수 없다. 근본의 세계는 의식이 파괴되어버린 상태이며 모든 생명의 결과가 끝나고 시작하는 지점이다. 그러니까 근본의 세계에 도착해버리면 아무것도 없고 모든 것을 버려야만 갈 수 있고 의식을 가지고는 갈 수가 없다. 의식을 가지고 있는 상태는 신의 세계이다.

Q 근본 세계에는 아무것도 없고 근본만 있다면 기체는 존재하고 있습니까?

승: 근본 세계는 기체가 존재하고 있으며 모든 것이 정상적인 상태이다. 근본 세계는 아무것도 없고 끝나는 점이고 시작하는 모든 출발점이라고 보면 된다.

Q 현대 물리학에서 물질의 근본 요소가 입자와 파동이라고 했는데 기체가 존재한다면 아무것도 없는 게 아니잖습니까?

승: 내가 말하는 존재하는 건 의식을 말하는 것이고 근본 세계에는 의식이 없는 세계다. 공空사상이라는 건 아무것도 없는 것이 아니고 기체는 존재하고 있다. 공기도 있고 우리는 숨을 쉬고 있다. 아무것도 없다는 건 허공에 보이는 건 아무것도 없다는 것과 같다. 그러니까 설명할 때 근본의 세계는 아무 의식이 존재하지 않고 의식을 가진 자는 올 수가 없는 곳이다. 반야의 세계는 신神 자체도 이러한 세계를 태어나고 거쳐서 다시 자기가 나게 된다는 것을 모르고 있다. 그러기에 산 자는 죽을까 겁이 나지만 신도 자기가 이제 죽는가 해서 겁을 내니 안 죽으려고 발버둥 한다. 모든 것은 영원히 죽는 게 아니고 다시 태어나는 것인데 이 법칙을 모르니까 여기서는 또 오래 살려고 한다.

Q 생명이 죽음을 두려워하듯이 신도 역시 근본 세계로 가는 걸 두려워하네요?

승: 신도 역시 이제 끝나는가 해서 자기들도 겁먹고 두려워하고 더 살고 싶어 한다.

Q 신의 상태로 계속 있고 싶어 하는 것입니까?

승: 애착은 의식을 뭉치게 하고 얽매이게 하니까 애착을 갖지 아니하면 자기가 마음에 강한 의식을 담지 않는다. 애착 때문에 마음에 의식이 강하게 쌓이니 애착을 갖지 말아야 한다. 세상은 모든 것은 존재하는 것이니까 이러한 뜻의 세계를 충분히 알면 자기가 하는 일에 대해서 큰 보람을 가지고 남보다 현명하게 살아갈 수 있다. 바른 삶과 밝은 이해가 자기를 구하는 길이고 영생을 얻게 하는 길이며 자신을 천국에 이르게 하는 길이다. 죽은 예수가 와서 산 사람을 천국에 다 데리고 간다면 나쁜 놈 도둑놈만 천국에 가고 선량한 사람은 하나도 못 가겠다.

Q 저희는 왜 미래의 운명을 스스로 알지 못합니까?

승: 너희가 가지고 있는 업 때문에 자신들이 앞으로 만나게 될 운명을 원해서 살았기 때문이다. 나의 삶이 사실 사람들을 위해서 큰 도움이 될 수가 없었다. 만일에 자신의 좋은 앞길을 알기를 원했고 이 나라의 좋은 앞날을 원했다면 나는 지금 바빠서 이 자리에 앉아 있을 여가가 없었을 것이다.

Q 실제로 많은 사람이 선생님의 진실을 원하지 않았습니까?

승: 일반 사람 중에서 이 나라에 애국자가 많이 있는 줄 모르겠지만 내가 만난 사람 중에서는 실제 나라를 사랑하는 애국자가 없었다. 내가 재야인사라는 사람은 거의 다 만났다. 재야 운동권에서도 지학순 주교 문익환 목사 계훈제 선생 등이 있었는데 함석헌 씨

집에 가서는 식사 대접받고 만나서 내가 혼자서 거의 연설하고 왔다. 내가 당신은 진정으로 나라를 사랑하는지 질문했을 때 그들은 목을 숙이고 대답하지 않았다. 그들은 정의가 무엇인지 대답하지 못했다.

Q 바탕과 환경은 후천적으로 주어진 운명이 될 수 있습니까?

승: 지금은 과거의 삶으로 인하여 현재의 운명이 존재하나 미래의 운명은 현재의 삶을 통해서 존재하는 것이다. 그러니 현재의 운명은 과거로 인해서 근원이 자기에게 나타나고 있지만 너희가 변화시키지 아니하면 미래에도 현재 가지고 있는 게 그대로 나타난다. 그러나 너희의 바탕이 변하고 변한 바탕으로 다른 환경이 거기에서 만들어지게 될 때 가능하다. 성질이 급한 사람이 온화한 성격으로 돌아오고 허약한 정신을 가진 사람이 강한 정신을 그 속에서 얻게 된다. 여러 가지 이런 변화는 얼마든지 존재할 수가 있다.

Q 이러한 이야기를 저희가 하나의 사물을 놓고 관찰하면 그대로 나타나고 쉽게 발견할 수 있습니까?

승: 법은 이치 속에 존재하는데 사물을 통해서 보면 충분한 이해가 올 수가 있고 이해가 빠르게 깨달음을 가져다주고 운명을 바꿔 버린다. 세상에는 너무나 많은 법칙이 존재하기 때문에 몇 번 반복이 되면 자신도 이치에 대해서 조금 눈을 뜨면 된다. 이치는 수학의 공식과 같으니까 이치를 통해서 모든 일에 대한 진실에 접근

할 수가 있다.

Q 하나의 영혼이 분리되면 분리된 상태로 머무는지 아니면 다음 세
 대에서 다시 그 영혼이 합쳐질 수도 있는 것입니까?

승: 한번 분리되면 합쳐지는 건 불가능하다. 타임머신 속에서는
과거로 돌아갔다는 소리를 들었지만 어떤 사물이 열매가 다시 싹
으로 들어가도 그 싹이 다시 그 원인 속으로 돌아가는 일은 세상
에서 아무도 목격한 자가 없으니까 그런 일은 없다고 봐도 된다.

Q 그러면 쌍둥이 영혼은 존재할 수 있는 것입니까?

승: 모습과 성질이 비슷한 정신이 연결된 것같이 느끼는 일란성
쌍둥이가 있다. 그것은 분명히 영체의 인자가 분리되지 않은 상태
에서 사람의 바탕에 떨어졌을 때 그런 일은 얼마든지 일어날 수
있다. 쉽게 말해서 우리가 어떤 씨앗을 같이 붙어 있는 상태에서
심으면 두 개의 싹이 날 때 성질이 비슷하다. 같은 근본과 바탕이
고 같은 환경이니까 느끼고 보고 하는 모든 게 비슷하다면 얼마든
지 현실에서 목격할 수 있는 현상이다. 다만 각기 다른 환경과 바
탕에 처하게 될 때 급격히 달라진다. 생각하는 차이는 유사한데
사고는 이미 달라져 있는 차이점을 발견할 수 있다.

Q 쌀벌레의 경우에 씨앗이 열매가 없고 씨앗을 만들지 못하는데 계
 속 그렇게 만들어지고 있지 않습니까?

승: 쌀 속에도 기운이 존재하는데 온도에 의해서 기운이 물체의

밖으로 나올 때 움직이는 생명체로 변할 수가 있다. 그건 어떤 환경의 조건에 의해서 나타나는 것이다. 쌀벌레가 보통 봄철에서 여름철에 많이 나오는데 쌀을 영하의 상태에 보관하면 절대로 안 나니까 모든 물체는 자체가 가지고 있는 힘이 있다.

Q 물체는 외부에 가지고 있는 힘이 서로 부딪칠 때 변화가 계속 일어나지 않습니까?

승: 나는 쌀을 찧어봤을 때 온도가 몇 도 이상에서 변화를 계속하는지는 사실 관찰을 정확하게 하지 않았다. 그리고 내가 이 질문에 대해서 대답할 때 모든 생명체의 근원은 기운으로 인하여 나게된 것이다. 조물주 자체도 기운 속에서 난 진기가 만들어낸 결정체이다. 그리고 모든 생명은 기운으로 인하여 나타나고 현상은 기운에 의한 조화다.

Q 모기나 매미의 경우에는 전부 화생化生인데 태어나는 형태가 기운으로 인하여 태어나는 겁니까?

승: 어떤 조건과 어떤 조건 속에서 어떠한 기운이 변화했는지는 관찰을 통해서 말을 해야 한다.

Q 모기 같은 경우에는 자기의 과거의 근본을 어떤 식으로 보아야 합니까?

승: 미물 같은 것은 사실 기운이 망했을 때 미물로 나는 것인데 기운이 좋을 때는 절대 그렇게 나타나는 게 없다. 자기의 본성이

그대로 존재하면 자기의 모습으로 태어난다. 인간이 인간으로 태어나는데 인간의 욕망과 무지가 무서운 애착 속에서 기운을 변화시켜 버렸을 때나 기운을 죽여 버렸을 때 본성이 다르게 변화되어서 태어난다.

Q 모기가 죽었을 때 결국 결과를 맺지 못하면 어떤 기운으로 변화하게 됩니까?

승: 모기는 죽어도 모기 자체의 작은 기운이 거기 있다. 모기가 가지고 있었던 기운은 흘러 다니다 또 딴 데 가서 붙어서 생명체 속으로 들어가게 되고 다른 생명의 원인이 될 수가 있다. 우리 눈앞에 존재하는 모든 현상 속에서는 기운을 축적할 수 있는 것이 모든 생명이나 현상의 원인이 된다.

Q 법은 너무나 많은데 지금 하나의 공식을 설명하고 있는 것입니까?

승: 정확한 답을 말할 때는 문제가 가진 문제를 충분히 관찰하고 파악해야 한다. 충분히 파악하지 못한 상태에서 대답하면 맞는 확률은 천분의 일 이하일 것이다. 실제 모기가 사람이 약을 쳐서 죽었을 때 모기 속에 존재했던 기운의 근원은 어떻게 변화되고 어떻게 됐는지는 사실 관찰이 필요하다. 사람의 기운도 죽으면 의식을 통하지 않고는 인간의 육안이 볼 수가 없고 모기가 죽은 기운도 인간의 육안이 볼 수가 없다. 어떤 식으로 볼 수 있을 것인지 방법부터 먼저 알아서 관찰하면 그것이 어디에 가서 붙었는지 알 수가 있다.

Q 인간의 의식은 어떻게 만들어지는 것입니까?

승: 의식은 행동을 통해서 만들어진다. 의식에서는 마음이 나와서 행동을 짓고 행동을 통해서 다시 마음으로 연결되어서 돌아온다. 의식은 자기의 근본이 가진 성질이 환경과 부딪치게 될 때 마음이 일어난다. 예쁜 여자 앞에 가면 남자들은 음심이 일어는 것은 의식이 어떤 환경 속에서 발생하게 한다. 날씨가 춥고 손이 시리면 불이 쬐고 싶은 건 의식이 환경과 부딪쳐 마음을 내놓는다. 마음은 행동을 내놓고 행동은 다시 마음을 짓고 마음은 다시 의식을 만드는 것이다.

Q 자기 자신의 운명은 어떻게 좋게 만들 수 있습니까?

승: 만일의 경우 너희 속에서 어려운 일들이 있어서 문제를 풀어달라면 간단하다. 나를 통해서 인간의 의식이 얼마나 어디까지 진전하고 어떻게 변화하고 어떻게 존재할 수 있는지 알고 있다. 원한다면 부자가 되는 길도 알고 있고 천국을 가는 길도 알고 있고 영생을 얻는 길도 원하는 것이 어디에 존재하고 어떻게 얻을 수 있는지 다 알고 있다. 물론 나는 알 뿐이지 너희는 환경이라는 벽이 있고 바탕을 있게 하는 노력이 있어야 하고 근본이 변해야 한다. 변신하지 않는 한 너희는 내면에 가지고 있는 것만큼 살다가 가게 된다. 환경이 일을 알고 바탕의 일을 알고 근본의 일을 알므로 자신이 가지고 있는 운명으로부터 더 나은 자기로 탈바꿈할 수 있다.

Q 천국과 지옥이 어디에 존재하며 볼 수 있습니까?

승: 천국과 지옥이 종교계통에서 사후세계에 존재한다고 말한다. 지상에서도 천국은 존재할 수가 있지만 아직 지상에 천국이 존재했다는 이야기는 없다. 그만큼 세상에 태어나는 인간 속에서는 애욕이 크기 때문에 결국 인간 세상에 천국이 존재한다는 건 어려웠다. 마음은 착해서 남을 속이지도 않고 마음에 한을 짓지 않고 세상에 공덕을 지어서 애욕이 사라졌다면 천국을 볼 수도 있다.

Q 형제 중에 한 사람은 악행을 짓고 살았다면 지옥을 보게 되는 지요?

승: 예를 들어 열매가 비슷하게 크기도 같고 색깔도 같았는데 내용물이 달라서 죽어버리고 나자 열매가 존재했다. 그런데 하나는 곧 싸고 있던 모든 것이 풀어지고 싹이 다시 났는데 하나는 굳어서 나지를 않듯이 인간의 의식도 이러한 열매와 같다. 그러니까 사후에는 자신이 지은 결과로 존재하게 되는데 나쁜 마음을 가지면 마음이 얽히어서 애착이 잡고 있을 때는 자기가 살아있는 거와 같다. 이런 상태에서 의식이 존재할 때 온갖 환상의 세계에 빠지게 되고 불행한 환상들이 존재한다. 그래서 불행한 일들이 일어나는 나쁜 삶으로 존재하게 된 결과를 지옥계라고 한다.

Q 현상 세계에서 지옥이 실재하는 것입니까?

승: 죽을 때 영체가 엉켜 있고 나쁜 기운으로 잡혀 있는 때는 죽어도 자기가 살아있는 상태를 보게 된다. 악인들은 자기가 죽을

때 자기의 몸을 땅에다 묻으라고 한다. 그러나 깨달은 자는 자기가 죽을 때 시체를 불살라서 강이나 바다에 뿌려버리라고 하는 건 자기가 존재하지 않기 때문이다. 그러나 좋은 세계에서 존재하는 것은 실제로 천국과 극락을 확인한 사람들은 없다. 그러나 내가 영생의 세계에 대해서 보증을 할 수 있고 이 부분에 대해서 나의 의식을 통해서 설명을 할 수가 있다.

Q 영생의 세계는 영원히 살 수 있는 것입니까?

승: 좋은 삶을 산 사람은 기운이 엉키지 않고 영체가 몸에서 벗어나면 흩어지기 시작한다. 그러면 깊은 잠 속으로 빠지면서 윤회한다. 그런데 살아서 자신이 가지고 있는 업을 태워버렸을 때 매우 강한 의식은 아무도 잡지 못한다. 그래서 수천 년 동안 허공에 머물다가 내려올 수도 있는 곳이 영생의 세계이다. 이러한 차원을 넘어서서 존재하는 의식이 고차원적인 천국의 신이다. 살아서 이미 마음이 없어져야 그 기운이 영생의 세계에 가는 것이 가능하다.

Q 나의 운명은 나빠지고 다른 사람의 운명이 좋아지는 이유는 왜 그렇습니까?

승: 인간은 같은 삶을 살았는데 어떤 사람은 죽어서 영원한 생명을 얻게 되고 극락을 가고 어떤 사람은 후세에 태어나서 매우 뛰어난 사람으로서 인류에 나타나게 된다. 그러나 어떤 사람들은 죽어서 한의 세계에서 허덕이다가 결국 영원히 인간의 세계로 돌

아오지 못하고 불행에 빠지게 된다. 왜 그런 현상이 일어나는지 이런 문제의 내용을 듣고 막상 부딪히면 여기에 오기 전에 자기는 많은 것을 아는 것 같은 착각도 하지만 막상 와서 들으면 생소하고 당황하게 된다. 그래서 나는 질문을 듣고 질문에 대해 알아보는 시간을 가지므로 너희는 생활 속에 있는 현실에 눈을 뜨게 한다.

Q 마음이 보이지 않는데 어떻게 없앨 수가 있습니까?
승: 좋은 근본을 얻게 되면 부처가 중생을 위해서 삶을 바친다는 말을 들었을 것이다. 자신이 좋은 마음을 얻어서 올바르게 깨어나면 세상에 대해서 눈을 뜬다. 최상의 자기를 나게 하는 것은 자기의 업을 태우는 것이다. 그래서 성자들이 세상에 와서 가르친 것은 사랑이다.

Q 세상이 존재할 수 있는 근본과 바탕은 무엇입니까?
승: 세상을 존재하게 하는 근본과 바탕은 있는 것들의 활동으로 나타나게 된다. 있는 것의 바탕은 있는 일로 인하여 생긴 것인데 기름진 땅이 만들어지는 건 낙엽이 쌓이고 썩어서 생기게 되는 것이다. 나무는 기름진 땅에서 영양소를 뽑아 힘을 받아서 왕성한 활동을 통해서 좋은 나무를 만들었다. 세상의 이치라는 것은 바로 있는 일과 있는 것이다.

Q 작은 나무가 큰 나무로 변하기 위해서는 근본을 변화시켜야 하듯

이 인간의 운명도 근본을 바꾸면 됩니까?

승: 운명이 안 좋은 자기를 좋은 운명으로 인도하기 위해서는 자기가 가지고 있는 근본을 바꿔야 한다. 근본을 바꿀 수 있는 건 바탕을 통해서만이 가능하다. 세상에 존재하는 모든 현상계는 기운의 조화이며 우리의 의식체도 기운에 의해서 작용하고 존재하게 된다.

Q 법계가 좋아지면 현상계가 좋아지는 것입니까?

승: 나는 법으로 인하여 살고 법으로 인하여 죽고 법으로 인하여 태어난다. 법은 모든 것의 아버지이고 법은 모든 일을 있게 하는 길이다. 그러니 하늘과 세상에 있는 모든 것들이 법으로 인하여 존재하고 생긴 것이다. 천지의 기운이 태초의 소용돌이 속에서 법신을 낳으니 그 뜻이 세상의 일을 있게 했다. 현상이 있는 곳에는 법이 있고 법이 있는 곳에는 현상이 나타나게 되니 현상계가 융성하면 법계도 융성해지고 항상 상대적인 관계가 있다.

Q 법은 모든 것의 아버지이면 모든 만물의 존재가 법칙으로 태어나는 것은 진리의 아들이네요?

승: 천지의 기운이 태초에 소용돌이 속에서 법신을 낳는 것이니까 법신이라는 말은 너희가 알고 있는 조물주라는 상대를 들어서 말할 수 있다. 조물주의 뜻이 세상의 일을 있게 했으니 그 뜻이 닿는 곳에서는 법이 연결된다. 뜻으로 인하여 법이 존재하게 되고 법으로 인하여 그 속에 있는 기운이 동화작용을 일으켜서 생명체

나 물질을 생산하고 있다. 내가 진리를 상세하게 설명하면 종교인들이 밥 벌어먹기가 상당히 힘들 것이다.

Q 불교에서 법신을 비로자나불이라고 하는데 너무나 깨끗하고 순수해서 모든 부처의 아버지를 청정법신清淨法身이라고 하는데요?
승: 어떤 현상에 의해서 자꾸 만들어지고 나타나게 된다는 것이니까 이러한 법칙 속에서 모든 것이 존재할 수 있게 만들어 두었다. 이러한 법으로 법신이 세운 태초에 정한 뜻으로 계속 끝없는 반복 현상이 이 땅 위에서 일어나고 있는 것을 통해서 좋아지고 나빠진다.

Q 반야심경에 나오는 말로서 현상과 공이 둘이 아니라고 말하는데 진실이 무엇입니까?
승: 현상은 뜻을 낳고 뜻은 현상을 낳는 것이 하나로 연결되어 있다. 너희는 아직 존재하는 것에 대한 완전한 눈을 뜨지 못했기 때문에 문자로써만 표현하고 받아들인다. 현상 속에서 뜻이 지어지고 지어진 뜻으로 현상이 나기 때문에 둘이 아니다. 현상은 뜻으로 인해서 나고 뜻은 현상으로 인해서 존재하는 것이니 현상계를 법계라고 한다. 법계와 현상계는 연결되어 있고 현상은 뜻으로 연결되고 뜻으로 인해서 존재하는 것이다.

Q 불교에서 말하는 공空 사상은 어떤 것입니까?
승: 공은 아무것도 없다는 뜻이다. 아무것도 없는데 모든 것이 존

재하는 게 부처님의 사상이다. 그래서 있는 것이 아니고 없는 것도 아니라고 말한다. 내 마음을 가린 것이 아무것도 없을 때 사실이 바로 보인다. 아무것에도 때 묻지 않는 마음에 진실이 보이는 것이다. 과학에서 물질을 분석했더니 구성하는 기본입자는 원자핵과 전자로 이루어져 있다고 했다. 우리 눈에는 보이지 않으나 입자인 기운이 다시 생명체를 만든다.

Q 종교인들이 하는 말이 마음을 비우라고 말하는데 어떻게 마음을 비울 수 있습니까?

승: 사람이 환경을 접할 때마다 마음이 일어나는데 중생이 어떻게 마음을 비울 수 있는가! 마음은 오직 태워서 버림으로 비울 수 있는데 마음을 태워 없애는 것은 사랑이다. 사랑으로 마음을 태워 버리면 마음은 비게 된다. 그 텅 빈 마음에 세상의 실상은 그대로 비친다. 세상의 일을 알고 자신과 세상을 위하여 선을 행하면 세상 사람들을 보고 안타까워 그 마음이 타게 된다. 양심과 용기와 정의를 말하는 것은 자기 자신을 완성하는 최상의 가르침이기 때문이다. 세상을 사랑하지 않으면 그 마음은 안타까움으로 타지 않는다.

Q 마음의 구성 인자因子는 무엇입니까?

승: 그것은 진실의 기운으로 존재한다.

Q 마음을 태우면 또 다른 애착이 생기지 않습니까?

승: 마음이 다 타기 전까지 애착은 존재한다. 마음은 세상에 대한 사랑으로만 탄다. 개인의 정은 가슴이 타는 것이 아니라 증오나 화병을 일으키게도 하는 것이다.

Q 불교의 의식에는 주문呪文이 있는데 어떤 효력이 있는 것입니까?
승: 깨달은 자는 세상이 뜻이 보이니까 세상을 보고 가르치는 것이다. 깨닫지 못한 자가 가르치는 것은 사람을 모으기 위해 주문을 가르친다. 주문은 인간의 정신을 꿈속으로 인도한다. 오늘날 많은 종교 그룹들이 주문을 가르침으로 여러 가지 이득을 보고 있다. 여기 한 알의 씨앗을 심고 그것을 향해 주문을 외워서 덕분으로 좋은 열매가 맺는 일은 생기지 않으나 주문이 사람의 삶에 유익하다고 말할 것이다. 거짓말도 때로는 외로운 사람에게 위안이 되지만 거짓은 자기를 망친다.

Q 종교계통에서는 아침 일찍 일어나서 기도하는데 아침 몇 시경에 일어나서 활동하는 것이 바람직합니까?
승: 아침 일찍 일어나는 것은 나쁘지 않다. 자신이 무엇을 구하는지 자신을 위해서 무엇을 할 것인지를 항상 생각하는 사람은 자신이 자신을 대접하는 것이다. 자기의 삶을 소중히 하고 무엇을 위해 살고 있는지를 항상 잊지 말아야 하는 것이 자신을 구하는 기초이다.

Q 이 시대에 의식이 빨리 깨어나서 사실 세계에 눈을 뜨고 자신과

세상을 구하는 구원의 구도자가 되기 위해서 중요한 것은 무엇입니까?

승: 너희는 진실을 얻고 변신하며 어떻게 살아야 할 것인지 문제를 풀어야 할 것이다. 많은 사람이 창조주가 모든 걸 만들어냈다고 하지만 문제는 창조주에 의해서 만들어지는 것이 아니고 나는 나로 인해 태어나는 것이다. 나는 법으로 인해서 항상 존재하게 되고 나고 죽고 태어나고 달라진다. 좋아지고 나빠진다는 관계를 분명히 알게 되므로 너희의 행동과 생활과 삶이 달라진다. 현상은 절대로 법이 없이는 나타나지 않는다. 현상이 나타나는 곳에는 그 현상을 만든 법이 있고 법은 현상을 통해서 또 나타나게 된다.

Q 세상이 있는 현상계에 살아 있는 생명체가 있는 것은 기운의 조화입니까?

승: 현상은 기운을 생산하고 기운은 법칙을 통해 현상을 만들고 있다. 그래서 끝없는 자기를 지키고 보전하도록 법신의 뜻이 세상에서 존재하게 된다. 너희는 여기에 있는 내용만 기억하고 받아들일 수 있다면 사막 위에서도 절대 쓰러지지 않고 건강하고 부족함이 없는 자기를 개척해 나갈 수 있을 것이다.

Q 법신法身의 뜻이 법의 현상이라고 할 수 있습니까?

승: 법신은 이 세상에서 반복 현상이 일어날 수 있다는 뜻이다. 거울을 하나 세워서 빛이 비치면서 반사작용을 일으킨 게 뜻이다. 우리가 방안에 난로를 하나 들여놓았는데 난로에 불을 붙이니 방

안에 따뜻해졌고 낮은 기온이 높아지게 되었다. 그러니까 실제 법신의 뜻에 세상에 존재하는 모든 생명체를 관찰하면 생명체는 계속 반복 현상을 만들어내고 있다.

Q 법이 존재하기 때문에 반복 현상의 과정에서 좋아지고 나빠지는 것입니까?

승: 좋은 원인과 나쁜 원인이 존재하기에 좋아지고 나빠지는 현상이 나타난다. 태양이 없다면 지상에 생명체가 살아남을 수 없으니까 과학의 힘으로는 불가능하다. 그런데 법신의 뜻은 천지가 깨어지고 나서 소용돌이 속에서 흩어지고 팽창한 기운을 모아서 태양을 만들었다. 태양의 원리는 그곳에서 관찰은 안 했지만 내가 설명한 것이 하나도 다르지 않다. 누가 불을 때고 기름을 넣어서 큰 태양을 뜨겁게 만들 수 있겠는가? 그것은 가스가 엄청난 열을 발생하므로 그 속의 열 층에서 주위에 있는 환경을 끌어들여서 가스를 만든다. 계속 반복되는 이런 주위의 공간이 태양의 열로 환경이 만들어지고 그 환경에 의해서 태양은 끝없이 자기를 태우는 것이다.

Q 반복 현상의 원리로 이러한 에너지원을 스스로 얻게 되는 것입니까?

승: 모든 것은 환경을 통하여 자체의 반복 작용을 일으키는 원리를 만들었고 뜻을 세워두었다. 그러니 지구는 뜻으로 수없이 되풀이되었는데 지금 내가 말한 반복 현상의 원리를 부인할 수 없다.

Q 선생님은 태초의 일을 어떻게 알고 있는 것입니까?

승: 나는 이 시대의 인류가 아닌 과거의 인류에 살았다고 말할 수 있기에 나는 질문에 대해서 항상 이렇게 대답한다. 내가 태어나기 이전에도 이미 헤아릴 수 없는 수많은 인류가 있었다. 내가 인류의 문제나 세상의 일에 대해서 대답할 수 있는 건 반복 현상의 원리를 보았기 때문이다. 그래서 너희의 질문에 대답할 수 있고 궁금증을 풀어줄 수 있다. 인류의 생명체가 태어나면서부터 존재하기 시작한 것은 반복 현상에 의해서 끝없이 존재해왔기 때문에 하나의 인류를 알게 되면 능히 모든 인류에 있었던 일을 말할 수가 있다.

Q 과거에 어떤 인류가 존재했는지 문제만 있다면 풀어낼 수가 있습니까?

승: 세상에 존재하고 있는 뜻을 통해서 뜻을 두고 관찰하면 어떠한 문제나 세상은 이치 속에 존재한다. 뜻과 이치는 공통점을 가지고 있다. 뜻이 무엇인지 이치가 무엇인지 예를 들어서 더하기 빼기가 수학 공식에서 보면 뜻을 다 가지고 있다. 모를 때는 상당히 골치 아프나 알면 골치 아플 게 하나도 없다. 우리가 세상을 보고 설명할 때는 뜻을 이치라고 설명하니 세상의 모든 생명체가 나고 죽고 좋아지고 나빠지는 이치를 세상에 두었다. 그 속에 있는 이치 속에는 수없는 법이 존재하는데 우리가 셀 수 없는 수없는 법칙이란 상대적이다.

Q 사람들이 우주의 크기에 상당히 관심들이 많은데 법이 닿는 곳을 우주의 크기라고 보아야 할까요?

승: 우주의 크기를 어떻게 잴 수가 있겠는가? 중요한 것은 내가 손을 오므릴 것인지 펼 것인지 지금 내가 대문을 나갈 것인지 이런 질문하고 같은 것이다. 지금 우주나 창조주 이야기하는 사람들은 결국 위선자들이다. 아무도 확인할 수 없고 측정할 수가 없으니 내가 확실히 안다고 해도 누가 세상에서 얼마라고 하면 믿을 사람이 어디 있겠는가?

Q 누가 그것을 확인해 올 수 있는 사람이 없으니까 확인할 수 없는 소리만 하는 것이겠지요?

승: 세상의 성자들은 사람의 생활을 가르치러 왔고 생활을 지적했고 생활 속에 깨달음을 요구했다. 모든 진리는 자신들 속에서 나타나고 있으며 눈앞에 있는 사물 속에서 전부 볼 수 있는 것을 가르쳤다. 그런데 그릇된 자들은 하나님한테 미루고 없는 것을 가지고 말한다. 자기가 있는 건 하나도 못 보니까 눈뜬장님이 있는 거 봤다면 거짓말이다.

Q 우주의 크기는 추정할 수 없고 말할 수 없다고 해야 합니까?

승: 나는 내가 마음이 닿는 곳에만 볼 수가 있다. 뜻의 세계를 이해하게 되니 우주를 어떻게 말할 수 있겠는가? 그리고 실제 우주의 넓은 곳에는 조물주의 마음마저도 닿지 않고 원력마저도 닿지 않는 곳이 있을 것이다. 그런 곳에 가면 아직도 죽음의 세계에 별

이 존재할 것이니 조물주가 그러한 별에 뜻을 모았다면 그 별은 생명 활동이 시작되고 있을 것이다.

Q 뜻이 닿는 곳까지 우주는 무한대라 말해야겠네요?

승: 뜻이야 안 닿는 곳이 어디 있느냐? 죽음도 죽음 자체의 뜻이 존재하기 때문에 존재하는 것이고 아무것도 없는 공간에도 뜻이 존재하기에 아무것도 없는 것이다. 거기는 상관할 필요가 없고 왜 너는 알 수 없고 확인할 수 없는 어려운 것을 말하는지 물으면 된다.

Q 과학자들도 다루고 있는 문제이고 사람들도 자꾸 물어보고 있잖아요?

승: 지금 지구의 무게도 모르는데 우주의 크기는 알아서 뭐 하려고 하느냐? 내가 아프리카를 여행 중에 어느 이슬람사원에 가니까 하늘에 강이 몇 개 있는지 물어서 나는 지금 세상의 강이 몇 개 있는지도 모르는데 어떻게 하늘의 강을 어찌 알겠는가! 라고 했다. 그걸 가르침이라고 코란에 있다고 하면서 하늘에 강이 몇 개 있다고 떠들어도 속는 사람도 있는데 참으로 놀라운 일이다.

Q 사람의 의지는 마음이 일어나서 행동하는 것입니까?

승: 근본 인자 속에 나쁜 습성과 기운이 묻어 있을 때 계속 그러한 일을 하게 된다. 세상은 뜻으로 모든 것이 존재하게 되었다. 뜻과 현상을 바꾸어 놓고 보면 모든 진실이 존재하고 있다.

Q 저는 어떻게 인간으로 태어났는지 모르겠는데 왜 세상에 왜 태어났을까요?

승: 세상에는 법이라는 게 존재하는데 네가 태어나기 이전에는 하나의 순수한 기운이었다. 기운이 인연을 만나서 생명과 결합 되어 생명이 시작되었고 너는 네 생명을 통해서 항상 있게 된다. 삶이 자신의 의식을 담게 되고 의식이 사라지고 나면 다시 기운은 하나의 생명으로 나게 된다. 네가 언제 인간으로 태어났는지 네 근원이나 영적 나이가 몇 살인지 모르겠지만 법으로부터 태어났다.

Q 세상의 최초의 근원을 조물주라고 합니까?

승: 창조주는 생명체가 없는 때에 스스로 법으로 태어났다. 기운의 끝없는 부딪침 속에서 100%의 진기로 변하게 되고 그 속에서는 엄청난 강력한 힘이 일어난 것이다. 에너지 속에서 스스로 아무도 가르치지 않았는데 하나의 의식이 일어나고 의식에 의해서 세상은 만들어지기 시작했다. 어떻게 세상이 만들 것인지 비치게 되자 자신에게 비치는 것을 원력을 써서 그대로 나타난 것이 세상이다. 최초의 창조주가 세상에 태어난 하나의 법이니까 창조주도 법에서 난 것이다. 너희도 법으로 인하여 난 것이고 창조주의 묘한 원력에 세상이 있었다. 창조주가 세운 원력에 의해서 모든 생명체는 계속 윤회하면서 사라지지 않고 끝없이 계속 돌고 있다.

Q 의식이 좋으면 좋을수록 윤회의 법칙을 봤다고 할 수 있는지 상대

방이 믿게 하려면 확인해야겠지요?

答: 자기가 맞게 봤는지 틀리게 봤는지에 따라서 확인된 것을 가지고 이런 일을 했다는 걸 알아볼 수가 있다. 진리를 알아보기 위해서는 자기의식 속에 있는 업을 멈춰야 한다. 예를 들어서 수학을 배워서 문제나 공식을 알아보게 되면 생각에 의존하지 않고 문제에 의존에서 수학을 풀려고 하지만 생각과 상상으로 맞추면 실수가 하게 된다.

Q 업을 가지고 있으면 업의 작용을 스스로 억제하기가 힘이 들겠지요?

答: 그래서 있는 일을 통해서 계속 배우고 있는 일에 대해서 눈을 뜨게 되면 이런 일은 이렇게 해서 이래 된다고 알게 된다. 자연에서 딸기 농사짓는 법은 이런 환경에서는 이런 약을 쳐야 하고 이런 비료를 줬더니 이렇게 성장하고 열매가 생겼다는 것을 알게 된다. 그러니까 내가 알아보게 되면 누구 말에 움직이는 게 아니고 내가 아는 그대로 움직이게 되는 것이 알고 모르는 차이에서 존재하는 일이다. 그래서 지배하려는 자기의 업을 멈추게 되었을 때 있는 일이 제대로 보이게 된다.

Q 업을 정지하면 있는 일이 보이면서 해탈이 가능한 것입니까?

答: 자기 자신의 업이 멈추게 되었을 때는 열반의 상태라고 말하는데 업을 정지시킨 것이 해탈은 아니다. 그것도 상당한 인간의 경지에 올라간 것이지만 업을 정지시키면 열반의 경지에 이르게 된다.

Q 업을 정지시키면 열반한 경지라는 것입니까?

승: 석가모니 시대에 10대 제자 정도 되었다면 계속 몇십 년을 따라다니면서 들어서 업을 정지시킬 수 있지만 쉬운 게 아니다. 업을 정지시키면 원하는 세계로 갈 수 있다. 영원한 생명도 얻을 수 있고 천국 같은 곳에 가서 편안한 생활을 누릴 수 있다. 태어나고 싶으면 태어나고 5백 년이나 1천 년 동안은 안 태어나고 싶으면 안 태어나고 편안함 속에 머물 수도 있다.

Q 진리를 체계적으로 배워야 영생이 일어납니까?

승: 실제로 모를 때는 여러 사람이 협력해서 같은 문제를 만들고 시스템을 이용해서 어떤 변화가 일어나는지 관찰해 가면서 하나하나 알아볼 수가 있다. 현대사회는 좋은 점과 나쁜 점을 갖고 있다. 의지가 약한 사람은 급속히 빠른 속도로 망해서 종말을 향해서 달리고 의지가 강한 자는 자기를 구하기가 매우 쉬운 세계에와 있다. 물질문명을 이용해서 얼마든지 실험 테스트가 가능하다. 그래서 어떤 일이거나 이해가 안 갈 때 실험해 보면 되는데 아는 자를 만나서 배우게 되면 얼마든지 알아보는 게 쉬워진다.

Q 깨달은 자를 따르면 죽어서 영생을 얻을 것이라는 말입니까?

승: 흘러가는 물은 바다에 이르게 되고 바다에 이르는 물은 썩지 않는다. 흐르는 물이라는 것은 썩지 않는 물을 말하는 것이니 부

지런히 배워서 깨우치면 영생의 강에 이르게 된다는 뜻이다. 고여 있는 물은 결국 썩게 되니 자기를 망치게 될 것이고 자기를 버리게 된다는 뜻이다.

Q 평범한 중생이 보고 어떻게 느낄 수 있는 것입니까?

승: 여기에서 한번 알아보도록 하겠다. 흐르는 물은 계속 흘러가니 고달픈데 이곳에 하루 나오는 것은 힘들다. 다른 어두운 곳은 열흘을 가도 마음으로는 편하다. 그곳은 사람들은 푸근히 받아들이는 기운을 가지고 있으나 그들은 엄포를 놓는다. 그곳은 언제나 기운이 고여 있는 물과 같아서 매우 평화스러워 보인다. 그러나 실제로 그 물에 빠지면 물은 냄새가 나고 더럽고 중독되는 곳이지만 중생은 그것을 모른다.

Q 항상 여래님의 곁에서 따라가면 사실 너무나 힘들기에 쉬고 싶을 때가 많거든요?

승: 이곳에 사람이 많이 안 오는 이유는 내가 깨달음을 얻었기 때문이다. 이곳에는 오면 진리가 좋은 줄을 모른다. 항상 자기가 건강을 가지고 정신적 건강을 얻기 때문에 좋은 걸 모르고 꼭 가야 하는 중요성을 자기 스스로 망각하고 오히려 마음에서 고달픔과 부담을 느끼게 된다. 그러나 바로 고달픔을 이기고 계속 이곳에 오는 것은 너희를 위해서 가장 큰 축복이다.

Q 실제 사람들이 믿는 기존 종교는 고여 있는 물과 같다고 보면 됩

니까?

念승: 고여 있는 물은 썩지만 흐르는 물은 썩지 않는다. 오늘날 이 문제는 너희 생활 속에서 가장 큰 삶의 지표가 되어야 하고 항상 판단 기준이 되어야 한다. 고여 있는 물은 질병을 만들고 재앙을 부른다. 흐르는 물과 고여 있는 물에 대해서는 깊게 설명할 필요가 없을 것이다. 흐르는 물은 건강을 말하는 것이다. 고여 있는 물은 재앙을 말하는 것이니 이 점을 유의하고 조금이라도 깨달음이 있기를 기대한다.

Q 선생님이 사실을 보고 그대로 말한다면 진리를 말하는 것입니까?

念승: 어떻게 변하고 움직이고 있는지 한번 실험해 보면 대번에 안다. 흐르는 물은 떠먹어도 병에 안 걸리고 고여 있는 물은 먹이면 질병이 생긴다. 세상의 모든 이치가 이와 같다. 나의 말을 들으면 마음속에는 차지가 않지만 언제든지 자신의 마음속에 건강을 갖게 된다. 자신의 마음을 깨워주기 때문에 부딪치면 알게 된다는 것이다.

Q 가축을 길러서 먹이로 파는 일은 이득이 되는지 업이 되는지요?

念승: 그러한 일을 직업으로 하더라도 너희가 가진 삶의 가치에 따라 결과는 다르다. 동물도 함부로 살생하면 결과에 마음도 망하게 된다. 동물을 사육하여 죽인다고 해서 자책할 필요까지는 없지만 좋은 직업이라고 말할 수는 없고 그런 직업을 가지면 자연히 생명을 경시할 수 있다.

Q 정력제로서 뱀이나 개고기를 즐겨 먹는 사람들이 있는데 몸과 정
   신에 어떤 영향을 줍니까?

승: 먹은 음식이 가진 기운이 사람의 기운에 흡수된다. 개나 뱀을
많이 먹으면 개나 뱀의 성질을 담게 된다. 약을 통해서가 아니라
밝은 정신으로서 건강을 지키려 해야 한다. 밝은 사고로서 건강은
얼마든지 유지된다.

Q 귀신은 어떤 형태로 사람에게 달라붙어 있습니까?

승: 귀신은 나무 열매와 같은 것이고 감은 감나무의 신이다. 인간
의 영체는 기체로 되어 있는데 나는 꼭 한번 귀신을 본 적 있다. 그
물체는 보는 사람에 따라서 크게도 작게도 보일 수 있고 그 형태
는 사람과 같았는데 크기가 손톱만 하였다. 나는 진실한 사람이라
그 신이 매우 작게 보였던 것이었다. 귀신은 매우 허약한 사람에
게 잘 붙는데 귀신이 붙으면 사람은 의식을 잃어버리고 짓눌리게
되어 자신의 정신이 죽은 것과 같다.

Q 사후의 세계에서 얼마 동안 머물 수 있다고 하면 그 근원은 무엇
   입니까?

승: 내가 어떤 것을 보고자 할 때 나의 의식을 그쪽으로 보내면
그 세계의 일이 비친다. 극락에서는 5천 년 정도 영생의 차원에서
는 천년 정도까지 머물 수 있다.

Q 깨달음을 얻으면 생각을 말하지 않습니까?

승: 나는 생각을 말하지 않는다. 석가모니는 45년 동안 가르침을 폈는데 자신이 가르친 내용은 이 세상에 존재하는 무수한 법에 비해서 극히 작은 일부에 지나지 않는다고 말했다. 자신 속에 나타나는 일만을 보고 사실만 말했을 뿐이었다. 인간이 남의 말을 통해서 깨닫는다고 하는 것은 힘든 일이다. 나의 말은 너희에게 깨달음의 길을 전할 뿐이고 깨달음은 자기 자신 속에 존재하고 있다. 석가 부처님이 가르치기를 깨달음은 공덕으로부터 온다고 하였고 공덕은 사랑을 통해서 깨닫게 된다.

Q 보통 사람들은 남녀가 만나고 자식을 낳아 기르고 살다가 죽는데 그런 삶은 사랑이 아닙니까?

승: 그 생활 속에서는 후회스러운 일이 많고 감동적인 깨달음은 얻는 게 별로 없다. 성자들이 전한 최고의 사랑은 세상을 밝히고 마음을 밝히는 것을 말한다. 이 자리는 어떻게 지키고 행하고 베푸는지를 가르쳐주는 곳이다. 한 알의 씨앗으로부터 좋은 열매를 얻기 위해서는 환경을 지켜주고 가꾸는 행함이 있어야 하고 땅을 기름지게 베풀어야 한다.

Q 저희가 들어서는 세상의 한 부분을 이해할 뿐입니까?

승: 자신이 스스로 깨달아야 세상의 일을 볼 수 있다. 내가 깨달음을 얻고 나서 진리를 가르치지만 몇 명 모이지 않는다. 이곳에서는 내가 보았던 일들을 말하고 있다. 너희는 자신들의 삶에 책임을 느끼고 삶을 더욱 좋게 만들고자 하는 소망으로 이곳에 나온

줄 알고 있다. 목격하고 있듯이 깨달은 자의 가르침을 세상 사람들은 전혀 소중하게 여기지 않는다. 우리의 모임이 조금도 양적인 발전이 없는 상태로 제자리걸음이다.

Q 세상에서 제일 큰 공덕은 어떤 것인지요?

승: 사람의 정신을 일깨워주는 것이다. 진리를 보시하는 것이 큰 공덕이 되고 그런 일을 하는 사람들을 도와주면 된다. 내가 보아 왔던 지난 세월 동안은 좌절과 절망뿐이었다. 세상에는 깨달았다고 하는 사람들이 많지만 누가 진정 깨달은 자인지 볼 수도 없다. 눈뜬장님에게는 참말과 거짓말을 구별할 능력이 없는 것이 진리는 항상 존재하는 것이기 때문이다. 아편은 한번 먹으면 곧 효력이 있으나 보약은 천천히 효력이 나타난다. 진리는 들으면 누구나 알 수 있고 볼 수 있지만 효력이 천천히 나타나므로 크게 사람들에게 감동을 주지 못하고 있다. 나는 지난 50년 동안 이 땅에서 무엇을 하였는지 되돌아보았으나 우리 사회는 불안하고 고통스럽다.

Q 선생님은 이루어 놓은 것이 없고 어떠한 진단도 처방도 내릴 수가 없다고 하면서도 왜 어려운 일을 하는 것입니까?

승: 나 혼자서 이 국가를 구하고 사람들의 이상을 실현해 주리라고는 생각하지 않는다. 그러나 자기의 삶을 값지게 살려고 하는 사람들을 위해 더욱 열심히 노력하고 싶다. 너희도 나의 일에 동참하여 자기의 삶을 더욱 빛내도록 노력하면 좋은 결실을 얻을 것

이다.

Q 선생님이 국가나 많은 사람을 위하여 능력을 사용할 수 없는 것입니까?

승: 나는 능력을 쓰고 싶으나 과거 인류의 역사에서도 그랬듯이 깨달은 자를 돕는 사람은 극소수였다. 나는 이 나라에서 많은 대중을 위해 진리를 말할 기회를 전혀 얻지 못하였다. 언젠가 내가 많은 대중을 상대로 설법할 때 너희가 나의 면목을 확인할 수 있을 것이다. 한국의 지성인과 천재를 다 모아 놓고 오늘의 문제를 나에게 집중적으로 묻는다고 해도 나의 대답은 막히지 않을 것이다.

Q 이 나라에 얼마나 많은 사람이 세상일에 관심을 가졌는지가 의문이죠?

승: 그 구성원들이 세상일에 관심이 없을 때 국민 다수는 매우 불행한 미래를 보게 된다. 악은 악을 보게 되고 선은 선을 보게 된다. 거짓은 거짓을 보게 하고 진실은 진실을 보는 것이 진리이다. 그러니 너희가 원하는 모든 것은 너희 속에 있고 나는 그 소망이 가진 뜻과 이루는 길을 가르쳐 줄 뿐이다.

Q 사람들을 모아서 단체를 만들면 가능하지 않습니까?

승: 나는 실상학회를 만들어서 보다 적극적으로 사회를 도와주고 싶다. 우리 사회는 중병을 앓고 있고 아편에 중독된 것처럼 병

이 치유할 수 없게 만들었다. 실상 의학으로 가능한 이것이 내가 가진 치료법이다. 나의 의식이 상대의 의식에 닿으면 상대가 가진 모든 질병이 나의 의식에 비친 것을 보고 정신 수술 치료를 할 수 있다. 이 일은 순도가 매우 높은 진기를 가진 사람만이 행할 수 있다.

Q 종교에서 기도나 안수로 불치의 병이 나았다는 것이 가능한 것입니까?

승: 그것은 실제로 낫는 것이 아니라 그렇게 느껴졌을 뿐이다. 나쁜 기운이 있는 곳에 좋은 기운이 가진 사람이 가면 고통을 느낀다. 나쁜 기운을 가진 사람은 쉽게 동화되니까 혼잡한 그들의 마음을 깜깜함 속에서 오히려 편안해져 버린다. 사람들의 눈이 사물을 흐리게 본다면 매우 피로하나 아주 눈을 감아 버리면 오히려 편안해진다. 갑자기 일시적으로 일어나는 현상을 사람들은 비밀을 모르는 채 효험을 보았다고 몰려드니 매우 위험한 일이다. 흐릿하게 볼 수 있던 시각마저도 그런 곳에 가서 암흑세계에 빠지고 있다.

Q 병 고쳤다고 소문내는 사람들을 많이 보았는데요?

승: 이 시대에 사는 많은 사람이 한이 있는 곳에 몰려들고 있다. 그 불행한 영혼을 위로하기 위해 그곳에 가는지 그 영혼처럼 슬픈 결과를 얻고 싶어 그곳에 가는지 나는 잘 알지 못하겠다. 이 땅에는 무지한 자들이 너무나 날뛰고 있어서 내가 하는 일이 큰 도움

이 되지 못하고 있다. 이 병든 세상을 구하는 길에 많은 사람이 진리를 소중히 할 때 세상에는 평화가 도래할 것이다. 이곳에서 몇 개월만 배워도 세상 사람의 헛된 속임수에 쉽게 넘어가지 않는다.

Q 고타마 붓다의 가르침을 읽어 보았습니까?

승: 나는 기존에 있는 불경을 읽어 본 적은 없다. 그와 나는 똑같은 세상의 뜻을 말한다.

Q 붓다께서 인간이 잘못 살아서 축생으로도 날 수 있다고 했다면 축생도 인간으로 태어나는 일이 가능한 일인지요?

승: 생명 활동을 통해서 생산하는 진기를 설명하려면 한 알의 씨앗이 싹트고 열매 맺기까지는 과정을 추적해 보면 알 수 있다. 식물은 땅에서 기운을 빨아들여서 자신의 기운으로 만들므로 성장하고 열매를 맺게 되는데 팥은 팥으로 콩은 콩으로 나는 것이다. 인간은 자신이 하나의 자신으로 날 수도 있고 여러 개의 자신으로 날 수도 있다. 동물도 진기를 가졌을 때 인간의 진기와 비슷해졌을 때 사람의 정을 받아서 사람으로 날 수 있다. 인간이 죽어서 다시 인간으로 태어나는 것은 상식이고 자신을 크게 망치지 않으면 인간의 수준을 유지한다.

Q 동물이 얼마만큼이나 좋은 기운을 가져야만 인간으로 태어나며 인간이 얼마만큼 나쁜 기운을 가질 때 동물로 태어나는지요?

승: 생명 활동에는 많은 기운이 공급되어서 소모되는데 진기는

몸을 통해서 공급되고 몸도 진기를 물과 공기와 음식을 통해 얻는다.

Q 동물도 영혼을 가질 수 있다면 인간의 의식과는 어떤 차이가 어떤지요?

승: 동물의 의식은 매우 약하고 삶을 통해 한을 짓지 않으니 빨리 윤회하여 다시 태어난다. 한이 없으면 인간 세상에 귀신으로 절대 나타나지 않는다. 세상에 나타났던 대부분 신의 수명은 너무 짧았으며 종교집단들은 진리를 가르쳐 주었던 것이 아니라 인간을 속였다.

Q 동물이나 식물도 사람처럼 느끼고 고통받습니까?

승: 의식을 갖지 않으면 영혼의 실체는 보이지 않는다. 식물의 열매를 볼 수 없다면 결과를 볼 수 없음과 같이 식물이 무엇을 만드는지를 알 수 없다. 의식이 영혼의 실체인데 사람의 의식이 망하면 동물로도 식물로까지 태어날 수 있다. 사람의 의식은 창조주와 가장 가까운데 동물의 의식은 멀다. 개와 같은 동물은 의식을 가질 수 있는데 개가 억울하게 죽으면 귀신으로 태어날 수도 있다. 세상에서 가장 불행한 결과를 낳는 것은 애착과 무지이다. 인간도 코끼리나 원숭이 등 여러 동물의 신들을 숭배하는 곳도 있다. 식물도 오랜 세월을 자라서 진기가 모이면 의식을 가질 수 있다. 인간이 자신의 기운을 완전히 망하면 아주 희미한 의식을 갖게 되는 경우 식물로 태어나기 쉽다.

Q 순수한 진기 속에 있는 생명 인자의 대부분이 소멸하게 되면 기운은 매우 나빠지기도 하고 좋아지기도 하는 것입니까?

승: 사람의 기운은 좋게도 나쁘게도 변화될 뿐이지 사라지는 것은 아니다. 세상의 기운이 모든 현상의 원인이 된다. 하나의 식물이 나쁜 환경 속에서 전혀 열매를 맺지 못한 채 죽었다면 식물은 다시 자기의 모습을 얻지 못하고 기운만이 다른 기운을 보조해서 존재하게 된다.

Q 사람은 급격히 좋아지기도 어렵고 급격히 나빠지는 것도 아니죠?

승: 자신을 크게 망치면 동물 정도로 태어난다고 보아도 좋다. 나의 의식은 매우 좋아서 타인에게 닿으면 타인의 의식을 좋게 만들어 주는 강력한 힘을 가지고 있다. 사람의 정신이 육체를 관리 못할 때 죽음이라는 현상이 나타나는데 정신과 육체가 분리된다. 이런 경우에 내가 도우면 조금 더 살게 할 수도 있다. 나의 의식이 조금만 타인에게 닿더라도 세상에서 최고의 보약을 먹는 것과 같다.

Q 어떤 사람이 누군가를 살해하면 순간적인 일이라 누가 자신을 죽였는지 왜 죽는지도 의식할 수 없는 경우에 한을 품을 수 있는지 죽은 영혼이 알 수 있는지요?

승: 살아서 의식하지 못한 일은 죽어서도 알지 못한다. 의식하지 못한 일은 의식 속에 존재하지 않는다. 한은 어리석음에서 비롯된 애착과 욕망에서 오는 것이다. 죄는 자신을 무지하게 만들고 무지한 자는 죄를 잊어버리게 될 것이다. 죄를 잊어버린 자는 영원히

자신의 죄를 회개하지 못하고 죄를 지고 살 것이다.

Q 이 말씀의 진의는 한을 품지 말라는 것인지요?

승: 너희가 죽을 때 자기를 억울하고 분하게 했던 일이 있더라도 모두 용서하고 마음에서 털어버리고 편안한 마음으로 저승 세계로 가야 한다. 한을 갖지 않으면 지옥에 떨어지지 않는데 의식이 나쁜 자는 결코 남을 용서하지 못한다. 진리를 배워서 세상일에 이해가 있을 때 남의 잘못을 용서해 줄 수 있다. 무지한 자가 무슨 방법으로 자신의 마음을 풀 수 있다는 말인가!

Q 상대가 나에게 원한을 품고 있으면 어떻게 됩니까?

승: 상대의 의식이 자기의 의식을 붙잡는 상태이니 구속된다. 강한 원력의 소유자만이 상대를 끊어낼 수 있으나 일반인은 그 일이 어렵다. 상대의 질병을 비춘다고 해도 자신에게 원력이 없을 때는 질병을 치유할 힘이 없다.

Q 선생님은 상대의 병을 비추기만 하고 의식으로 치료하지 않으면 큰 고통은 없습니까?

승: 내가 한번 상대의 몸속에 있는 질병을 비추면 상대의 의식이 나에게 꽉 달라붙어서 떨어지려 하지 않는다. 어떤 자의 의식은 마치 쇠줄처럼 강하게 나의 의식을 묶어서 나는 줄을 끊어야 했던 적도 있었다. 한恨은 이런 식으로 상대의 의식을 묶는데 일반인의 정신으로서는 이 묶임을 끊을 수가 없다.

Q 삶을 통해 업장을 씻을 수 있다면 자기의 실수를 삶을 통해 지울 수 있는 것입니까?

승: 세상을 알고 보면 불가능한 일은 없다. 알지 못하므로 불가능이 존재할 뿐이다. 무지로서 단순한 이상으로 업장業障을 씻어내는 것은 불가능하며 공덕행만이 업을 소멸할 수 있으며 열반에 들 수 있다.

Q 불교를 믿는 이들은 부처가 한번 열반에 들면 다시는 지상에 오지 않는 것으로 오해하고 있는데요?

승: 내가 반야심경의 첫 구절을 들었을 때 그것이 근본의 세계를 말해 놓은 것임을 알았는데 내가 여래가 아니라면 알아볼 수 없다. 근본 자리는 의식의 마지막 도착지이고 새 의식이 출발하는 전환점이니 자신을 바꾸는 곳이다. 그곳에는 아무것도 없으며 아무것도 가로막지 않는다. 단 자연의 법칙으로 새로운 바탕을 만나게 되고 자연의 법칙으로 변화할 수 있다.

Q 석가부처는 부처 이전에 보살이었는데 자신의 과거를 아는 일은 여래의 경지 정도라야 가능합니까?

승: 석가부처도 자신의 과거로 돌아가 보았다면 자신의 과거에 대해 확실히 말했을 것이다. 나는 나의 과거로 돌아가서 나의 근본을 본 후에 깨달음을 얻었다. 나의 근본은 여래였기에 나는 자신을 여래라고 말하는데 나의 말이 증거이다.

Q 부처는 죽음과 동시에 다시 극락으로 가고 세상에 해야 할 일이 있을 때 다시 돌아올 수 있다면 이 시대에 특별한 존재들이 태어나고 있는데 왜 그렇습니까?

合승: 그것은 말세이기 때문이고 멀지 않아 변화기가 존재하는데 구원의 약속은 진실이다. 너희의 영체에 쌓이는 진기가 밝고 깨끗할수록 환경을 이기는 힘의 차이는 엄청나다. 너희가 계속 법회에 나와 나의 말을 듣고 그것을 이해하기 시작할 때 영체의 본질은 영생의 수준에 도달한다. 다음 세대에 왕이 될 사람이나 대학자가 될 사람이나 세상에서 큰 지도자가 될 사람들이 많다. 현생의 일은 또한 과거의 의식 수준에 기인하는 것이다.

Q 주역으로 점치고 세상일도 예견하는데 주역을 쓴 사람은 어느 정도의 정신적 수준을 가진 자인지요?

合승: 주역을 쓴 사람은 분명히 학문과 기도를 많이 했을 것이다. 여기에는 신계의 비밀이 노출되어 있다. 깨달은 자는 사람의 운명이 좋게 되는 법이나 나빠지는 법을 가르칠 뿐이다. 운명을 보아주는 일이나 점치는 일은 하나의 術이므로 아무리 점을 잘 치더라도 사람을 구하고 세상을 구하는 일은 불가능하다. 만일 주역으로 정치한다면 그 나라는 살기 힘들 것이다. 공자의 가르침이 지배하는 나라는 황폐함을 면하기 어렵고 그의 가르침은 무지한 이들의 마음에는 최상의 것으로 보인다. 그러나 깨달은 자의 눈에는 가장 위험한 가르침인데 세상에 증거로 나타나 있다. 내가 이 나라의 장래를 위하여 가장 우려하는 일은 사람들은 물론 나의 말을 부정할 것이지만 이 땅의 교육은 사람들을 비굴한 위선자를 만드는 일을 하고 있다.

Q 노자가 말한 도덕道德이 법을 말한 것입니까?

승: 사람들이 많이 쓰는 말 가운데 도덕이라는 말이 있지만 실제 그 뜻을 알지 못한 채 사용하고 있다. 특히 요즘 한국 정치가들이 도덕 정치를 구현하고 외치고 있지만 그들이 무엇을 두고 도덕 정치라고 하는지 알지 못한다. 노자가 말한 도덕은 이치理致와 공덕功德을 말한 것이다.

Q 우리 사회에서 볼 때 여자는 남자보다 열등한 지위에 있는데 남자보다 더 죄가 많은 존재이기 때문입니까?

승: 나는 그렇게 보지 않는데 하나의 나무에도 암꽃과 수꽃이 같이 핀다. 전생에 죄가 더 커서 여자로 태어나는 것은 아니나 단지 여자는 애착과 정이 남자보다 강한 것으로 보인다.

Q 남자는 일에 더욱 애착하고 여자는 애정의 마음에 애착을 보이는데 그런 이유로 여자가 한을 얻을 가능성이 훨씬 큰 건가요?

승: 인도의 갠지스강 물에는 죄를 사하여 준다고 믿어서 깨달음이나 좋은 내생을 얻기 위해 고행하는 사람이 많다고 들었다. 누구나 고행한다고 해서 깨달음이 얻어지는 것은 아니다. 아무 돌이나 부딪친다고 해서 불이 일어나는 것이 아니듯이 고행으로 마음을 불태우기 위해서는 그만한 근본이 이미 준비되어 있어야 한다.

공덕이 없는 자가 욕심으로 깨닫기를 원한다면 정신이나 몸을 상하게 할 것이다. 남자나 여자나 상관없이 밝은 일을 하면 정신이 밝아질 것이고 어두운 일을 하면 어두워진다. 밝은 곳에 가면 밝은 일을 볼 것이고 어두운 곳에 가면 어두운 일을 볼 것이다. 이것도 세상 뜻이니 오직 공덕을 통해 깨닫기를 원하라!

Q 사람들은 정의에 대해 다른 개념들을 가지는데 예를 들면 영국에서는 1백여 년 전에는 빵 한 덩어리를 훔쳐 교수형을 받은 사람들이 있었으나 요즈음은 살인하여도 교수형을 받지 않는데 이 일을 어떻게 보시는지요?

승: 옳은 일을 지키고 도우며 노력하는 것은 정의이고 그른 일을 따르고 돕는다면 불의이다. 하나의 사실을 두고 세상에 유익하면 정의로운 일이라고 하고 불이익을 주면 정의롭지 못한 일이다. 옳은 것을 가르쳐 주면 밝은 세상이 나고 불의를 가르치면 어두운 세상을 본다. 밝은 세상은 정의로운 세상이고 어두운 세상은 정의롭지 못한 세상이다.

Q 영국이 대영제국이라는 강력한 국가를 이룬 것은 국가에 정의가 있었기 때문이라고 보십니까?

승: 국가에 정의가 있었고 잘못에 대한 철저한 응징이 있었기 때문에 가능했다. 법은 약속이며 약속은 지켜져야 하고 엄격한 법의 이행이 있는 한 불의가 뿌리를 내리는 일은 어렵다. 오늘날 영국의 법은 관대하며 사람을 죽여도 사형시키지 않는데 과거에 얻었

던 영광의 유산에 힘입어서 잘살고 있다.

Q 국가가 이루어지면 법이 엄해야 합니까?
승: 무조건 엄해야 한다기보다 법 자체가 사회를 어떻게 변화시키는지를 알고 행해야 한다.

Q 선생님께서 국가를 통치하신다면 사형제도를 인정하시겠습니까?
승: 그 시대 환경이 사형제도를 요구한다면 행해야 할 것이고 요구하지 않는다면 행사할 필요가 없다. 법으로 인하여 자연도 존재하나 인간의 좋은 법이 인간 사회를 지키는 큰 역할을 한다.

Q 불의의 사고로부터 자신과 가족을 지키는 방법은 무엇입니까?
승: 수많은 인연이 사고와 연결되고 있으며 인간은 기계와 같지 않고 인간들은 각기 다른 의식이 있다. 인간은 어떠한 상황이었을 때 스스로 판단해서 대처한다. 자기 앞에 부딪힌 나쁜 인연을 피할 수 있는 유일한 길이 질문 속에는 사실이 없고 가상이 있기에 나 역시 구체적인 대답을 줄 수가 없다. 항상 세상을 보고 판단해야 하는데 위험 속에서 도와줄 자가 없다면 자기 혼자 해결해야만 한다. 자신에게 가장 유리한 판단을 내리기 위해서는 무엇보다도 밝은 지혜가 필요하다. 주변의 재난에서 벗어나는 길은 깨달음을 성취하는 것이다.

Q 교통사고를 당하는 것을 어떻게 해석하겠습니까?

答: 순간적으로 자기 정신을 잃어버려서 사고를 내는 수가 있다. 이때 사람의 의식이 허약하기에 다른 의식이 침범해서 의식을 가려버리기 때문인데 이런 일은 비일비재하다. 누군가 내 눈을 가려서 순간적으로 앞이 보이지 않도록 만들 듯이 내 의식을 가릴 수가 있다. 나의 의식이 밝고 강할 때 이런 일은 일어나지 않는다.

Q 건강한 의식을 가지고 있는 사람은 사고로부터 피해 갈 수 있습니까?

答: 의식은 기운의 입자로 만들어지는데 이 입자는 하나의 전파와 같아서 모든 뇌파를 발산하고 받아들인다. 의식이 좋아지면 기운의 감지가 민감한데 내가 삼매에 들면 모든 파장을 감지할 수 있다.

Q 지금 말씀은 현대 물리학의 양자역학에서 모든 물질은 입자와 파동이라는 현상까지는 밝혔지만 더 이상 관찰하지 못하고 있는데 여래님은 파장을 감지할 수 있는 것입니까?

答: 밝은 의식은 주변의 일을 감지함으로 나쁜 일을 예방할 수 있다. 좋은 마음을 가진 사람은 세상의 재앙으로부터 자신을 충분히 방어할 수 있다.

Q 시간을 거슬러 과거로 여행하는 타임머신은 가능한 발상인지 단지 상상에 불과한지요. 만약 가능하다면 과거나 현재와 미래를 바꾸어 놓을 수도 있습니까?

스승: 과학기술로 기계에 의해 과거와 미래를 여행하는 것은 불가능하지만 최면술을 걸었을 때 과거의 일을 보는 것이 가능하다. 인간의 의식 속에는 과거가 입력되었기에 의식은 과거로 돌아갈 수 있다. 내가 깨달음을 얻기 직전 나는 자신의 과거가 매우 궁금했다. 나는 과거로 돌아가기 위해 자신의 기억을 지워나갔는데 그 결과 아무것도 존재하지 않는 공간에 하나의 마음이 있었는데 나의 근본이었다. 나의 근본을 본 후 나는 세상의 모든 번뇌와 슬픔과 망상과 증오에서 벗어날 수 있었다. 나의 근본은 과거의 부처였으므로 나는 사람들에게 나의 실체를 이야기하였으나 믿어주는 사람은 없었다.

Q 과거에 행적에 대한 기억은 모두 사라졌습니까?

스승: 나는 과거에도 이미 해탈한 존재이기에 내 마음에는 아무것도 쌓이지 않는다. 미래를 보는 일은 매우 어렵다. 그러나 아주 드물게 의식에 영화의 스크린처럼 미래가 비치는 경우가 있다. 예수도 2천 년 후에 올 인간의 멸망을 보았고 석가도 3천 년 후에 새로운 부처가 오고 세상이 망하는 말법 시대가 온다고 예언했다. 이 시대는 멸망의 문턱에 와 있는데 여러 가지로 증거 할 수 있다. 그들이 수천 년 후를 볼 수 있었던 것은 의식 속에 한 번쯤 비치기 때문이다. 조물주는 자신의 의식에 비친 미래를 보았으므로 근본 원인을 보고 세상을 창조했다.

Q 무의식적인 행동도 궁극적으로 의식 속에 나오는 것입니까?

승: 의식이 작용하지 않으면 행동은 나올 수 없다. 자기의 행동은 모두 자신의 것이다. 단 하나 다른 의식이 본인의 의식을 가졌을 때 자신이 의식하지 못하는 일을 할 수가 있다.

Q 의식이라면 나에게서 나오는 생각이 아닙니까?
승: 의식은 하나의 전파와 같은데 어떤 뜻을 내보기도 하고 받아들이기도 한다. 비유하면 씨앗 속에는 반드시 씨눈이 있는데 식물의 의식이 열매이다. 열매 속의 씨앗이 만들어진 배경은 땅과 환경과 과거 의식의 산물이다. 씨앗을 심으면 그 씨눈으로부터 과거가 다시 나타나고 땅과 환경의 조건이 과거와 달라지면 결과 또한 달라진다. 달라진 조건이 그 속에 다시 입력되고 그 열매로부터 씨앗은 다음 세대에 그대로 나타난다. 사람 속에 존재하는 모든 현상은 과거로부터 지어진 것이며 의식은 그대로 피어난다. 깨달음이 의식을 좋게 만드는 것이다.

Q 깨달음은 공덕으로 자신을 만들고 완성하는 유일한 길입니까?
승: 석가모니는 공덕이 많은 사람이었지만 오늘날 승려들은 석가모니의 공덕에 힘입어 이름만 팔고 살아도 부유하다. 그러나 그가 실존했을 때 그는 깨달음을 팔지 않고 그냥 사람들에게 나누어 주었고 탁발해서 얻어먹고 살았다. 너희가 사실을 알면 그릇된 것을 거부할 수 있고 옳은 것을 찾아올 수 있다. 사실을 모르면 옳은 것을 버리고 그릇된 것을 찾아간다. 그릇됨을 좇아가는 것은 덕이 없는 자신을 찾아가는 길이고 옳은 일은 덕이 있는 자신을 찾는

길이다.

Q 의식은 자기 자신이 하는 행동을 느낄 수 있습니까?
승: 하나의 생명은 자신의 영혼을 만들므로 그 속으로 들어간다.
지금 묻는 너의 행동도 의식에서 나타나는 것이다.

Q 그것은 마음에서부터 나온 의식이 아닙니까?
승: 의식이 마음을 짓고 마음이 행동을 짓고 그 행동이 다시 마음을 짓고 마음이 의식을 짓는다. 인간은 각기 다른 의식이 있으므로 그 마음과 생각과 행동이 각각 다른데 의식은 생명의 기운이다. 주위의 기운은 생명을 보호하고 있고 기운이 사라지면 육체는 그때부터 썩기 시작한다. 잘살고 못사는 것은 지킴과 행위 속에 있으니 내가 좋은 것을 지키고 행하지 못하는 것은 근본이 거기에 미치지 못하기 때문이다.

Q 운명은 과거에 만들어지니까 나쁜 운명을 원망해도 소용없는 일이겠네요?
승: 어리석음은 항상 삶의 짐이 되고 밝은 마음은 좋은 뜻이 된다. 어리석음이 자신에게 욕망과 애착을 끊게 만들기에 밝은 마음으로 있는 것 속에서 보고 판단해서 열심히 살면 되는 것이다. 사람의 한평생은 여름날 밤 꿈만 같다. 세상의 조화로 잠시 와서 자신을 만들어 가는데 사람들은 항상 운명에 얽매여서 맴돌고 있다. 의식이 좋아지면 어떤 일을 해도 일 탓을 하지 않는다. 항상 상황

에 따라서 처신해야 한다. 직업에는 귀천이 없다는 말도 있으니 어떻게 올바르게 살 것인지 어떻게 자신이 가진 이상을 실현할 것인지가 가장 중요한 문제이다.

Q 술 취한 사람이 취중에 한 행동을 기억하지 못하는 수가 있는데 왜 그런지요?

승: 술이 자신의 의식을 약하게 만들어 버린다. 사람들이 술을 마시면 행동을 아무렇게나 하는데 알코올은 인간의 정신이나 몸에 영향을 준다. 술도 약이 되는 경우가 있고 아편도 때로는 가장 좋은 치료제가 되기도 한다. 우리는 상황에 따라서 사물을 분별하는 지혜를 얻어야 한다. 너희는 사실을 들음으로써 깨닫게 되고 마음이 좋아지게 일구어준다.

Q 좋은 마음에서 좋은 지혜가 나오는 것입니까?

승: 석가모니도 45년의 세월 동안 법계를 보고 진리를 가르쳤다. 그가 말하기를 인간이 살아가는데 필요한 일부분을 가르쳤을 뿐이라고 했다. 그는 그 시대에 살면서 그들 속에 있는 한의 원인을 보았다. 그런 문제를 푸는 법을 전했을 뿐이다. 좋은 세상과 좋은 사람을 만드는 길을 권했을 뿐 그 외 다른 것들은 실제 많이 보지 않았다. 나는 사람을 찾고 있지만 두려워하는 것도 사람이다. 이 시대에는 법이 어둡고 사람들의 행동이 어두우니 매사에 경계하지 않으면 큰일을 당한다. 그러니 어떤 사실이 자신 앞에 나타나면 그 사실에 매달려야 하고 방어 자세를 취해야 한다.

Q 전생의 업으로 인하여 이생에 와서 유사한 인연을 맺는다고 하고 이번 생애의 아들이 전생의 아버지였다고도 하는 일에 대해 말씀해 주십시오?

승: 영혼은 기체로 되어 있는데 이동한다. 의식이 있을 때는 신神이라 하지만 의식이 없을 때는 단지 기氣라고 한다. 이치는 열매인 씨앗과 싹의 관계와 같다. 의식이 존재하는 한 인간은 자신이 태어나고 싶은 대로 태어날 수 없다. 만일에 원하는 대로 태어날 수 있다면 부잣집이나 왕으로 태어나려 하지 천민 속에 태어나려 하지 않을 것이다. 이 과정은 인위로 되는 것이 아니기에 자신의 가문에 다시 태어나는 확률은 아주 낮지만 불가능한 일은 아니다.

Q 의식이 없어졌기 때문에 자신의 전생을 찾아오는 일은 할 수 없는 것인지요?

승: 의식이 있을 때는 찾아올 수 있지만 의식이 사라지면 애착이 약해지고 기가 흩어져 버린다. 진기 속의 인자는 공기 속에 떠돌다가 성질이 같은 사람의 몸속으로 들어오게 된다.

Q 어떻게 태어날지 간단하게 실험할 수 있습니까?

승: 종이가 바람에 날리면 어디로 날아가서 떨어질지 짐작할 수 없는 것과 같다.

Q 사람들은 전생의 인연이란 말을 즐겨 사용하는데 전생의 인연에 의해 태어났다는 말은 맞는 것입니까?

슿: 전생의 인연이라는 말을 잘 해석해야 한다. 내가 전생에 복된 일을 했기에 복된 가정에 태어나는 것이다. 전생에 부모 자식 관계라고 해서 그 집에 태어나는 것은 아니다. 나의 경우 나는 수천 년 전에 이곳과는 전혀 다른 곳에 태어났는데 아주 먼 곳이었다.

Q 사람이 죽어서 사람으로 태어나고 윤회하는 시간이 얼마나 걸립니까?

슿: 애착이 적으면 빨리 태어난다. 애착과 욕망을 가장 조심하고 애욕을 버리면 죽음의 고통에서 벗어날 수 있다. 나의 말을 관심 있게 3년만 들으면 죽음의 고통으로부터 전부 해방된다. 이곳에 몇 사람 모이지 않으나 너희는 복 있는 사람들이다.

Q 선생님이 아는 진리 중에서 가장 좋은 것 하나를 가르쳐달라고 하면 무엇을 말해주겠습니까?

슿: 나는 세상을 바르게 보고 바르게 살라고 말한다. 사람들은 무지로 인해서 실수하고 무지로 인해서 애착을 갖게 되고 그로 인하여 한을 짓는다. 너희가 한을 짓지 않으면 죽어서 한 속에 빠지지 않을 것이다. 죽음의 고통 없이 또다시 태어나든지 영생의 세계에서 고요하게 쉬다가 돌아온다면 얼마나 좋은 일인가! 내가 하는 말과 비슷한 말을 하는 이야기꾼들이 한국에도 많이 있다. 사람들이 추상적이거나 생각으로 물으면 대답을 잘할 것이나 그들이 하는 말속에 있는 이치를 물었을 때 절대 대답하지 못하는 점이 나와 다르다.

Q죽음을 맞이하려면 절대 어디에 애착하면 안 되는 것이겠네요?

승: 마음에 한이 묻지 않으면 죽음은 좋은 꿈을 꾸는 것처럼 편안하고 무거운 짐을 지고 있다가 그 짐을 벗어버린 상태와 같다. 그러나 마음에 큰 애착이 있으면 그 애착으로 몸부림치고 날뛰게 되는데 게 지옥이다. 뱀이 자신을 칭칭 감고 있는 형상 속에 빠질 수도 있다. 온갖 불행 속에 빠져 고통을 보다가 기운이 완전히 망쳐지면 하나의 동물로 태어난다.

Q세상의 만물을 만든 조물주와 가장 가까운 존재는 사람입니까?

승: 사람으로 태어나야 깨달아서 진리를 알기가 쉽다. 사람으로 태어나서 깨달음을 얻는 것은 이루 말할 수 없는 축복이다. 깨달은 자의 말은 크게 재미가 없으나 이 말이 얼마나 너희를 크게 축복하는지 알 때 비로소 너희는 자신을 깨우치는 것에 자신의 모든 걸 바칠 수 있다. 죽음까지도 바칠 수 있는 것은 죽음이 아니라 또 하나의 영원한 삶을 말하는 것이고 새로운 삶을 의미한다. 이 사실을 이해할 때 삶과 죽음을 초월하며 도덕적인 삶을 구가할 수 있으며 남을 위하여 사랑을 전할 수 있다.

엮은이 최준권(원덕)

삶의 의미를 찾지 못해 방황하다 늦은 나이인 1985년에 출가하였다.
범어사 강원을 졸업하고 부산불교교양대학에서 강의하다가 지식으로서의
불교에 한계를 느끼고 단식수행, 탁발수행, 묵언수행 등을 하였다.
마침내 진실한 스승을 만나 가르침을 받고 작은 깨달음을 얻었다. 이후 미
국으로 건너가 세상을 스승으로 삼고 20여년간 만행했다.
2020년 하와이에서 유튜브 활동을 하다가 2021년 가을 모든 여정을 끝내
고 귀국, 스승의 가르침을 정리해서 출판을 준비하는 한편, 회고록과 소설
등의 집필 활동에 진력하고 있다.

진리란 무엇인가

초판 1쇄 인쇄 2024년 1월 26일 | **초판 1쇄 발행** 2024년 2월 2일
엮은이 최준권 | **펴낸이** 김시열
펴낸곳 도서출판 자유문고
　　　　(02832) 서울시 성북구 동소문로 67-1 성심빌딩 3층
　　　　전화 (02) 2637-8988 | 팩스 (02) 2676-9759
ISBN 978-89-7030-173-0 03100　값 17,000원
http://cafe.daum.net/jayumungo